이주민 신학과 국경없는 마을 실천

지은이 박 천 응
펴낸이 박 천 응

펴낸 곳　국경없는마을
경기도 안산시 단원구 원곡동 791-4
등록 제45호
E-Mail : multiculture@naver.com
홈페이지 : www.bvillage.org
전화 : 031-492-8785~6
2006년 9월 8일 초판 1쇄 인쇄
2006년 9월 11일 초판 1쇄 발행

값 20,000원

이 책은 박천응 목사의 박사학위 논문을 단행본으로 엮은 것입니다.

이주민 신학과 국경없는 마을 실천

안산이주민센

국경없는마을

감사의 글

길을 잃은 항해사는 북두칠성을 보고 길을 찾는다. 마치 북두칠성처럼 나에게도 바른 길을 가르쳐준 분들이 일곱 분 계시는데, 책을 마치면서 그분들께 감사의 꽃 일곱 송이를 바친다.

첫 번째 꽃은 이주노동자들에게 바친다. 이 땅을 살아가는 이주노동자들의 삶에 이 글이 작은 희망이라도 되었으면 한다. 이 글은 바로 그들의 삶이자 이야기이고 작은 소망이기 때문이다. 두 번째 꽃은 돌아가신 아버님과 나이 들어 늙어 가시는 어머님께 바친다. "내가 물려 줄 것은 없지만, 너에게 신앙을 유산으로 물려준다."고 하신 아버님의 말씀이 지금도 잊혀지지 않는다.

세 번째 꽃은 사랑하는 아내와 두 아들에게 바친다. 가난한 목사의 아내로 지난 16년 동안 목회를 함께 해온 동역자 김영임과 두 아들 희원과 희성. 힘들게 살아온 날들이지만, 우리 가정은 사회적 약자와 연대하는 목회를 자랑스럽게 여긴다.

네 번째 꽃은 초대 이사장이셨던 류철랑 목사님과 현직 이사장 고훈 목사님을 비롯하여 안산이주민센터 이사 분들께 바친다. 아울러 지금도 소리 없이 뒤에서 물질로 몸으로 후원하고 있는 분들께 바친다.

다섯 번째 꽃은 안산이주민센터 실무자들 그리고 자원봉사 버팀목에게 바친다. 이들은 실무적으로 또한 땀과 봉사로 이 책이 나올 수 있도록 직접적으로 지원하며 현장에서 수고한 분들이다.

여섯 번째 꽃은 국경없는마을 원곡동 주민들께 감사하며 바친다. 원곡동 주민들이 '이주노동자들과 함께 살아가기' 운동에 동참하지 않았더라면 이 책은 햇빛을 보지 못했을 것이다.

마지막 일곱 번째 꽃은 민중 신학자들과 민중 목회자들께 바친다. 가난한 자들과 연대하는 목회에 신학적 노력을 다하여 가르침을 주신 문희석 교수님과 김용복 교수님께 꽃을 바친다. 아울러 뉴욕신학대학교의 루이스 레스터 교수와 임성신 교수에게도 감사드린다. '일하는 예수회' 선후배들은 아직도 가난한 현장에서 버림받은 자들과 연대하는 목회를 하며 수고를 아끼지 않는다. 그 동지들에게 꽃을 바친다.

진정으로 앞서 나가는 자는 최신의 이론을 탐독하는 자도 아니고, 정의의 현장에서 용감하게 앞에 나서는 자도 아니다. 진정으로 앞서 나가는 자는 자기 자신을 비우는 자이다. 십자가 위에서 자신을 비운 예수처럼 오늘도 진정으로 예수의 길을 걸으며, 예수 운동에 나서고자 하는 이들의 앞길 위에 일곱 송이의 꽃을 다시 바칠 것이다.

"아무든지 나를 따라오려거든 자기를 부인하고 자기 십자가를 지고 나를 좇을 것이니라."(막 8:34)

"저희가 진리로 거룩하게 하옵소서. 아버지의 말씀은 진리입니다."(요 17:17)

기본 용어 해설

국경없는마을(The Borderless Village: TVB)
국경없는마을(Borderless Village)은 원래 안산시 원곡동을 가리키는 말이나 현재는 이주노동자 밀집지역에서 차별문화를 극복하고 다문화 공동체 형성을 목적으로 하는 용어로도 통용되고 있다.

국경 없는 시민권(Borderless Civil Right: BCR)
지구시민사회(Global Civil Society)의 시민권(Civil Right)으로서 국경 없는 시민권(Borderless Civil Right)이란 한 사회에서 '정치, 경제, 사회, 문화적 실체로서 인정받는 정착의 상태'를 의미한다. 노동이 국제화된 지금의 시민권이란 장기체류 이주노동자가 '체류'한다는 단순한 공간적 개념 이상이다.

노동의 유연화(Flexiblization)
노동의 유연화 전략은 각 나라의 노자관계와 자본의 축적 전략에 따라 달라진다. 예컨대, 적대적인 노자관계와 대량생산이 지배해온 미국에서는 외적, 양적인 노동시장 유연성을 도입해 노조를 약화시키고 노동비용을 절감하는 전략이 구사된다. 반면, 이미 노동이 자본 측에 대해 수세적 입장에 있거나 또는 노동과정에서 노동이 유연하게 사용되고 있는 일본의 대기업과 스웨덴의 경우에는 주로 내적, 질적인 노동과정의 유연성이 추구되어졌다고 본다. 이 글에서 사용하는 노동 유연화 전략은 이러한 노동력 활용전략 중 특히 수량적 노동시장 유연화 전략을 의미한다. 그것은 우리나라에서는 근로자 수의 증감 또는 하청이나 외주 가공 등 작업의 외부화를 통한 수량적 유연화 전략이 선호되기 때문이다.

문화적 사고(Cultural Thinking)
문화는 주어진 것이 아니라 창조되는 것으로 보는 견해이다. 문화적 사고는 문화 변혁과 문화 창조 등의 내용을 포괄한다.

신자유주의(Globalization)
신자유주의는 오늘날 경제적 세계화를 떠받치고 있는 지배 이념이며, 시장 근본주의(Market Fundamentalism)와 동의어이다. '워싱턴 콘센서스'라 불리는 신자유주의는 자유 시장은 결코 실패하지 않는다는 종교적 신념을 가지고 있다.

에트닉(Ethnic)
에트닉(Ethnic)은 두 가지로 정의된다. 첫째는 특정 네이션(Nation) 내에 존재하면서 민족적 자립과 독립을 지향하고 있는 개별 인간집단을 지칭한다. 둘째는 일반적인 인간 집단 내지 인종 집단으로 번역한다. 한편, 레이스(Race)는 강한 생물학적 함의를 지녔으며, 주로 종족으로 번역된다. 네이션(Nation)은 에트닉 집단과 밀접한 관계를 가지지만 그보다는 상위 개념이다. 에트닉 커뮤니티(Ethnic Community)는 네이션의 속성 일부를 갖지 않는다. 본 논문은 에트닉을 독자적인 문화와 역사적 요소를 가진 집단으로서 특정 사회의 하위 집단이나 소수자로 본다.

이주민(Immigrant)
한국사회가 다문화사회로 급변하면서 이주노동자 이외에 결혼이민자, 재중동포, 난민, 귀화자, 입양자, 국내 출생 이주노동자 자녀 등이 급증하고 있다. 미래지향적 측면에서 이들이 바로 시민권적 차원에서의 이주민이다. 그러나 본서에서는 이주민을 주로 이주노동자로 표현하였다.

코시안(Kosian)

코시안(Kosian)은 'Korean + Asian'의 합성어이다. 혼혈아 등의 차별적 언어를 해소하기 위해 안산이주민센터에서 처음 사용한 용어이다. 초기에는 국제결혼 가정의 2세를 가리키는 말이었다가, 점차 한국에서 결혼한 이주노동자의 자녀도 포함하여 부른다.

서 문

1. 이주민 신학의 목적

예언자들의 주된 임무는 우리를 둘러싼 지배적인 문화에 대한 대안적인 의식과 견해를 교육하고 육성하며 불러일으키는 일이다.[1] 아울러 인간의 일은 대부분 관계 속에서 일어난다.

> "외국 사람이 나그네가 되어 너희의 땅에서 너희와 함께 살 때에 너희는 그를 억압해서는 안 된다. 너희와 함께 사는 그 외국인 나그네를 너희의 본토인처럼 여기고, 그를 너희의 몸과 같이 사랑하여라. 너희도 이집트 땅에 살 때에는 외국인 나그네 신세였다. 내가 주 너희의 하나님이다."(레위기 19장 33, 34절)

한 인간으로서만이 아니라 문화적으로 차별받으며 고통 가운데 살아갈 수밖에 없는 이주노동자의 상황은 처음부터 주어진 것이 아니라 만들어진 것이다. 세계화의 영향으로 국경을 넘는 이주노동이 급속히 늘어나고 있다. 이주노동자들에 대한 차별은 매우 심각하며 이런 차별적 상황은 공동체 문화를 시급히 이뤄낼 것을 요청하고 있다. 이 글은 어떻게 차별문화를 극복하고 한국인과 이주노동자가 더불어 살아갈 수 있을까에 대한 고민에서 출발한다. 대안 공동체에 대한 고민으로서 '국경없는마을 만들기

---

[1] Walter Brueggemann, *The Prophetic Imagination* (Philadelphia: Fortress, 2001), 3.

운동'은 소수자 보호, 다수자 변화, 다문화 공동체 형성을 목표로 한다.

2. 대안 문화 공동체로서 '국경없는마을(TBV)' 제기

국경없는마을 운동은 대안문화 운동이자 공동체 운동이다. 사회문제를 해결하는 방식은 세 가지가 있다. 저항과 비판, 상호 협력 그리고 대안 만들기이다. 그 동안 한국의 사회문제 해결을 위한 변화 운동은 주로 저항에 초점이 맞추어져 왔다. 그러나 이러한 문제 제기식 저항운동에는 한계가 있다. 저항과 비판, 상호 협력을 통한 대안 만들기가 한국 사회의 새로운 흐름을 형성해야 한다. 이러한 의미에서 '국경없는마을 운동'은 대안 만들기 운동이다. 대안문화 운동과 공동체 운동은 기존의 사회체계가 제시하는 삶의 방식에 동의하지 않는 사람들이 집합적으로 새로운 삶의 양식을 실천하는 운동이다.

하지만 국경없는마을 운동을 문화로부터 시작하는 이유는 무엇인가? 기존 가치체계의 변화가 정치 차원보다는 문화 차원에서 그리고 삶의 현장에서 일차적으로 일어나기 때문이다. 일탈 행동이 단순히 기존의 삶의 양식에 동의하지 않고 그것을 벗어나는 몸부림이라면, 대안 문화 운동은 옛 삶의 양식을 대신할 수 있는 새로운 삶의 양식을 모색하고 실천하는 운동이기 때문이다. 따라서 국경없는마을 운동은 하위문화(대안문화) → 기존문화와 대안문화의 갈등 및 도전 → 대안문화 형성의 과정이다. 국경없는마을 운동은 착취적 산업사회의 삶의 양식을 거부하고 인간관계를 재정립하는 운동이다.

3. 국경없는마을 운동의 사상적 영향

국경없는마을 운동은 여러 갈래의 영향을 받았다.

첫째, 문희석, 김용복, 서남동, 안병무 등과 같은 국내 신학자들로부터 이론적 영향을 받았다. 특히 사회현상에 대한 비판 의식과 저항에 대한 정당성을 심어주어 신앙적 신념으로까지 자리 잡도록 깊은 영향을 주었다. 이들의 영향에 힘입어 사회적 약자들과 연대하는 목회 신학을 정립할 수 있었다. 개인적으로는 어릴 때 가난하게 자란 민중적 현장의 삶이 민중신학을 하나의 신념 도구로 잘 받아들일 수 있게 해주었다. 물론 해방신학자들인 구스타보 구띠에레즈, 레오나르도 보프, 장 세군도 같은 사람들의 영향도 받았다. 이들 신학자들의 민중 신학적 흐름이 한국의 민중교회 운동의 사상적 젖줄이었다. 특히 지난 1970-80년대 한국의 민주화 운동을 중심적으로 이끌어 온 흐름 역시 민중신학의 역사적 삶의 자리로서 많은 영향을 미쳤다. 민중신학의 사회적 약자에 대한 연대의 당위성에 대한 가르침이 나로 하여금 이주노동자 선교 현장에서 살아가게 하는 사상적 기초가 되었다.

둘째, 제임스 콘과 파울로 프레이리의 영향을 받았다. 두 분은 이주노동자의 주체적 신학을 정립하는데 많은 도움을 준 분들이다. 제임스 콘은 그의 책 <눌린 자의 하나님>의 서문에서 글을 쓰게 된 배경을 다음과 같이 밝혔다.

1967년 여름 디트로이트에서 흑인들이 봉기했을 때, 내 관심의 농도는 짙어졌다. (중략)
"우리가 너희 부녀자를 강간하고, 너희를 사형에 처하고 너희 아이들의 마음을 비틀어 버린 것은 사실이다. 그러므로 너희에게는 화를 낼 권리가 있다. 하지만 그게 우리 건물에 불을 지를 이유는 못되지. 너희가 정 그런 식으로 나오면 우린 절대로 자유를 주지 않을 것이다."

제임스 콘은 이제 필요한 것은 신학을 새로운 눈으로 보는 방법이라고 하였다. 그리고 이 새로운 신학은 흑인의 역사와 문화와의 대화에서 우러나와야 한다는 것을 역설하였다. 콘은 '색깔(인종)의 경계선의 문제'를 새롭게 조사해야 할 시대에 살고 있다는 문제를 제기한다. 신학은 자유를 위한 투쟁에서 하나님이 흑인들을 어떻게 다루어왔는지를 말하는 흑인들의 이야기에 반영된 경험 즉 흑인들의 사회, 종교적 경험을 조사하는 과정을 통해서 의식적으로 형성되어야 한다고 말한다. 이는 인종차별을 신학화 하는 작업으로서 백인들의 종교와 신학은 다스리고 부리고 가르치는 압제자의 입장에서 만들어졌고, 그러한 입장에서 재해석되어져 왔기 때문이다. 제임스 콘은

"백인들은 급진파, 보수파를 막론하고 자신들의 문화, 정치적 이익에 비추어서 복음을 해석해오면서 자신의 문화와 역사 속에 갇혀 있다."

라고 비판하였다. 그는 또 말했다.

"신학은 보편적인 언어가 아니라 이해가 얽힌 언어로서 백인들은 인종차별을 하면서도 동시에 기독교인이 될 수 있다는 이중적 생각을 갖고 있다. 하나님은 백인 인종주의자가 아니다. 하나님은 가난하고 도움 받을 곳이 없는 사람들을 자유롭게 하기 위해서

오셨다."

　제임스 콘은 백인 중심의 인종차별적인 신학에 근본적인 문제 제기를 한 것이다. 그는 신학은 보편적인 언어가 아니라 이해가 얽힌 언어라고 말한다. 따라서 신학은 언제나 일정한 사회 안에 있는 특정한 사람들의 목표와 포부를 반영한다. 이러한 주장은 한국 사회에서 눌린 자의 위치에 있는 이해 당사자인 이주노동자 자신이 문제 제기자가 되어야 하며, 문제를 해결해 나가는 주체가 되어야 함을 보다 분명하게 해주었다. 제임스 콘은 이주노동자 신학의 단초를 형성하는 짜릿한 자극을 주었다.

　파울로 프레이리 역시 <페다고지>에서
　"스스로를 해방함으로써 자기네 억누르는 자들을 해방시킬 수 있는 자들은 오직 억눌린 자들뿐이다."
　라고 하였다. 그는 또 말했다.
　"억압 계급에 속하는 억누르는 자들은 다른 사람은 고사하고 그들 자신도 해방시키지 못한다. 따라서 억눌린 자들은 필연적으로 스스로를 얽매어 놓은 모순을 해결하기 위해서 투쟁하지 않으면 안 된다. 이 모순은 억누르는 자도 아니고 억눌린 자도 아닌 그러면서도 해방 과정 속에 있는 인간 즉 신인간이 출현함으로써 해소될 것이다."
　이주노동자의 권리 주장은 그들의 삶의 자리에서 그들 자신에 의해서 출발하는 것이어야 한다. 이러한 자리에서 한국인과 이주노동자가 동시적으로 해방의 과정 속에 있는 인간으로서 대안적 공동체 형성의 가능성을 모색하는 것이다.

　세 번째로 마을 만들기에 대한 사고에 영향을 준 이론들은 울리히 튜크로, 웰든 벨로의 <세계화 분석>, 장 피레르 바르니의 <차별과 배제의 문화 기제>, 거하드 렌스키의 <하위분화 분석 이론>이다. 또한 알렌스키의 <주민조직 이론>을 통해 이주노동자 문제를 지역 운동으로 접목하게 되었고, 일본의 센토 야히스로의 <이런 마을에서 살고 싶다>는 책을 통해 마을 디자인에 대한 아이디어를 얻었다. 특히 문화적 사고를 통한 마을 만들기에 대한 사고를 갖게 한 것은 프랑크푸르트 학파의 비판이론과 안토니오 그람시의 <헤게모니> 이론이다. 특히 남미 해방신학에 기초를 둔 '콘비벤츠'[2])로서의 축제가 대안문화의 연결고리로서 좋은 생각을 제공하였다. 헬무트 안하이어의 <지구적 시민 사회론>은 필자가 평소에 생각하고 주장해온 '국경없는 시민권'을 공론화하는데 여러 측면에서 시사점을 주었다.

---

[2] '콘비벤츠'는 이웃과 함께 잔치를 벌이며 살아가는 공동체이다.
참고, 본서 115면. 콘비벤츠 설명 항목

목 차

감사의 글__ 3
기본용어 해설__ 5

서문__ 9
표 목차__ 19
그림 목차__ 21

제1장 서론

제1절 배경 소개__ 25
    1. 연구자 배경__ 25
    2. 안산이주민센터가 위치한 지역 상황__ 32
    3. 안산이주민센터의 역사적 배경 및 상황__ 35

제2절 문제 제기__ 38
    1. 이주 노동자 집단 주거지 형성__ 38
    2. 저 출산, 고령화, 국제결혼 증가, 다문화 사회 도래__ 43
    3. 우리 시대의 차별 이야기__ 47

제3절 국경없는마을 연구목적 및 연구과정__ 56
    1. 국경없는마을 연구의 목적__ 56
    2. 차별극복 시도 사례__ 58
    3. 국경없는마을 연구과정__ 60

제2장 국경없는마을 형성을 위한 이론적 고찰, 분석, 추정

제1절 국경없는마을 형성에 따른 이론적 고찰__ 63
   1. 국경없는마을 형성의 성서적 분석__ 63
   2. 국경없는마을 형성의 신학적 접근__ 93
   3. 국경없는마을 형성의 정치 경제적 접근__ 129
   4. 국경없는마을 형성의 사회, 문화적 접근__ 159
   5. 국경없는마을 형성의 교육, 심리적 접근__ 201

제2절 국경없는마을 형성에 따른 문제분석__ 230
   1. 성서적 분석__ 230
   2. 신학적 분석__ 234
   3. 정치 경제적 분석__ 239
   4. 사회 문화적 분석__ 241
   5. 교육 심리학적 분석__ 245

제3절 국경없는마을 형성을 위한 추정__ 249
   1. 차별 극복__ 249
   2. 관계 회복__ 250
   3. 공동체 형성__ 251

제3장 국경없는마을 형성을 위한 목회전략 개발

제1절 국경없는마을 형성의 사상적 기초__ 255
   1. 국경없는마을과 하나님 나라 사상__ 255
   2. 국경없는마을의 공동체 사상과 대동사상__ 266

제2절 대안 공동체로서 국경없는마을 연구__ 274
   1. 마을 만들기의 일반적 사례__ 274

2. 대안운동으로서 국경없는마을의 성격규정__ 280
    3. 국경없는마을 원곡동 형성 주체__ 289
    4. 국경없는마을 형성의 내용__ 293

제3절 국경없는마을 형성 연구조사 질문__ 295
    1. 성서적 질문__ 295
    2. 신학적 질문__ 295
    3. 정치 경제적 질문__ 296
    4. 사회 문화적 질문__ 297
    5. 교육 심리적 질문__ 297

제4장 사례연구 : 다문화 공동체로서 국경없는마을

제1절 다문화 공동체 형성 욕구 및 실태__ 301
    1. 집단 주거지역의 다문화 공동체 형성을 위한 의식조사__ 301
    2. 다문화 공동체 형성의 정책적 과제__ 311

제2절 목표달성을 위한 시행전략__ 316
    1. 목표 명세__ 316
    2. 전략 개발:: 안산시 원곡동 '국경없는마을 만들기 운동'__ 319
    3. 목표달성을 위한 시행전략__ 321
    4. 국경없는마을 만들기 사업개요(2004년)__ 322

제3절 국경없는마을의 실세 및 평가__ 326
    1. 국경없는마을 원곡동 발전 협의회__ 326
    2. 국경없는마을 주민학교__ 327
    3. 마을 가상도 만들기__ 331
    4. 국경없는마을 원곡동 신문__ 334
    5. 국경없는마을 원곡동 주민과 함께 하는 마을청소__ 337

6. 설 맞이 국경없는마을 다문화 축제__ 340
7. 안산 월드컵 대회__ 343
8. 이주노동자 길거리 문화 카페__ 346
9. 인권·문화교육__ 350
10. 추석 맞이 국경없는마을 콩꽃 축제__ 353
11. 이주노동자와 주민 만남의 밤__ 357
12. 국경없는마을 운동 사업의 평가__ 358

제4절 국경없는마을 운동을 통한 목회의 유능성 개발__ 360
1. 목회능력에 대한 고찰__ 360
2. 연구반 조직의 특징__ 361
3. 목회 유능성 개발__ 363

제5장 요약 및 결론

제1절 요약__ 371
제2절 결 론__ 375
1. 국경없는마을 형성에 따른 정책 과제__ 375
2. 국경없는마을 운동의 발전 과제__ 379
3. 국경없는마을 사업 제안__ 381

참고문헌__ 385

표 목차

<표 1> 안산시 최근 인구현황 ·· 32
<표 2> 안산시 이주노동자 통계 ·· 33
<표 3> 안산 반월공단 입주현황 ·· 34
<표 4> 산업화 단계별 인력난에 따른 외국인력 유입 ············· 56
<표 5> 이주노동자 최근 통계숫자 도표 ································· 131
<표 6> 이주노동자를 바라보는 시각 ····································· 157
<표 7> 인구이동의 영향 요인 ·· 162
<표 8> 산업화 단계별 인력난에 따른 외국인력 유입 ··········· 171
<표 9> 심리적 갈등의 분열과 통합 ······································· 219
<표 10> 한국인과 이주노동자 상호인식 ······························· 302
<표 11> 지역사회에서 이주노동자 주민 갈등 요인 ·············· 303
<표 12> 상호간 문화적 차이 정도 ··· 304
<표 13> 상호 문화에 대한 이해 수준 ··································· 305
<표 14> 이주노동자 공동체 모임 견해 ································· 305
<표 15> 이주 노동자 종교 생활 만족도 ······························· 306
<표 16> 주민의 타 종교에 대한 포용성 여부 ······················· 306
<표 17> 지역주민회의에 외국인 노동자참여 ························ 307
<표 18> 이주노동자의 날 지정 및 축제 개최 여부 ·············· 309
<표 19> 이주노동자 사회복지 서비스 요구 ·························· 309
<표 20> 본국에 귀환 후 정착계획 ··· 310
<표 21> 이주노동자에 대한 영주권 부여 ····························· 310
<표 22> 목표달성을 위한 명세표 ··· 316
<표 23> 목표달성을 위한 기본 프로그램 ····························· 321
<표 24> 목표달성을 위한 세부사업 ······································· 321
<표 25> 국경없는마을 거주민 통계 ······································· 323
<표 26> 주민학교 사업추진 내용 ··· 329

<표 27> 국경없는마을 신문 추진내용 ··· 335
<표 28> 안산월드컵 사업개요 ··· 343
<표 29> 안산월드컵 사업추진행사 ··· 344
<표 30> 안산월드컵 사업추진내용 ··· 345

그림 목차

<그림 1> 연도별 출산율 추이 ································· 43
<그림 2> 한국인 연령별 인구 구성비 예상 추이 ················ 44
<그림 3> 결혼이민자 통계 ································· 46
<그림 4> 연구과정 도표 ································· 60
<그림 5> 세계 전체 소득의 분배 현황 ····················· 133
<그림 6> 실업자와 이주노동자 ··························· 135
<그림 7> 국제 인신매매 이동 경로 ························ 137
<그림 8> 국경의 이동 ··································· 138
<그림 9> 16세기 초 이후의 국제 인구이동 ················· 159
<그림 10> 아프리카 흑인 노예무역 ························ 160
<그림 11> 제2차 세계대전 이후 유럽대륙 순 인구 이동량 ······ 161
<그림 12> 자본-노동 시장의 재구조화 도표 ················· 168
<그림 13> 지역사회로서 국경없는마을 이해 ················ 195
<그림 14> EPR 이론적 작동원리 ·························· 217
<그림 15> 요하리의 마음의 창 ···························· 221
<그림 16> 요하리의 마음의 창 역학관계 ··················· 222
<그림 17> 마을 만들기의 마을 개념 ······················· 275
<그림 18> 마을 만들기 동기 ······························ 277
<그림 19> 마을 만들기 활동 내용 ························· 278
<그림 20> 마을 만들기 목적 ······························ 280
<그림 21> 국경없는마을 원리 ····························· 283
<그림 22> 국경없는마을 개혁운동 성격 ···················· 285
<그림 23> 대안 공동체사회 ······························· 286
<그림 24> 원곡동 마을 만들기 주체 ······················· 291
<그림 25> 마을 만들기 협력과 지원 ······················· 292
<그림 26> 지역주민 운동의 4방향 ························· 293

<그림 27> 차별문화·공존문화 ·· 294
<그림 28> 공존문화 형성 내용 ·· 294
<그림 29> 원곡동 전체 지도 ·· 324
<그림 30> 국경없는마을 원곡동 발전협의회 ···························· 327
<그림 31> 안산 국경없는마을 원곡동 안내 지도 ···················· 333
<그림 32> 사이버 국경없는마을 원곡동 ··································· 334
<그림 33> 국경없는마을 신문 ·· 337
<그림 34> 설날 다문화 축제 1. ··· 342
<그림 35> 설날 다문화 축제 2. ··· 343
<그림 36> 추석사진 ·· 356

제1장
서 론

제 1 절
배경 소개

1. 연구자 배경

1) 나는 가난한 집안의 이주노동자의 자손이다.

(1) 나는 가난의 아픔을 가진 집안의 아들이다.

　나는 무척 가난한 가정에서 자라났다. 그래서 가난한 사람들과 자연스럽게 연대할 수 있었다. 아버지는 운수 노동자이셨고, 어머니는 청소부와 노점상으로 살아 오셨다. 나는 겨울이면 언제나 잠바를 입고 양말을 신고 모자를 꾹 눌러 썼다. 밖으로 나가기 위해서가 아니라 불기가 없는 차가운 다락방에서 잠을 자야 하기 때문이었다. 청소년기를 보낼 때는 가난이 너무나 싫었다. 친구 아버지는 사장이었고 더구나 그 친구는 같은 반이었다. 그래서 학교 선생님이 가정환경을 조사한다며 부모의 직업을 물을 때가 가장 싫었다. 아버지는 친구의 아버지 곧 사장님의 자가용 운전수이셨기 때문이다. 아버지께서는 어느 날 헌 옷을 얻어 오셨다. 나는 그 옷을 입고 거리로 나갈 수 없었다. 친구가 입던 헌 옷을 친구가 보는 앞에서 입고 다닐 수는 없었던 것이다. 결국 옷 입기를 거절했지만 아버지로부터 "우리는 부자가 아니다!"는 꾸중을 들어야 했다. 그 사건은 어린 나이에 아픔으로 남았다.

　아버지께서 돌아가시자 어머니께서는 극장 앞에서 오징어 땅

콩을 파는 노점상을 하셨다. 가끔 집에 들어오시지 못한다는 전화를 하시곤 했는데 처음에는 어머니가 왜 들어오시지 못하는지 이해하지 못했다. 그러나 얼마 안 가서 사정을 알게 되었다. 노점상 일제 단속이 있었고 단속에 걸린 어머니는 파출소에 끌려가 결국 하룻밤을 유치장에서 주무시고 나와야 했기 때문이다. 어느 날 학교에서 돌아오는데, 어머니가 길거리에서 사람들에게 애원하는 장면이 보였다. 구청의 거리 단속반 직원들이 손수레며 물건들을 빼앗아 가는 중이었다.

"새끼들과 먹고 살게 물건은 주고 가세요."

그러나 단속반원은 인정사정 볼 것 없이 물건을 마구 빼앗아 갔다. 어머니가 그들의 다리를 붙잡고 질질 끌려가는 것을 보니 정말 눈에서 피가 나는 것 같았다.

나는 사회적 약자들이 가진 아픔의 흔적들을 같이 갖고 있다. 그렇기에 가난한 사람들과의 연대는 아주 자연스러운 일이었다. 가난함은 비판의식과 저항성을 키워주었다. 그리고 사회적 정의에 대하여 눈을 뜨게 하였다. 그래서 신학대학을 졸업한 후 택한 것이 가난한 자들과 연대하는 목회였다.

(2) 나는 이주노동자의 자손이다.

나의 가족사에 이주노동자의 피가 흐르기 때문에 이주노동자들에 대해 남다른 관심이 있었던 것은 아닐까. 일본이 한국을 지배하던 시기에 할아버지는 일본의 이주노동자로 계셨다. 강제 이주노동자로 있던 시기는 아마도 1932년부터 1942년까지 약 10년간이었을 것이다. 할아버지는 오사카의 간장 공장, 신발 공장 등에서 일을 하셨다. 1935년경 할아버지는 한국에 잠깐 건너와서 결혼을 하시고는 다시 일본으로 건너가 오사카에서 부친을 낳으셨다. 부친의 형제간은 4남매이었는데, 모두 오사카에서 태어났고 부친의 나이가 4살쯤 되었을 때 온 가족이 한국으로 건너와서 살게 되었다. 아버님은 해외에서 출생한 이주노동자의 아들이고 나는 그들의 자손이다.

누가 나에게 고향이 어디냐고 물으면 딱히 대답할 말이 없다. 부모님이 생계를 위해 이곳저곳으로 이주해 다니셨기 때문이다. 다만 태어난 곳은 전남 순천이다. 가정 형편이 어려워 초등학교를 5군데도 넘게 옮겨 다녔다. 어렸을 때는 의정부에서 살았다. 아버님께서는 미군 부대에서 근무를 하기도 하셨다. 원래 아버님은 광주 철도국 공무원으로 계셨는데 문제가 생겨 그만두고 의정부로 올라오신 것이다. 아버님이 근무하시던 미군부대로 소위 '꿀꿀이죽'과 '콩나물국'을 받으러 다니던 기억들도 생생하다. 서울로 이사 와서도 가난하여 당시에는 아주 변두리였던 말죽거리, 지금의 양재동 근처에 살았다. 학교가 너무 멀어서 수업을 자주 빼먹는 바람에 초등학교 1학년을 두 번이나 다녀야 했다. 결국 나는 생계 때문에 이곳저곳으로 옮겨 다니며 살아야 하는 이주노동자의 아들로 자란 것이다.

어릴 때의 성장 배경이 이주노동자에 대한 관심을 자연스럽게 높여준 것은 아닐까. 결혼 후에는 처가 쪽으로 집사람의 작은 언니가 국제결혼을 하여 미국에서 살고 있다. 가족 배경이 이렇다 보니까 자연스럽게 국경과 인종에 대하여 열린 생각을 갖게 된 것은 아닐는지.

2) 나는 사회적 약자와 연대하는 목회자이다.

하나님께서 나를 가난하고 버림받은 삶의 현장에서 사회적 약자들과 연대하는 목회를 하도록 인도하셨다고 고백한다. 가난하게 자라고, 가난하게 살았기에 버림받고 살아가는 사회적 약자들의 삶은 언제나 남의 이야기가 아니었다. 나는 지난 80년대 군사독재시절 민주화 운동에 열심을 낸 학생이었다. 결국 민주화에 대한 관심이 발전하여 1989년 공장에 들어가 현장에서 일하면서 사회적 약자들과 연대하는 목회 훈련을 받았다. 훈련을 마치고, 1989년 말 공단 지역이자 빈민 지역인 안산에 내려와 소위 민중교회라고 하는 NGO형 교회인 '안산형제교회'를 개척하였다. 교회를 개척하면서 제일 먼저 한 일은 노동자들과 그 가족을 돕는 일이었다. 맞벌이 가정의 자녀를 위한 공부방을 마련하는 등 그들의 가난한 삶을 바꾸어 나가려고 노력하였다. 그러다가 지난 94년부터 예수교 장로회 통합교단의 서울서남노회 부속 기관으로 '안산이주민센터'3)를 설립하고는 지금까지 이주노동자 선교와 운동에 전념해 오고 있다. 신학교를 졸업하고 지금까지 가난하고 소외된 현장을 떠나 본 일이 없다. 그리고 버림받은 사람들의 삶의 현장에서 지금까지 '교회갱신'과 '사회변혁'을 위해 헌신해 오고 있다. 삶의 현장에서 시작된 비판과 저항 의식이 또 다른 세상과 대안을 열어가는 '국경없는마을 운동'의 실천을 열어가는 단초가 되었다.

---

3) 안산이주민센터는 본 기관에서 3번째 사용하는 이름이다. 처음에는 안산외국인상담소, 최근까지도 안산외국인노동자센터로 불렸으나 이주민이라는 단어를 사용하는 세계적인 추세에 따라 2006년 9월 1일부터 안산이주민센터로 부른다.

제1장 서론 29

 1984년에 시작한 '일하는 예수회'는 버림받은 사회적 약자들과 연대하는 목회자들의 모임이다. 이곳의 동지들과 함께 나는 민중과 연대하는 목회자의 길을 계속해서 갈 것이다. 아울러 버림받은 약자들과 연대하는 실천을 함께 하는 연합기관인 '기독교 사회선교 연대회의(Korea Christian Action Organization)'를 통해서도 교회개혁과 사회변혁을 통한 예수운동을 계속해 나갈 것이다.

3) 무슨 생각으로 국경없는마을 운동을 하게 되었나?

 가난하게 살아왔기에 가난한 자들과 함께 하려는 마음에서 이주노동자들과 함께 하는 일을 시작했다. 이주노동자는 더 이상 '대상'이 아니라 자신들의 삶의 '주체'이다. 하나님의 형상으로 창조된 모든 인간은 하나님의 나라 안에서 어떠한 차별도 받지 않는다. 하나님이 만든 세상에서 모든 인간은 이동과 거주와 노동의 자유를 가진다. 그러나 우리가 사는 사회에서는 이동과 거주의 자유 뿐 아니라 노동의 자유도 제한된다. 부자나라에서 태어난 사람은 이러한 자유에 제한이 없다. 그러나 가난한 나라 출신들은 차별받으며 실제적으로는 시민 공동체의 일원으로서의 삶이 거절되고 있다. 이러한 현실을 극복하기 위해서 저항과 비판, 상호 협력, 대안 만들기가 필요하다. 국경없는마을 운동은 한국인이나 이주노동자나 해방의 과정 속에 있는 인간으로서 변혁의 가능성을 모색한다.

 국경없는마을 운동에는 중요한 생각이 세 가지 있다.
 첫째, '문제를 가진 자가 문제 해결의 주체'이다. 그러나 이주노동자 선교 운동에는 그들을 '주체'로 보지 않고 '대상'으로 보는 잘못된 견해가 간혹 있다. 한국 사람이 앞장서서 나가면 그들은 따라와 주어야 하는 운동의 대상이며 교육의 대상이며 동원의 대상일 뿐이다. 종교적으로도 선교의 대상이자 교화의 대상에 불과하다. 이주노동자를 인격체 또는 주체로 보지 않고 하나의 사물이나 대상으로 보기 때문이다. 주체로 보지 않고 대상으로 본다면 이주노동자를 영원히 우리에게 종속시키겠다는 숨은 의도를 갖고 있다고 볼 수밖에 없다.

둘째 '문화는 만들어지는 것'이라는 생각이다. 차별문화는 처음부터 주어진 것이 아니라 만들어진 것이다. 그렇다면 평등한 문화 즉 '생명과 평화가 넘치는 축제의 문화' 역시 얼마든지 만들 수 있다. 모든 인간이 평등하게 살아갈 하나님의 나라 역시 상상이 아니라 역사적인 나라가 되어야 한다. 예수께서는 '지극히 작은 자에게 한 것이 곧 나에게 한 일'이라고 말씀하셨다. 곧 '이주노동자는 낯선 이방인으로 찾아온 예수'이다. 예수 운동을 펴나가는 것은 삶의 현장에서 구체적으로 하나님의 나라를 이루어 나가는 것이다. 예수 운동은 이 땅의 사회적 약자들과 버림받은 가난한 자들과의 연대를 통하여 이들이 잃어버린 축제 문화를 되살려 나가는 것을 의미한다.

셋째, 선교와 운동을 함에 있어서 중요한 점은 하나됨이다. 곧 '일체(一體)의 정신', '나와 그가 하나'라는 생각이다. 일체의 정신에서 공존(共存)과 상생(相生) 그리고 나눔이 가능해진다. 이주노동자를 섬기는 것은 곧 예수를 따르는 길이요, 하나님의 나라를 이루어 가는 길 중의 하나이다. "아버지가 내 안에, 내가 아버지 안에 있는 것과 같이 저희로 우리 안에 있게 해주소서!"하는 예수의 마지막 기도(요 17장)와 마찬가지로 사람이, 민족이, 지구가,

우주가, 생물과 무생물이 하나님 안에서 통하는 세상을 열어가는 것이요, '지금 여기'의 하나님의 나라를 깨달아 나가는 것이다.

4) 무슨 고민에서 출발하였나?

'국경없는마을 운동'에 대한 고민은 21세기를 열어가는 이주노동자 선교와 운동의 방향과 방법 그리고 실천에 대한 모색의 기회가 되었다. 국경없는마을 운동을 정리하는 과정에서 보다 근원적인 질문을 하게 되었다. 즉, 자기가 선 자리와 나아가야 할 방향을 다시금 되새겨 본 것이다.

① 국경을 초월한 이주노동은 왜 발생하는가?
② 한국 사회에서 이주노동자들은 누구인가?
③ 차별의 내용은 무엇인가?
④ 차별을 해결하는 주체는 누구인가?
⑤ 타종교인인 이주노동자들에게 변혁의 힘의 근거는 무엇인가?
⑥ 이주노동자 선교란 무엇이고, 무엇을 위한 선교인가?
⑦ 문제 해결을 위한 연대는 무엇인가?
⑧ 지역사회에서 한국인과 이주노동자들이 더불어 살아가기 위한 대안은 무엇인가?

2. 안산이주민센터가 위치한 지역 상황

2006년 7월 말 현재 안산시 인구 현황을 살펴보면, 인구밀도는 4,675명이고, 세대 당 인원수는 2.81명이다. 매일 14쌍이 결혼하고 7쌍이 이혼하는 것으로 나타났고, 매일 22.5명이 태어나고 5.6명이 사망한 것으로 나타났다. 매일 492명이 전입하고, 403명이 전출하고 있어 꾸준히 인구 유입이 늘어나고 있다.4)

<표 1> 안산시 최근 인구현황1)

구분	합계 인구	한국인 세대	한국인 인구	외국인 인구
계	731,763	259,073	689,266	22,497
상록구	385,485	135,281	362,480	3,005
단원구	346,278	123,792	326,786	19,492

안산시의 연령별 인구 구성을 보면 전반적으로 14세 이하 아동 인구 비율이 경기도 평균보다 높고(경기도 22%, 안산시 25%), 65세 이상 노인 인구는 평균보다 낮은 것으로(경기도 7%, 안산시 5%) 나타난다. 반면, 경제활동인구(5~64세)는 경기도보다 다소 낮게 나타나는데(경기도 71%, 안산시 70%) 그 중 20~30대 분포율은 안산시가 경기도보다 3%나 높다(경기도 36%, 안산시 39%). 반면 50대 이상 분포율은 경기도가 안산시보다 더 높아(경기도 11%, 안산시 7%) 활발한 경제활동을 하는 인구층이 두터운 것으로 해석할 수 있다. 안산시가 그만큼 젊은 도시임을 나타내는 수치라고 하겠다.

---

4) 2006. 7월말 현재 안산시 인구현황

<표 2> 안산시 이주노동자 통계

주 대상지역	지 역	인원 (단위:명)		분포도 (단위:%)
		외국인	내국인	
경기도 안산시	원곡 본동	2만여 명	2만여 명	
	시화 반월 공단	2만여 명	15만여 명	
	계	5만여 명	23만여 명	100

안산이주민센터(Ansan Immigrant Center: AIC)가 위치한 안산지역은 반월공단과 시화공단을 포함하고 있다. 산업기술연수생 6,367명을 포함하여 약 4만여 명의 이주노동자들이 거주하고 있는 것으로 추산된다. 이는 전국 40만 이주노동자들의 10%에 해당하는 수치이다.

안산지역에 이주노동자들이 집중적으로 밀집해 있을 수밖에 없는 것은 공단의 특성상 흡인 요인이 상대적으로 높기 때문이다. 안산지역에는 5인 이상의 등록업체가 총 1957개 있다. 이들 업체의 95%가 중소기업이며 조립식 기계장비, 자동차 및 전기, 섬유 의복, 화학 등, 3D(Difficult, Dangerous, Dirty) 업종이 집중 배치되어 있다. 이 3D 업종은 노동 강도가 세고, 저임금인데다가 산업재해의 사고 위험에까지 심하게 노출되어 있어 한국 노동자들이 기피하는 작업장이 대부분이다.

<표 3> 안산 반월공단 입주현황

업 종	개소
조립식 금속 기계장비	710
식료품	53
섬유, 의복, 가죽	232
나무 및 목재 제품	21
종이, 인쇄, 출판	155
화학, 섬유, 고무, 플라스틱	279
비금속광물 1차 금속	136
자동차 및 전기기계 영상, 통신장비	258
기 타	113
합 계	1,957

세계화는 국제적 이주노동을 증가시킨다. 이주노동은 이주 노동 유입국의 민족 구성에 영향을 미치면서 정치, 사회, 문화적으로 갈등을 일으킨다. 원곡동은 반월공단과 시화공단으로 이어지는 교통의 요충지로서 한국인이 2만여 명, 이주노동자가 2만여 명이 생활하는 이주노동자 집단 주거지역이다. 이곳에 안산시 전체 이주노동자의 절반이 밀집해 있다.

이주노동자의 집단화는 이주노동자 자신이 공동으로 간직하고 있는 민족의 기억이나 습관과 신념을 통해 이뤄지며 독자적인 에트닉시티(Ethnicity)를 형성한다.[5] 이러한 에트닉(Ethnic) 집단의[6]

---

[5] Benedict Anderson, "The New World Disorder," in *New Life Review*, 193 (May/Jun 1992), 8-10.
[6] 에트닉(Ethnic)은 두 가지로 정의된다. 첫째는 특정 네이션 내에 존재하면서 민족적 자립과 독립을 지향하고 있는 개별인간집단을 지칭한다. 둘째는 일반적인 인간집단 내지 인종집단으로 번역한다. 한편, 레이스(Race)는 강한 생물학적 함의를 지녔으며, 주로 종족으로 번역된다. 네이션(nation)

정주화 현상은 기존 주민들의 민족주의(Nationalism)와 갈등을 일으키기도 한다. 이러한 갈등과 차별을 극복하는 대안 공동체 만들기 운동이 일어나는 안산시 원곡동 지역을 '국경없는마을'이라 부른다.7) 국경없는마을은 특정 지역만을 가리키는 단어가 아니라, 차별문화 극복을 위한 지역운동 자체를 우리는 '국경없는마을 운동'(Movement for The Borderless Village)이라 부른다.

3. 안산이주민센터의 역사적 배경 및 상황

안산이주민센터는 1994년 10월 대한예수교장로회(통합) 서울서남노회에 의하여 설립된 기관이다. 본 기관은 전국에서 이주노동자가 가장 많은 안산의 반월, 시화 공단지역에 설립되었다. 본 단체는 국경 없는 노동, 국경 없는 인권, 국경 없는 평화, 국경 없는 공동체를 지향한다.

안산이주민센터는 그 동안 이주노동자들의 상담과 교육, 인권보장, 복지 서비스, 부설기관 운영 등의 역할을 해왔다. 구체적인 프로그램을 보면, 노동 상담, 국내 및 국제 연대를 통한 인권 보

은 에트닉 집단과 밀접한 관계를 가지지만 상위성이 존재한다. 에트닉 커뮤니티(ethnic community)는 네이션의 속성 일부를 갖지 않는다. 본 논문은 에트닉을 독자적인 문화와 역사적 요소를 가진 집단으로서 특정사회의 하위집단이나 마이너리티로 본다. 에트닉과 네이션, 레이스 간의 개념규정은 Anthony D. Smith, *National Identity* (N.Y.: Penguin Books, 1991), 21-42. 조정남, *현대정치와 민족문제*(서울: 교양사회, 2002), 40-57. 참조
7) 국경없는마을(The Village Without Borders)은 원래 안산시 원곡동을 가리키나 현재는 이주노동자 밀집지역에서 차별문화를 극복하고 다문화 공동체를 형성을 목적으로 하는 용어로도 통용되고 있다.

호 활동, 다양한 교육 활동 즉 한국어 교육, 인권 교육, 컴퓨터 교육, 자원봉사자 교육, 다문화 교육 등을 실시하고 있다. 복지 서비스로는 무료 미용과 무료 진료 등을 제공한다.

또한 부설기관으로 코시안의 집과[8] 안산이주여성상담소, 이주난민 쉼터를 운영하고 있다. 코시안의 집에서는 국제결혼 가정 및 이들 가정의 영유아 보육과 아동 교육, 부모 모임 등을 진행하고 있다. 한국인과 비교하여 상대적으로 가난하게 살아갈 수밖에 없는 이주노동자 가정들이기 때문에 자원봉사자들을 통하여 매주 일요일 우유와 분유 등을 이주노동자 가정에 전달하는 재가(在家) 서비스도 실시하고 있다. 안산이주여성상담소는 일명 블링크(Better Life in Korea의 머릿글을 딴 약자)라고도 불리우며 여성문제를 중심으로 이주여성과 연대하는 기관이다.

이주노동자들은 공장에서 근로자성을 부정당할 뿐 아니라 지역에서도 주민성을 거부당하고 있다. 이러한 현실을 극복하기 위해서 '국경없는마을 운동'을 일으키고 있다. 원곡동에서 센터 실무자들이 이주노동자들의 인권을 보호하는 과정에서 경찰에 잡혀가기도 하고 폭행을 당하기도 하였다. 그러나
 "이주노동자는 우리의 이웃이요, 정주와 시민권을 요구할 권리가 있다!"
는 신념을 지켜나가는 것이 국경없는 마을 실천 운동이다. 한

---

[8] 코시안(Kosian)이란 말은 Korean + Asian의 합성어로서 혼혈아 등의 차별적 용어를 해소하기 위해 안산센터에서 처음 사용하였다. 초기에는 국제결혼 부부의 2세를 가리키는 말이었다가, 점차 한국에서 결혼한 이주노동자 가정 또는 중국인 중심의 차이나타운과 대별하여 이주노동자 집단 밀집지역을 가리키는 말로도 통용되고 있다.

때는 이러한 활동이 정부기관에 의해 어처구니없게도 '반한(Anti Korea) 활동'으로 분류되기도 하였다. 그러나 이주노동자의 인권 보호야말로 하나님의 나라를 세우는 예수운동의 하나라고 고백한다.

국경없는 마을 운동은 '뿌리공동체'(Roots Community: RC) 운동을 통하여 승화된다. '뿌리공동체' 조직화 방안에 대한 내용은 여기서 다루지 않고 <국경없는 마을과 뿌리 공동체>라는 책을 통하여 구체적으로 다루어 나갈 것이다.

제 2 절
문제 제기

1. 이주 노동자 집단 주거지 형성

1) 주민 구성의 변화

안산시 원곡동이 변하고 있다. 2006년 7월 기준으로 안산의 인구는 731,763명이다. 20대와 30대가 40.1%를 차지하고 있어 전국 평균 35.7%에 비해 보면 젊은 도시라는 것을 알 수 있다. 인구 이동은 전입이 26.8%, 전출이 24.9%를 차지한다. 외국인의 비중은 1.3%로 전국 평균 0.6%에 비해 2배 이상 높다.[9] 안산시에 거주하는 대부분의 인구는 한국인 외국인 할 것 없이 생계와 직업의 문제로 안산으로 이주한 사람들이다. 시민의 80%는 원주민이 아닌 외지인이다. 생계와 직장을 따라 이주한 사람들로서 안산이 고향이 아닌 사람들이다. 거기다가 안산 시민의 25%가 주거지를 옮겨 다니며 사는 유동인구이다. 안산은 공단에서 직업을 얻을 수 있고 비교적 값싼 주택 공급이 이루어지는 지역이기 때문에 이주민(Immigrant)들이 가장 살기 좋은 곳이다.

안산시 원곡본동의 경우 2004년 말 기준 인구수는 11,822명이다.[10] 지난 2002년 3월 25일부터 5월 25일까지 불법체류자 자진

---

[9] 경기도, *2001경기도통계연보* (2001).
[10] 원곡본동사무소 관할 주민은 전체 18,315명이다. 그러나 신길동 지역 2,885명, 삼익아파트지역에도 3,608명이 거주하고 있어 실제 원곡동 주민은 11,822명이다. 원곡동의 원주민의 구성은 3% 정도 차지하고 있다.

신고를 통해 조사한 내용을 보면 안산시 원곡동 전체에는 외국인 15,279명이 거주하는 것으로 밝혀졌다. 원곡동에 인구가 가장 많던 1996년 인구가 34,000명 가량 되었다. 그 동안 고시원 등의 주거시설이 증가한 것을 고려하면, 2만 명 정도의 이주노동자가 원곡동에 거주한다고 보아도 무방하다.

1980년대 초 반월공단 조성과 함께 안산시 원곡동에 사람들이 몰려들었으나 IMF 구조 조정으로 급격한 인구 변화가 일어나기 시작하였다. 애초에 안산시 원곡동은 1970대 말과 1980년 초 반월에 공단을 조성하고 원주민들을 집단 이주시키면서 조성된 안산 최초의 주거지역이다. 1986년 안산시로 승격되기까지 원곡동은 안산의 준 중심지 역할을 해왔다. 원곡동이 반월공단과 시화공단으로 갈라지는 교통의 요충지이고 노동자 주거에 안성맞춤인 값싼 주거지역이기 때문이다. 원곡동은 노동자 동네로 불릴 정도로 많은 한국인 노동자들이 주거하던 곳이다. 그러나 1990년에 들어서면서 상황이 바뀌기 시작하였다. 중앙역과 상록수역을 중심으로 새로운 상권이 조성되자 원곡동 일대의 상권이 그곳으로 빠져나갔고, 일반 주민들도 선부동, 와동, 상록수 등지에 조성된 새로운 주거지역 즉 아파트 지역으로 대거 이동하게 되었다.

주민들이 빠져나가고 상권이 쇠락하자 원곡동 일대는 1990년대 중반부터 슬럼화 하는 조짐을 보였다. 슬럼화 틈새를 비집고 제일 먼저 들어온 것이 티켓 다방이다. 전화 한 통화만 하면 오토바이를 탄 아가씨가 일반주택에까지 차를 배달하는 등 윤락이 성행하

그러나 원곡동의 실제 지도력은 원주민들이다.

여 원곡동 일대는 낯 뜨거운 장면으로 대낮에도 길거리를 다니기가 민망할 정도였다. 원곡동 주택지역은 점차로 사창가 문화가 자리 잡는 듯하였다. 1998년 IMF 한파로 그나마 원곡동에 남아 있던 한국인들이 직장을 잃게 되면서 더 이상 안산에 머물 이유가 없게 되자 원곡동 일대는 사창가 문화마저도 확산이 중단되는 등 급속한 공동화 현상이 일어났다.

원곡동 일대가 공동화되면서 빈 방이 늘어나자 주택임대를 통해 생계를 유지하던 주택 소유주들은 궁여지책으로 이주노동자에게 방을 빌려주기 시작하였다. 그때부터 원곡동은 지역 구성원에서부터 근본적인 변화가 일어나기 시작했다. 이주노동자가 원곡동 일대에 대거 거주하게 된 것이다.

원곡동은 IMF 이전인 1996년경만 해도 내국인 거주자가 3만 4천여 명에 이르던 지역이다. 그러나 실업률이 15%에 육박할 정도로 많은 내국인들이 대량 해고 되면서 그나마 원곡동에 남아 있던 내국인들이 이곳을 떠났을 뿐 아니라 이주노동자들도 대거 실직하면서 본국으로 돌아가거나 한국경제가 회복되기를 기다리면서 싼 월세 방을 찾아 나섰다. IMF 초기에는 원곡동 건물주가 외국인에게 방을 내주는 것을 꺼려하였으나 세를 놓아 생계를 유지하던 터라 결국 건물주들과 주택임대업자들이 빈 방이 장기화되는 것을 막기 위해 이주노동자에게 방을 주기 시작한 것이다. 이때부터 원곡동은 무너진 둑과 같이 이주노동자들이 대거 몰려들기 시작하였다. 원곡동이 이주노동자의 집단 주거지로 각광을 받으면서 보다 많은 이주노동자가 몰려왔고, 오히려 방이 모자라게 되자 발 빠르게 고시원이 늘어나고 있다. 원곡동에 이처럼 이주노동자가 집단으로 거주하게 된 이유는 반월, 시화공단으로 출퇴근하기에 용이한 지리적 이점 때문으로 보인다. 현재 원곡동에는 내국인이 1만 8천여 명, 이주노동자 및 중국동포 등이 2만 이상 거주하고 있다. 원곡동 주민 구성이 크게 달라지고 있다.

2) 거리문화의 변화

원곡동에 가면 다른 곳에서 쉽게 찾아볼 수 없는 이국적인 풍경을 만날 수 있다. 안산역에서 원곡본동 사무소에 이르는 거리를 '국경 없는 거리'라 부른다. 매주 일요일이면 전국 각지의 이주노동자들이 원곡동에 몰리는데 국경 없는 거리를 지나는 사람의 80~90% 이상이 이주노동자들이다. 친구를 만나고, 여가를 즐기고, 반찬을 마련하고, 먹거리를 산다. 날씨가 따뜻하면 자신들의 전통의상을 입고 거리를 활보하는 사람들도 늘어나고 있다. 마치 거리에서 국제 패션쇼를 보는 듯한 생각이 들 정도이다. 골목골목마다 이주노동자들이 10여 명씩 무리 지어 자국어로 이야기하면서 정보를 교환하기도 하고, 고향 소식을 듣기도 한다. 원곡동 상인들도 한국어뿐만 아니라 중국어, 영어, 방글라데시어, 스리랑카어, 인도네시아어 등 아시아에서 사용하는 여러 나라 말로 간판을 장식한다. 각종 모임이나 개업 상점에서 이슬람 이맘(성직자)의 기도가 흘러나오더니 드디어 이슬람 사원이 원곡동에 들어섰다. 이주노동자들이 돈을 모아 4층짜리 건물을 구입하여 이슬람 사원을 세운 것이다. 한국의 작은 마을에서 다양한 이색적인 문화가 한데 어우러져 나타나고 있다.

3) 지역상권의 변화

고객이 변하면 지역상권의 형태도 변한다. 이주노동자의 등장으로 원곡동의 상권이 변하였다. 지역주민 구성이 변하면서 기존에 한국인을 상대하여 장사하던 상점들의 판매이익은 점차 줄어든 반면, 이주노동자를 새로운 고객으로 생각하고 이들을 집중적으로 공략한 상점들은 고객의 70~80%를 이주노동자로 받아들이고 있다. 외국인들의 고유한 식성과 기호를 겨냥하는 상점들도 늘어나고 있다. 중국 상점 60여 곳, 동남아 상점 20여 곳이 성업 중이다. 서울 이태원에 없는 음식이 원곡동에는 얼마든지 있다. 이주노동자에게 잠자리를 제공하는 고시원이 60여 곳, 일자리를 소개하는 용역회사는 안산역 유통 상가를 제외하고라도 최소 30여 곳이 성업 중이다. 최근에는 월세방 임대업이 왕성해지면서 점차 사라지던 부동산 소개업소도 35 곳에 이를 정도로 급격히 늘어나고 있다. 재활용 옷가게, 재활용 가전제품점, 전화카드 상점 등을 비롯하여 거리 노점상도 늘어나고 있다. 값싸지만 실용적인 상품들이 이주노동자들과 주민들에게 인기가 많다. 확실히 원곡동의 상권이 달라지고 있다.

그러나 기존에 한국인을 상대로 하는 영업을 하던 분들은 예전에 비하여 손님이 줄어들어서 고민이 많다. 지역주민의 구성과 고객이 바뀌고 있으나 마땅히 이들을 공략할 판매 전략을 마련하지 못하고 있기 때문이다. 원곡동 주민자치위원장은 원곡동의 변화에 대하여 다음과 같이 말했다.

"원곡동에서 외국 사람을 쫓아낸다고 해서 원곡동이 좋아지는 것이 아니죠. 한국 사람들이 원곡동에 찾아와 살려고 하지 않기 때문에 결국 원곡동에서 이주노동자가 빠져나가면 다시 공동화, 슬럼화의 과정을 밟을 겁니다. 그렇다면 지역주민과 외국인 노동자들이 서로 마찰을 줄이면서 함께 살아가기 운동을 벌여 나가는 것이 우리 생존을 위해서도 어쩔 수 없는 선택이에요. 서로 협력하는 지혜가 필요합니다."

2. 저 출산, 고령화, 국제결혼 증가, 다문화 사회 도래

1) 저 출산의 시대 : 2050년 인구 1천 만 부족

한국은 저 출산의 시대로 접어들었다. 저 출산은 한국 땅으로 이주노동자를 급격히 불러들일 것이다. 2003년 출산율은 1.19로 사상 최저치를 기록하였다. 인구 전문가들은 출산율을 1.8 수준까지 끌어올린다고 하더라도 가임 여성 수가 너무 부족하여 결국 인구는 줄어들 것으로 본다.

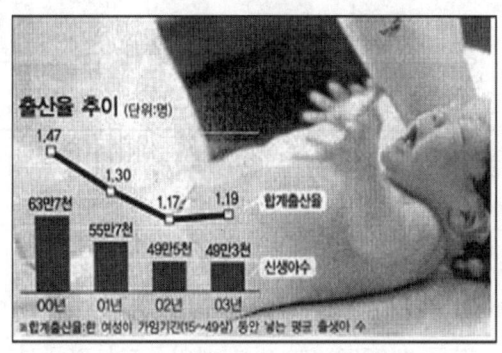

<그림 1> 연도별 출산율 추이[11]

현재 추세대로라면 노인 인구 급증과 노동인력 부족으로 10년 내에 한국 경제가 무너질 것이라고 경고하기도 하며, 이대로 가

---

11) 통계청, 통계청 자료 (2004).

면 2050년에는 1천만 명의 인구가 부족할 것으로 내다보기도 한다. 결국 이주 노동자들이 부족한 인구 이동의 루트를 따라 들어오고 그 결과 한국 사회는 급격한 인구 변화가 뒤따를 것이다.

2) 고령화 사회

2050년에 한국은 인구의 20% 이상이 노인이 되는 전형적인 초고령화 사회가 된다. 그 결과 50세 이상 취업자가 노동인구의 50%를 넘어선다.

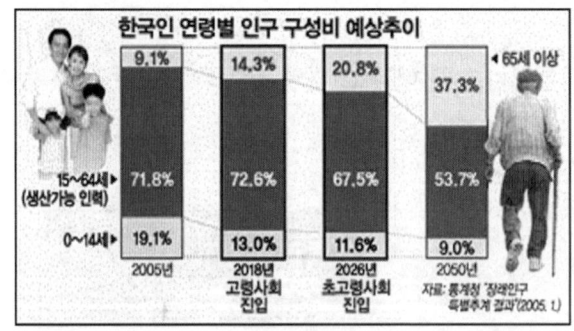

<그림 2> 한국인 연령별 인구 구성비 예상 추이[12]

2004년 8.7%인 노인 인구는 2018년에는 14%를 넘어서면서 우리 사회도 본격적인 고령화 사회로 진입할 것으로 전망된다. 선진국의 전체 인구는 2050년까지 현재의 12억 명에서 큰 변화가 없을 테지만 50여 저개발국·개도국의 인구는 현재 53억 명에서 78억 명으로 늘어나게 된다. 개도국의 인구 증가는 곧 바로 식량 부족, 일자리 부족으로 이어진다. 한국의 저출산 고령화는 이러한

---

12) Ibid.

개도국 인구의 흡인 요인이 된다.

3) 성비 불균형과 결혼이민자의 증가

한국사회의 결혼이민자 비중도 급격히 늘어나고 있다. '결혼이민자 20% 시대'가 멀지 않았다. 2005년 43,121쌍이 결혼을 하였고, 이 가운데 13.6%가 결혼이민자이다. 특히 농촌의 결혼이민자의 비중은 농촌 결혼자의 40%에 이른다. 결혼 적령기인 한국인 남자 26~31세의 남녀 성비를 보면 2006년 여자 100명당 남자 102.6명으로 가장 낮아졌다가 2012년 124명으로 갑자기 높아질 것으로 예상된다. 이후 다시 낮아지는 남녀 성비는 2027년 다시 여자 100명당 남자 124.1명으로 급격히 높아진다. 성비의 불균형은 한국인 남자와 외국인 여성간의 결혼이민자의 비중을 높여나간다. 특히 결혼이민자들의 가족 초청은 국내 이주의 새로운 흐름을 형성할 것이다.

저 출산, 고령화, 성비 불균형에 따른 인구변화가 농촌에 주는 충격은 더욱 높아질 전망이다. 이미 90년대 중반부터 농촌에는 신생아를 찾아보기 힘든 형편이다. 농촌사회는 국제결혼 등을 중심 고리로 동남아 인구를 급격한 끌어들일 것이다.

한국 사회는 다문화 사회로 변하고 있다. 변화에 따른 대안 마련이 필요하다. 다문화 사회로의 이행은 저 출산 및 고령화에 따른 국내 인구의 변동과도 연계된다. 그러므로 지금과 같은 이주노동자에 대한 차별문화는 더 이상 용납되지 않을 것이다.

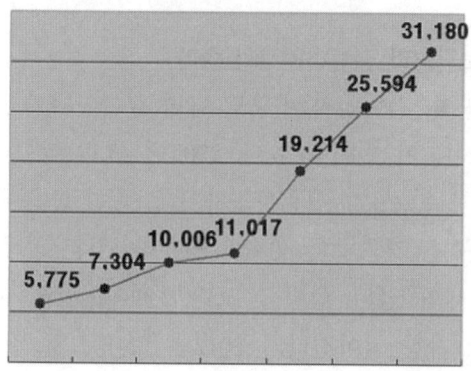

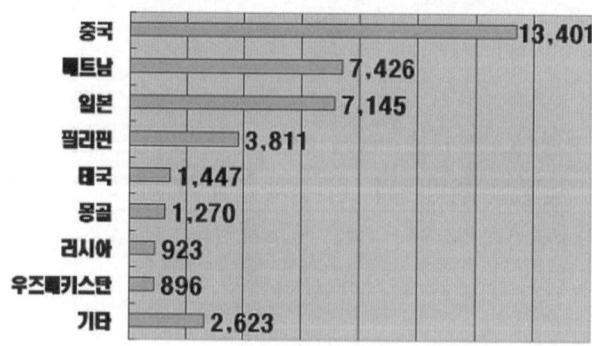

<그림 3> 결혼 이민자 통계[13]

---

[13] Ibid.

3. 우리 시대의 차별 이야기

1) 산업현장 차별 사례: 앉은뱅이 병 노동자 이야기

<이 땅에 외국노동자의 인권은 없는가?>[14]

이보다 비정할 순 없다. 지난 2004년 11월 태국 여성으로서 8명의 이주노동자들이 노말헥산 중독증과 다발성 신경장애(앉은뱅이 병)로 2년 가까이 치료를 받아야 하는 무서운 산재가 발생했다. 태국 노동자들이 공장에서 일하는 과정에서 노말헥산이라는 화공약품에 노출되어 어지럽고 구토가 난다고 호소했건만, 회사측에서는 오히려 거짓말하지 말라고 야단을 쳤다. 병원에 가고 싶다고 하면, 꾀병 부린다며 야단을 치고 다리에 힘이 없고 아프다고 해도 점심시간 1시간, 저녁 식사 시간 30분 말고는 하루 종일 서서 매일 14시간 이상을 근무해야 했다. 한 달 월급은 45만 5천원에 불과했고 연장근로 수당과 휴일 수당은 삭감해서 지급했다. 이주노동자는 말하는 기계일 뿐이었다. 일하기 힘들었지만 회사의 해고가 무서워 참기만 했다.

산업재해 사실을 은폐하는 것은 범죄다. 결국 태국 여성 노동자들이 작업 도중 쓰러져 더 이상 일어설 수가 없게 되었다. 한국 사람들은 못본 채 그냥 지나갔다. 이주노동자들이 앉은뱅이가 된 것이 산업재해 때문이라는 것을 회사는 이미 알고 있었다. 산업안전 점검을 받을 때 노말헥산을 기준치 이상으로 사용하고 있다는 경

---

14) 박천응, "이 땅에 외국노동자 인권은 없는가?," *경향신문 시론*(서울: 경향신문, 2005. 1.21).

고를 받았으나 회사는 이를 무시했다. 회사는 도리어 산재를 감추려고 환자들을 컨테이너 기숙사에 가두고 외출을 금지시켰다. 외부인들의 면회도 허락하지 않았다. 태국 노동자들은 앉은뱅이가 된 채 한 달 동안이나 컨테이너에 갇혀 살아야 했다.

병원에 가는 것도 허락되지 않았으니 이들에게는 기숙사에서 벗어나는 게 살 길이었다. 컨테이너 생활을 견디다 못해 노동자 3명은 태국으로 가게 되었다. 공항으로 떠나기 전에 회사 간부는 미리 으름장을 놓았다.
"혹시 출입국 직원이 '왜 걷지 못하느냐'고 묻거든 일절 대답하지 마!"
태국행 노동자는 공항에 버려졌다. 걷지 못하는 노동자들은 주변 사람들의 도움으로 가까스로 비행기에 탈 수 있었다.
다른 3명의 노동자는 회사를 도망쳐 나와서 지나가는 한국인에게 도움을 청했다. 안산외국인노동자센터에서는 그들 3명을 병원에 입원시키고, 공장에 남은 태국 여성들을 입원시키기 위해 회사를 찾아갔다. 회사 측은 산재 환자 2명을 감추고는 그런 사람이 없다고 잡아뗐다. 노말헥산을 사용한 일도 없다고 거짓말하며. 그러나 실제로는 아직도 두 사람이 회사에 갇혀 있었다.
산재 환자를 치료하기는커녕 컨테이너에 가두고, 강제출국에 은폐까지 일삼는 회사의 인권 의식은 최악이었다.
산재를 당한 태국 여성들을 공항에서 맞이한 가족들은 통곡했다. 병원 치료를 제대로 받지도 못한 태국 노동자들은 거짓으로 가족을 안심시켰다.
"나 한국에서 치료받다가 왔어요. 금방 나을 거예요."
가족들이 일하러 나가면, 환자를 화장실에 데려다 줄 사람마저 없었다. 팔다리가 완전히 마비된 씨리난은 6살짜리 딸아이가 차려주는 밥으로 연명했다. 씨리난은 노말헥산을 작은 병에 담아 태국으로 가져갔었다. 그녀는 병의 원인이라도 알고 싶어했다. 이들의 코리안 드림은 사라졌다. 한국에 갈 때 진 빚 7백만 원을 갚을 길이 없어 또 다른 고통에 시달렸다.

나는 사죄하고 또한 이주노동자의 고통에 찬 절규를 멈추게 하고 싶어 태국으로 날아갔다. 6살짜리 꼬마 깐야낫이 내 손을 잡고 부탁했다.
"우리 엄마 다시 일어나게 해 주세요."
인디 싸라피도 삐뚤삐뚤 글을 썼다.
"사장님, 저를 데려다가 치료해 주세요. 감사합니다."
나는 부끄러움과 죄스러움에 얼굴을 들 수가 없어 그만 울고 말았다. 그리고 환자들을 데리고 한국으로 돌아왔다.

한 사업장에서 산업안전 보건법 위반, 최저임금 위반, 근로시간 위반, 컨테이너 감금 등이 일어나다니…… 도대체 지금 무슨 일이 벌어진 것인가? 필요하면 일시키고, 일하다가 몸이 아파 쓰러지면 버리는 한국 사회가 너무 부끄러웠다.

2) 생활 현장 차별 사례: 다문화 가정 이야기

<눈물의 바리데기 사랑>15)

1992년 초겨울 지금의 남편을 처음 만났다. 어느덧 남편을 만난 지 6개월. 남편과 밖에서 데이트를 할 때면 수많은 사람들의 따가운 눈총과 서럽도록 모욕적인 말들을 들어야만 했다.

"야, 저것들은 뭐야? 뭐, 뻔하지. 어디 술집에서 굴러먹던 여자이겠지!"

"이이씨, 말세야 말세!"

난 이러한 말들에 별로 개의치 않았다.

어느 날 파키스탄 남자를 사귄다는 이유로 사감실에 불려가서 야단을 들었다.

"종심아, 너 만한 나이 때 외국 사람에게 호기심이 있는 것 다 안다."

하지만 그 말들은 내 귀에 들어오지 않았다. 난 그날 이렇게 반성문을 썼다.

> "사감님, 전 단지 호기심이 아니고 진심으로 그 사람을 사랑하고 존경합니다. 비록 그 사람이 지금은 가진 것이 아무것도 없지만 전 믿습니다. 그 사람과 저와의 사랑을요. 전 지금 아무리 헤어져라, 만나지 말라고 해도 절대로 헤어지지 않을 것입니다. 그 사람을 믿고 나 자신을 믿습니다. 지금의 감정이 단순히 동정과 호기심이 아닌 진정으로 사랑하

---

15) 이 이야기는 하종심 씨가 직접 작성한, 국제결혼 가정에 대한 편견을 어떻게 받아 왔는지에 대한 자기 수기이다. 이 글은 안산이주민센터에서 발간한 '국경 없는 사랑 이야기'에 실려 있다.

는 감정이라고요. 사감님, 죄송합니다. 저의 대답은 언제까
지나 똑같습니다. 그 사람을 사랑해요. 절대로 헤어지지 않
을 거에요."

　난 이러한 내용의 반성문을 2주일 동안이나 써야만 했고 매일 같이 똑같은 내용을 썼다. 사감님은 이대로는 안 되겠다고 생각 했는지 부모님에게 전화를 해서 1993년 어느 봄날 엄마와 오빠가 올라오셨다. 그 날 평생에 잊지 못할 모욕과 절망의 끝에서 살아 나기 위해 몸부림을 쳤건만 결국 수많은 기숙생들이 보는 앞에서 강제 퇴사를 당해야만 했다.

　그리고 결심했다. 결코 이 날을 잊지 않을 것이다. 반드시 남편 과 잘 되어서 남들 앞에 떳떳하게 설 거라고. 너무나 억울했다. 무엇이 회사에 피해가 되었단 말인가? 정말 외국인을 사귄다는 사실만으로도 회사에 피해가 되는가? 사람이 사람을 좋아한다는 것이 죄가 된단 말인가? 하염없이 흐르는 눈물을 뒤로 한 채 엄 마와 오빠에게 끌려갔고 집에 가서도 사흘 동안 감금을 당하였 다. 배가 고파도, 화장실에 가고 싶어도, 아무리 두드려 보아도 꼭 잠긴 문은 열리지 않았다. 난 그곳에서 포기할 수 없는 갈증을 느꼈다. 창문을 뜯고 맨발로 달려 나와 남편을 꼭 한 번이라도 보 아야겠다는 생각에 죽을힘을 다해 도망쳤다.

　1993년 10월 27일 우린 아무도 모르게, 부모 형제도 없는 가운 데서 눈물의 결혼식을 올렸다.
　"하종심은 남편을 항상 믿고, 괴로울 때나 슬플 때나 남편을 의 지하며 따르겠습니까?"

"네."

나의 눈물은 뜨거운 피가 되어 두 볼을 촉촉이 적셨다. 우린 결혼식을 끝마치고서도 신혼여행은 고사하고 하룻밤도 치를 수가 없었다. 파키스탄이 이슬람 국이었고, 시부모님은 우리의 결혼을 승낙하지 않았기에 따로 잠자리를 청해야 했던 것이다. 난 그날 밤 아무도 모르게 눈물을 흘렸다. 남편 역시 많은 눈물을 흘렸다.

우리 부부는 그곳 가구 공장에서 일했다. 나는 사포질을 하고 남편은 목수 일을 하였다. 그러나 3개월이 안되어 걱정거리가 생겼다. 혼인신고 문제였다. 혼인신고를 하게 되면 짧은 비자지만 3개월짜리 방문 동거비자를 받을 수 있다. 하지만 그 당시는 국내에서 비자 연장이 되지 않아 제3국이나 본국에 돌아가 한국 대사관에서 비자를 받아야 했다. 그만큼의 금전적인 여유도 없었고, 한번 출국하면 언제 다시 돌아올지 모르는 현실에 또 다시 남편을 불법체류자로 만들고 말았다. 또 어린 나이에 임신이 되어버렸다. 난 남편과 많은 고민을 했다. 과연 이 상태에서 아이를 낳으면 어떻게 될까? 나와 남편은 생각하고 또 생각한 끝에 결정을 내렸다. 이 상태에서 출산은 옳지 않다고. 그래서 임신 2개월이 되었을 때 너무나 가슴이 아팠지만 유산을 하게 되었다.

어느덧 그곳에서 생활한지도 1년이 되었지만 외국인과 산다는 이유로 동네 아줌마들의 눈총을 받아야만 했고, 가구 공장에서는 외국인 임금인 사십만 원에 일을 했다. 내 자신이 약자이기에 참아야만 했고, 임금 체불이 되었을 때도 말 한 마디 할 수 없었다. 월급을 달라고 했다가 이곳에서도 쫓겨나지 않을까 하는 걱정 때문이었다. 우린 그 곳에서 1년 6개월간 힘든 생활을 하고 이대로

는 살아갈 수 없다는 생각에 새로운 곳에 가서 돈을 벌기로 결심
했다. 그래서 난 안산의 ○○전자에 취직을 하고 남편은 수원 신
갈의 ○○인쇄공장에 취직을 하고는 주말부부처럼 5년 동안 따로
생활하였다. 당시 사회가 선진국 사람이 아니라 후진국 사람 또
얼굴이 까만 사람을 만나는 것을 인정해주지 않았기에 벙어리 냉
가슴 앓듯 하며 살아야 했다.

 세상은 모든 것을 편하게 두지 않는가 보다. 3개월이 지났을
때 우리는 서로 합의 하에 아이를 갖기로 하고 계획한 대로 아이
를 가졌다. 얼마나 기쁜지 몰랐다. 드디어 우리의 사랑의 열매가
맺은 게 아닌가! 남편은 또다시 일을 해야 했고 나 역시 임신 중
에도 일을 놓을 수가 없었다. 어느 날 밤 남편과 밤바람을 쐬러
나갔다. 그런데 집 근처 슈퍼 앞을 지나가던 어떤 아저씨가 우리
에게 말을 던졌다.
 "이이씨, 뭐야? 미쳤어, 미쳤어! 야, 남자가 없어 이런 남자하고
다니냐?"
 "야, 이 미친년아!"
 난 그 순간 억울하고 분통한 심정에 싸우기 시작했다. 서로 욕
설이 오고 갔고 급기야는 경찰까지 출동하였다. 우리 부부와 그
아저씨는 경찰서로 갔다. 그런데 더 기가 막힌 것은 경찰관의 말
이었다.
 "아가씨, 이 아저씨가 그렇게 말하면 그냥 가면 되지, 왜 대꾸
를 해 가지고 이렇게 시끄럽게 굴어."
 정말 그 경찰관의 뺨이라도 때리고 싶었다. 내가 왜? 무엇 때문
에 우리들만 참아야 하나? 물론 그렇다. 그 자리에서 내가 아무
말을 하지 않고 그냥 지나쳤다면 아무 일 없었겠지. 하지만 수없

이 던지는 세상 사람들의 말에 상처가 났고 그날 그 아저씨의 말에 상처는 곪아 터져버렸다. 남편과 난 집으로 돌아와서도 한참 동안 말이 없었다. 그 일이 있은 후 남편이 이야기했다.

"우리 언제까지 이렇게 당하고만 살아야 돼? 자기는 남들에게 잘못한 것도 없는데 왜 그런 말들을 들어야 돼?"

이 상태로는 도저히 살아갈 수가 없었고 너무나 힘이 들었다. 그래서 아이를 파키스탄으로 보내기로 했다. 아이에게 너무나 미안했다. 부모 잘못 만나 고생을 하는 것 같아 미칠 것 같았다. 아이를 보내는 날 아이에게 편지 한 통을 썼다.

사랑하는 나의 아들아!
열 달 동안 엄마 뱃속에서 함께 숨쉬고 생활하며 세상 빛을 본 지 겨우 6개월, 너무나 어리고 예쁘고 사랑스럽게만 느껴지는 나의 아들아! 난 너를 만나 세상의 어느 누구보다도 행복했단다. 이 세상을 다 준다 한들 너와는 비교할 수가 없어. 엄만 널 정말 아끼고 사랑해. 이 두 눈에 넣어도 아프지 않을 정도로 말이다. 어느새 힘겹게 아빠와 지내온 날들이 벌써 6년. 너무나 힘들고 고단했지만 널 만나 엄마 아빠는 그 힘든 기억들도 한 순간의 추억으로 간직할 수 있었단다.

사랑하는 나의 아들아!
정말 어려운 시기에 세상에 태어나 성남 지하 방에서 지낼 적에 생후 1주일이 채 되지도 않았던 네가 모세 기관지염에 걸려 석 달이 넘게 병원 문턱을 드나들며 고생하고 남의 아이들 다 있는 그 흔한 오뚝이 장난감 하나 사주지도 못하고 지내버린 시간. 이제는 하나뿐인 나의 소중한 너에게 사랑을 듬뿍 주면서 살련다. 돈이 무엇인지, 세상 살아간다는 것이 정말 힘이 드는구나.

 아빠 월급이 나오지 않아 분유 값이 없을 땐 두 눈이 퉁퉁 붓도록 울고 또 울었단다. 그러는 중에도 아빠 엄마는 항상 밝고 명랑하게 웃으며 살려고 했다. 하지만 돈 때문에 고민하고 걱정하는 건 매 한가지란다. 사랑하는 널 아빠 엄마 곁에 두고 사랑으로 남부럽지 않게 키우고 싶었는데, 여의치 않은 경제적 부담 때문에 잠시 파키스탄 할머니께 보내려 한다. 이렇게 결심하기까지 너무나 힘이 들었지만, 지금 현실에서는 최선의 선택이라는 생각을 한다. 매일 같이 곤히 잠든 널 물끄러미 바라보고 있노라면 한없이 눈물만 흐르고 가슴이 찢어지도록 아파 옴을 절제할 수 없구나. 널 멀리 보내야만 하는 이 심정을 나중에 네가 크면 꼭 이해해 줄 것이라 이 아빠 엄마는 믿는다. 너를 멀리 보내고 아빠 엄마는 어떻게 살아야 하니? 정말 답답하기만 하구나. 널 보내야만 하는 이 마음 미안하고 죄스러울 뿐이다.

 앞으로의 시간 얼마 남지 않았지만 너에게 사랑을 듬뿍 실어줄게! 그곳에 가서는 아프지 말고 건강하게만 잘 자라다오. 어느 정도 기반이 잡히고 안정이 되면 엄마가 꼭 데리러 갈게. 알았지? 아가야! 그때까지만 조그만 참고 잘 자라 주어야 해!

 정말 미안하구나!

　　　　다니엘, 널 아주 많이 사랑하는 아빠 엄마가.

제 3 절
국경없는마을 연구의 목적 및 연구과정

1. 국경없는마을 연구의 목적

1) 차별 문화 극복의 필요성

이주노동자들이 몸에 쇠사슬을 감고 "우리는 노예가 아니다!" 라며 절규하는 모습을 가끔 볼 수 있다. 이러한 절규는 한국 사회에서 이주노동자들의 현주소를 극명하게 보여준다. 이주노동자의 이름은 "야, 임마!"로 통한다. 공장에서 일하면서 흔히 듣는 말은 "빨리빨리!"이다. "빨리빨리!"는 노동자를 인격체로 보지 않고 값싼 노동력 혹은 기계로 보는 차별의 상징 언어이다.

<표 4> 산업화 단계별 인력난에 따른 외국인력 유입

산업화 단계	대규모 농림업	공업화 급진전	산업구조 조정기	탈공업화 진전기
단계별 특성	농, 임업 부분 계절적 인력난 발생	광업, 제조업 만성적 인력난 발생	2차 산업 비중보다 3차 산업 비중 높다	2차 산업종사자 수의 절대적 감소
유입 업종	농, 임업	광업, 제조업	제조업 일부, 건설업	서비스업, 비공식부분
사례	말레이시아 프랑스	1950년대, 60년대 독일, 프랑스	대만, 한국	독일, 프랑스, 미국

오늘날 차별적 상황에 놓여있는 이주노동자들의 국제적인 이주노동 현상의 배후에는 세계화(Globalization)라는 신자유주의 논리

가 중심에 자리 잡고 있다. 세계화는 빈익빈 부익부 사회를 가속화 시킨다. 20대 80의 빈익빈 부익부 사회에서 15억 인구가 실업과 국제적 이주노동을 통하여 생존할 수밖에 없는 상황이다. 그러나 부자나라에서는 노동 이동을 통제하기도 하고 이미 들어와 있는 이주노동자에게도 법률적 제도적으로 불안정한 신분을 조장하고 방치하고 있다. 국경을 넘어 노동하는 사람들은 본국이 아닌 타국에서 소수자로 살아가면서 인권 침해와 문화적 차별의 상황에 노출되어 있다. 이주노동자의 문제를 더 이상 방치해서는 안 된다.

2) 대안문화 공동체 형성의 필요성

이주노동자는 정치, 경제, 사회, 문화적 배경과 그에 따른 '지구사회시민권'(Global Society Civil Right)[16]을 가진 사회적 존재로 새롭게 인식되어야 한다. 한국사회는 이주노동자들을 차별, 통제, 착취, 배제의 대상으로 만들어 가고 있다. 문화적으로는 차별의 대상이고, 정치적으로는 통제의 대상이며, 경제적으로는 착취의 대상이고, 사회적으로는 배제의 대상이다. 이주노동자에 대한 차별은 중단되어야 한다. 한국사회에 뿌리 깊게 자리 잡고 있는 차별문화는 문제 제기만으로 고쳐나갈 수 없다. 극복을 시도하며, 더불어 살아가는 대안을 현실화시키는 실천이 요청된다.

---

[16] 시민권의 개념은 집단이나 계층에 주어지는 집합적 개념이 아니라 개인에게 주어지는 것으로, 시민의 지위를 부여 받은 개인과 정치공동체(Political Community) 사이의 관계를 의미하는 것으로 보고 있다.

2. 차별극복 시도 사례:

<세상을 바꾼 작은 이야기>[17]

세상을 변화시키는 것은 아주 작은 관심에서 시작된다. 오랜 만에 한 젊은 부부가 아이들을 데리고 서울 남산으로 외출을 나왔다. 봄볕이 따스해서인지 아이들도 엄마 아빠와 함께 시원한 공기를 마시는 것을 너무도 좋아하였다. 행복이 가득한 마음으로 승용차를 몰고 집으로 가던 참이었다. 웬 낯선 이주노동자가 손을 흔들며 차를 세웠다. 그냥 무관심하게 지나칠 수도 있었다. 하지만 그는 그냥 지나치지 않고 이주노동자 앞에 차를 세웠다. 이 이주노동자는 "이태원이 어디에요?" 하고 물었다. 차를 세운 곳에서 이태원까지는 고작 10분 정도 밖에 떨어지지 않았다. 얼마든지 걸어서 갈 수 있는 거리이다. 이태원으로 가는 길을 말로 설명하다 말고, 젊은 남편은 그곳까지 데려다 주고 싶은 마음이 생겼다.

"차에 타세요. 제가 그곳까지 모셔다 드리죠. 얘들아, 이 분 차에 타시게 안쪽으로 들어와라."

친절하게도 낯선 이방인을 차에 태우고는 이주노동자가 원하는 이태원 골목 앞까지 데려다 주었다.

"다 왔습니다."

별것도 아니지만, 좋은 일을 했다 싶어 젊은 아빠는 기분 좋은 목소리로 친절하게 말했다. 그런데 이 낯선 이방인 노동자가 잠시 머뭇거리더니, 이내 주머니에서 천 원짜리 두어 개를 꺼내 들고는 운전석으로 내미는 것이 아닌가.

---

[17] 이 이야기는 필자가 고려대학교 특강을 갔다가, 그 자리에 참석한 젊은 교수가 들려준 자기 고백이다.

"저 이거…."
깜짝 놀란 젊은 아빠가 말했다.
"저 차비 안 받아요. 그냥 내리셔도 돼요!"
"저도 알아요. 이건 차비가 아녜요"
"그런데 왜 돈을……"
갑자기 그 이주노동자가 눈물을 흘린다.
"왜 그러세요?"
젊은 아빠는 갑자기 당황스러웠다. 고개를 숙이며 눈물을 닦던 이주노동자가 조용히 말했다.
"제가 한국에서 2년 동안 일하며 살았습니다. 그런데 아저씨처럼 친절을 베풀어 주신 분은 처음이에요. 아저씨가 너무도 감사해서 제 마음을 드리는 거예요."
젊은 아빠는 속으로 결심했다. 한국에 살면서 얼마나 따스한 말 한 마디 해준 사람이 없었으면, 고작 차 한 번 태워준 걸 가지고 고마워하며 눈물을 흘린단 말인가? 아, 이제 나도 이주노동자들에게 친절한 사람이 되어야겠구나! 젊은 아빠는 눈물을 흘리고 있는 이주노동자의 손을 꼭 잡아 주었다.
세상이 아름답게 변하는 것은 어떤 엄청난 일을 해서가 아니다. 아주 작은 관심, 바로 그것이 세상을 변화시킬 수 있다.

그렇다. 국경없는마을은 바로 이러한 작은 관심과 배려에서부터 시작된다. 이주노동자들의 입장에서 차별을 극복하는 관계 회복의 출발은 저항과 비판에 있다고 말할 수 있다. 그러나 다수자인 한국 사람들의 경우 이주노동자에 대한 작은 관심과 배려가 인간관계의 변화를 가져다주는 출발점이다. 우리 사회는 다문화 사회로 변하고 있다. 단일 민족 중심의 차별 문화도 극복되어야 한다. 아울러 다문화 공동체에 대한 비전을 제시할 수 있어야 한다. 이 비전이 바로 '국경없는마을'이다.

3. 국경없는마을 연구과정

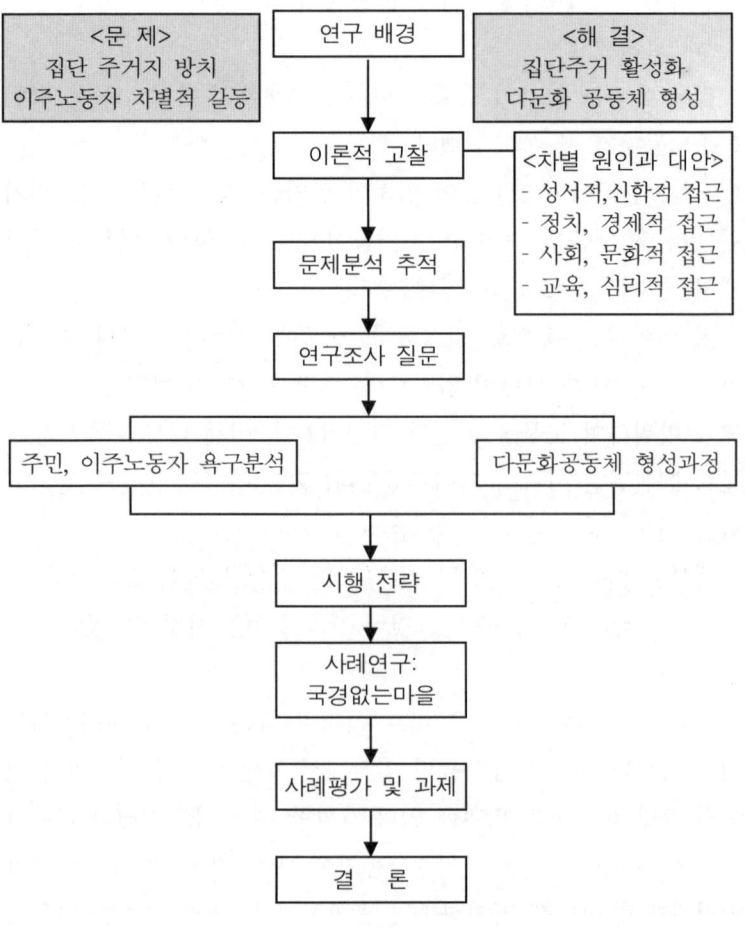

<그림 4> 연구과정 도표

제2장
국경없는마을 형성을 위한 이론적 고찰, 분석, 추정

제1절
국경없는마을 형성을 위한 이론적 고찰

1 국경없는마을 형성의 성서적 분석

1) 이주노동자의 용어 분석

(1) 구약에서 본 이주노동자 용어
① 장기 체류자 게르(Ger)

히브리어 게르는 개역성경에서 '나그네(창 23:4)', '이방 나그네 (출 23:9)', '우거하는 타국인(레 17:8)', '우거하는 이방인(신 28:43)' 등으로 다양하게 번역된다. 게르는 자국인과 외국인 사이에 있는 존재로서 모국을 떠나서 외국 땅에 장기적으로 체류하는 반영구적인 체류자(Semi-Permanent Resident)였다.[18] 게르는 나그네와 임시 거주자 또는 새로운 이주민(상속권이 없는)을 표현하는 말로서 구약에 등장한다(출 12:19, 레 24:16, 민 15:30, 수 8:23). 이 이름은 헤브론에 있는 아브라함에게 주어진 이름이자(창 23:4) 광야의 모세에게 주어진 이름이고(출 2:22), 그의 아들 게르솜의 이름에 나타난 명칭이다(출 18:3). 특히 게르는 신약에서는 나그네 또는 외국인으로 번역된다.[19]

게르는 이스라엘 사람들에게 중요한 신학적인 용어로 사용되

---

[18] 임태수, "이주노동자를 본국인처럼 사랑하라," *민중과 신학*, 2002. 2월호 (천안: 민중신학연구소, 2002), 3. 고영민 편저, *성서원어대사전*(서울: 교문사, 1973) 참조.
[19] 임태수, *구약성서와 민중*(천안: 한국신학연구소, 1993), 239.

었다. 모세가 미디안 땅으로 도망하여 이드로의 사위가 되어 첫 아들을 낳아 그 이름을 '게르솜'이라 불렀는데 그 뜻이 '타국에서 객이 되었다'이다(출 2:22; 18:3). 게르는 땅을 소유할 수 없으며(창 23:4), 이스라엘 사람들에게 품을 파는 일을 하였다(신 24:14). 이스라엘 땅에서 게르는 이스라엘 사람들 밑에서 살았던 가나안 사람들, 북 왕국이 망한 다음 피난 온 사람들, 전쟁 포로들 그리고 시대가 지나면서 점차적으로 하나님께 귀의한 개종자들이었다.

② 임시 거주자 토샤브(Toshab)[20]

토샤브는 '머문다', '거주한다'는 동사에서 온 명사이다. 개역 성경에서는 '나그네, 정착자, 체류자'(레 22:10, 왕상 17:1), '우거하는 자'(창 23:4, 레 25:35), '거류인'(출 12:45, 시 39:12)으로, 공동번역에서는 '몸 붙여 사는 자'로 번역했다. 토샤브는 게르와 엄격하게 구분되지 않는 개념으로 쓰인 경우가 많다(창 23:4, 레 25:23, 시 39:12). 그러나 토샤브는 게르보다 정착화 되지 못한 이주자로서 시민권 없이 남의 나라, 남의 집에 곁들여 사는 체류자들로 보면 된다.

토샤브는 가난한 자로서 품꾼인 사키르(Sakir)나 남종, 여종과 같이 휴경 등 사회보장제도의 혜택을 받기도 했다(레 25:6~35). 아울러 도피성에 피하여 보호받을 수도 있었다(민 35:15). 토샤브는 종교적인 면에서 게르보다도 더 차별대우를 받기도 하였다(레 25:10, 출 12:45). 토샤브는 성물을 먹을 수 없었으며(레 22:10) 유월절 음식도 먹을 수 없었다(출 12:45).

---

[20] Ibid., 240.

③ 미등록 체류 노동자 네카르(Nekar)

네카르는 계약 밖의 사람을 나타내는 말로도 사용되고(창 17:12, 출 12:43), 제사에 참여할 수 없는 무자격자를 가리킬 때도 사용된다(겔 44:9). '네카르'는 '외국', '이방'을 의미한다(창 17:12, 삼하 22:45-46). 네카르는 '위험스럽다(삼하 22:45, 46)', '적대적이다(느 9:2; 13:30)'는 뜻도 내포하고 있다. 네카르는 '도덕적으로 용납할 수 없는 사람'을 나타낼 때도 사용한다. 일반 외국인21)(출 18:3, 신 14:21, 사 2:6)을 뜻하기도 하고 종말의 때에 하나님의 백성으로서 긍정적인 역할을 할 사람을 말한다(사 56:3, 6; 60:10; 61:5).

(2) 신약에서 본 이주노동자 용어
① 장기 체류자 프로세르토(Prosertos)

헬라어 구약성경 70인역에서 '게르(Ger)'는 '프로세르토'로 번역된다. 이 단어는 헬라어 신약 성경에서 그 의미가 상당히 축소된 '유대교 개종자'의 의미로 사용되었다(마 23:15, 행 2:10; 6:5; 13:43). 유대는 이미 로마제국의 식민지로 있었기 때문에 이방인이란 용어를 자유롭게 사용하지 못하였다. 이방인이란 용어 '프로세르토'는 이러한 의미에서 종교적 의미로 전환되었다. 나라를 빼앗긴 사람들은 점령군을 가리켜 외국인이라 부를 수도 없었기 때문이다.

---

21) 외국인의 뜻, 형용사 자르(Zar)는 낯선, 금지된, 외국의 등의 의미를 가지고 있고, 명사로는 인종적, 정치적으로 이스라엘 사람이 아닌 '외국인'을 의미한다. 자르는 많은 경우 앗시리아, 바빌론, 이집트 등의 적국을 의미한다. 때로 자르는 제사장이 아닌 사람을 의미하기도 한다.

② 미등록 체류 노동자 제노스(Zenos)

신약성서에서 법의 박탈자로서의 나그네는 제노스(마 25:35)로 번역된다.[22] 제노스는 의미적으로 구약의 게르와 토샤브와 같은 처지의 사람들이다. 히브리서 기자는 남의 땅에서 아무 권리 없이 떠돌아다니는 아브라함을 제노스라 말한다(히 11:13). 신약의 제노스는 단순히 여행하는 자의 모습이 아니라 고난당하는 자로서 사회로부터 소외된 게르와 토샤브와 같은 사람들이다. 제노스의 어간이 '외국의' 또는 '낯선'을 의미하기도 하지만 '초대받은'을 의미하기도 한다. 낯설음이란 본토인과 외국인 간에 긴장을 일으키지만, 환대는 긴장을 극복하고 외국인을 친구로 만든다. 역사적으로 외국인은 본래 죽어야 마땅한 원수들이거나 무법자들이었다. 그러나 낯선 사람을 다루는데 환대가 더 좋은 방법임을 알고 이들을 보호하였다.[23]

예수는 이러한 제노스로서의 나그네를 영접하는 자에게 하나님 나라의 상속을 약속하였다. 예수는 부자청년에게 강도 만난 자와 선한 사마리아인의 비유를 들려주었고 "가서 너도 이와 같이 행하라(눅 10:37)"고 명령하였다. 당시 유대인과 사마리아 인들은 외국인의 관계(눅 17:18)를 넘어서서 적대적인 관계에까지 놓여 있었다.

---

[22] 내가 주릴 때 너희가 먹을 것을 주었고, 목마를 때에 마시게 하였고, 나그네 되었을 때에 영접하였고 (마태복음 25장 35절)
[23] Gerhard Kittel, ed. *Theological Dictionary of the New Testament*, 10 vols. Trans. and ed. Geoffrey W. Bromiley (Grand Rapids, Michgen, London: Eerdmans, 1964-1976), 요단출판사 역, *신약성서 신학사전* (서울: 요단출판사, 1986), 599.

③ 신약에 나타난 일반 외국인 파라피네모스(Parapinemos)

신약성서에서 외국인의 의미로는 대부분 파라피네모스를 사용한다. 거주하는 외국인, 순례자, 이방인 등을 말하며 신약에서는 구약의 게르보다 단순하게 사용한다. 헬라 인을 일컫는 말이지만 의미상 이방인으로는 헬렌(Hellen)을 사용한다.

2) 나그네로서 이주노동자 개념의 변화

(1) 하비루로서 이주노동자
① 게르와 하비루 및 이주노동자의 상관관계

게르가 차별의 대상으로서 혹은 보호 대상으로서의 개념이라면, 성서 가운데 하비루는 문제 해결의 주체 혹은 권리자의 개념을 가진 용어로 이해해야 한다. 게르가 가나안 정착 이후 구체적으로 사용된 개념이라면, 하비루는 노예적 상황에서 해방을 추구하던 집단의 개념이다.24)

구역성서에서 하비루는25) 종족이나 혈족으로 단위를 이루는 배타적인 칭호가 아니라, 당연히 자주적인 주격으로 해방되어야 할 밑바닥 계층이며 정치적, 경제적, 사회적 약자를 포괄하는 총

---

24) 민중신학의 주체 개념으로서의 '하비루'는 이주노동자 문제를 해결해 나가는데 있어서 해방직이고 실천직(Praxis)인 집근 개념규성으로노 매우 적절하다고 판단한다.
25) 구약성서의 하비루는 첫째, 전쟁 포로로 노예가 되어 혹사당했던 사람들, 둘째, 경제적인 이유 때문에 노예로 전락하고, 용병으로 변신 할 수밖에 없게 된 사람들, 자기가 살고 있는 터전에서 밀려난 사람들 셋째, 야곱의 이야기나 모세의 이야기에서 나오는 것처럼, 어떤 이유에서건 고향에 남아있을 수 없는 사람들, 남에게 붙어사는 떠돌이, 더부살이, 천덕꾸러기로서 게르로서의 이주 노동자 성격을 갖는다.

칭이다. 고고학적으로 보면, 벌써 우르 제 3왕조 때(주전 약 2050년) 그 이름들이 나타나 근동지방의 주요 문서에 언급되고 있다.26) 대부분의 성서학자들은 하비루(Habiru)—아피루(Apiru)—이브리(Ibri 또는 Hebrew)라는 말을 어원적으로 동일하다고 보기도 하고 일부에서는 단어의 출처가 불명확하다는 입장을 보인다. 그러나 하비루는 하나의 사회적인 계급을 나타내는 계급집단을 가리키는 것이 아니라27) 하나의 민족을 가리킨다고 본다.28)

② 민족문제와 이주노동자로서 하비루

여러 학자들은 하비루를 '이주민' '외국인 거주자' '망명자'로 또 '피난민'으로 또한 '멸망한 백성'으로 규정한다. 그러나 분명한 것은 적어도 하비루는 외국인이어서 정치적으로 법의 보호를 받지 못하고 사회경제적으로 소외당한 자들이었고, 왕을 위해 노력하는 노예였으나, 조상에 있어서만큼은 인종적인 동족관계에 있다는 것이다.29) 특히 구약성서에서는 이스라엘인들이 자신들의 조상을 '히브리인'과 일치시킨 곳은 주목할 만하게도 거의 배타적으로 외국 환경 속에서 '나그네'로 있는 경우(창 14:13의 아브라함)이거나 '노예 상태'로 있는 경우(창 39:14-17에서 보디발의 집에 있을 때의 요셉)이거나 이집트 땅에서 노역을 당하고 있는 경우 등이었다.

'하비루'는 이러한 맥락에서 보면 이른바 민중을 가리키는 말

---

26) 문희석, *모세와 출애굽* (서울: 대한기독교서회, 1981), 34.
27) John Bright는 사회의 한 계층으로 이해한다.
28) 히타이트 문서에는 그들이 분명히 하나의 사회적 집단으로 기록되는가 하면, 마리 문서나 아마르 문서에는 하나의 민족인 것처럼 언급되어있다.
29) 문희석, *모세와 출애굽*(서울: 대한기독교서회, 1981), 35.

로서 이해될 수 있고, 또한 이 '하비루'는 곧 라므세스 2세와 3세의 통치 기간 동안 이집트인들에 의하여 채석장에서 돌을 운반하는 일에 강제노동을 당하고 있었던 '아피루'와 일치시킬 수 있다. 이러한 맥락에서 볼 때, 야훼가 곧 '히브리인의 하나님'이라는 것은 곧 야훼가 다름 아닌 사회적으로 신분이 낮은 민중의 하나님이라는 것을 증언하고 선포하는 사건이라고 할 수 있다.

(2) 게르로서 이주노동자

출애굽 당시부터 이스라엘은 결코 단일 민족이 아니었다. 또한 사사 시대와 왕조 시대에도 단일 민족이 아니었다. 이스라엘은 처음부터 다민족 공동체였다. 부족사회에서는 개인보다는 단체 혹은 무리가 더 중요하다. 생활환경이 사막이나 스텝지역이기 때문에 무리의 일치단결은 생존의 필수조건이었다. 개인의 생존 가능성은 그가 소유하는 물질에 달려 있는 것이 아니라 그 개인이 얼마만큼 자기가 속해 있는 무리와 강하게 유대를 맺고 있느냐에 달려 있었다. 이스라엘이 단일 민족 국가는 아니었지만, 자신들의 보호를 위하여 게르에 대한 강력한 유대 관계를 형성하였다.

이스라엘 역사는 아브라함이 갈대아 우르에서 가나안 땅으로 이주해 오면서 시작하는 게르의 역사이다. 이삭을 거쳐 야곱과 그의 열두 아들을 포함하여 70여 명이 이집트로 이주해 가서 고센 땅에 430년간 체류하면서 게르가 된다. 또한 가나안 정착의 역사를 게르의 동맹으로 보기도 한다. '암하레쯔'의 사람들이 가나안에 정착하자 하나님은 게르를 학대하지 말고 사랑하고 도와주라고 명령한다(신 10:18-19, 출 22:21; 23:9, 레 19:33-34). 이스라엘 남북 왕조가 멸망한 B.C. 722년과 B.C. 587년 이후의 역사도 게르의 역사였다. 예수 시대에는 로마 식민지 체제에서 주인이 로마인이 되고 자신들은 스스로 게르로 전락하기도 하였다.

그러나 왕정시대 이후부터 이스라엘이 자신을 하나님의 선민으로 인식한 후 다른 민족을 '게르'라고 부르면서 차별하기 시작하였다. 이스라엘 초기에 '게르'는 이스라엘 자신이었다가(창 15:13; 23:4, 출 2:22; 18:3) 시간이 지나면서 이스라엘 회중 안에 우거하는 외국인을 일컫는 말이 되었다(민 19:10). 이 시기에 이스라엘은 '게르'의 용어를 배타적으로 사용한다.

이후 사막의 혈연 공동체적 연대 의식이 깨어진 사회에서는 과부와 고아, 나그네들은 아무런 보호를 받을 길이 없는 버림받은 자들이 되었다. 가난한 자들은 개인의 무능력이나 재해 등의 자연적인 이유에서가 아니라 인간들의 사악한 마음의 소산인 사회적 불의 때문에 비참한 자들이 된 것이다.

(3) 게르 디아스포라(Diaspora)

게르는 본래 가나안으로 이주해온 히브리인들이었다. 가나안에서 평등 공동체를 이루면서 가나안 평등 공동체에 들어오지 못한 토착민을 '게르'로 부르기 시작하였다. 다시 바빌론의 포로가 되면서 게르인 히브리는 '게르 디아스포라'로 전락한다. 에스겔 시대에 오면서 '게르'의 개념은 더욱 축소되어 이스라엘 회중에 우거하는 외국인으로서 자녀를 낳은 자가 된다(겔 47:22-23). 왕조시대 이후 게르를 차별하던 이스라엘은 강대국의 포로가 되면서 자신들이 게르로 전락한다.

그러나 게르가 된 자신들은 일반 게르와 구별하여 '디아스포라(Diaspora)'라 불렀다. '디아스포라'란 말은 그리스어로서 '흩어짐'이라는 의미를 가지고 있다.30) 이 말은 본래 팔레스타인 밖에 흩어져 살고 있는 유대인들을 가리켰다. 그러나 후에는 종교적으로 혹은 정치적으로 다수 집단 속에 살고 있는 소수 집단을 가리키는 말로도 광범위하게 사용되고 있다.31)

포로가 된다는 것과 디아스포라의 의미는 구별해야 하겠지만, 바빌론 포로가 유다 디아스포라의 시작으로 보는 것도 적절하다고 본다. 이스라엘인들이 흩어지게 된 가장 큰 원인은 그들 자신이 아시리아와 바빌론에게 망하여 메소포타미아 지역으로 포로로 잡혀갔기 때문이다. 아시리아는 주전 722년에 북 왕국 이스라엘의 수도 사마리아를 함락시키고 다수의 이스라엘인들을 포로로 잡아가 하볼, 고산, 할라 등 상부 메소포타미아 지역에 정착시켰다(열하 17:6; 19:10-11). 남 왕국 유다는 주전 587년에 바빌론에게 망하고 왕을 포함하여 주로 상류층들이 바빌론으로 포로로 잡혀가 그발강(겔 1:3) 주변과 텔아비브(겔 3:15)에 정착하였다. 주전 597년과

---

30) 성서시대의 디아스포라의 상황을 말해 주는 문헌을 찾아본다면 구약성서로는 예레미야, 에스겔, 제2이사야, 신명기 사가의 역사서, 제사문서, 역대기 상하, 에스라느헤미야, 학개, 스가랴, 말라기, 요엘, 요나, 다니엘, 에스더, 시편 일부, 애가 등이 있다. 신약성서 가운데서는 요한복음 7장 35절, 사도행전 2장 9-11절, 야고보서 1장1절, 베드로전서 1장 1절 등이 디아스포라에 대하여 언급하고 있다. 이 가운데서 요한복음 7장 35절과 사도행전 2장 9-11절은 유다 디아스포라에 대하여 말하고 있으나 야고보서 1장 1절과 베드로전서 1장 1절에서 언급하고 있는 디아스포라는, 그것이 유다 디아스포라를 가리키는 것인지, 아니면 팔레스타인 밖에 흩어져 있는 이방 크리스천을 가리키는 것인지 분명치 않다. 이렇게 본다면 신약에서 유다 디아스포라에 대해서 말하고 있는 구절은 별로 많지 않다는 결론에 이른다.
31) 임태수, *구약성서와 민중*(천안: 한국신학연구소, 1993), 116.

582년에도 유대인들은 바빌론으로 잡혀갔다. 이들 일부는 고레스 칙령(에 1:1-4:7, 12-26)에 의하여 팔레스타인으로 돌아왔으나 대다수는 바빌론에 그대로 남게 되었다. 32) 바빌론에 남은 디아스포라는 바빌론 이스라엘 게르가 된 것이다.

신약성서 시대에 기독교의 확산에 지대한 공헌을 했던 디아스포라는 '흩어진 자 또는 흩어져 사는 자'(요 7:35, 약 1:1, 벧전 1:1)라고 번역되는데 히브리어의 '추방된 자'에 해당한다. 신약시대에 디아스포라에 대하여 말하고 있는 성경 구절은 많지 않다. 디아스포라는 유대인들이 자진해서 자기 나라에서 다른 나라로 이동한 것을 가리키는 반면에 구약의 용어인 '추방된 자'(렘 48:11; 49:2, 겔 12:1; 25:3, 암 1:15)는 전쟁의 결과로 강제적으로 이동되었거나, 추방되었거나 이따금 투옥된 자들을 가리켰다.33) 이와 같이 추방된 사람들의 후손이 신약시대 디아스포라의 대부분을 차지했다. 헬라와 로마시대에 유대인들은 포로로 잡혀가거나 노예로 팔리기도 했고, 종교적, 정치적 이유로 팔레스타인에서 추방되거나 피난을 떠나기도 했다. 팔레스타인 땅이 좁고 가뭄이 심하여 살 수가 없는 경제적인 이유도 있었다. 유대인들이 팔레스타인을 떠난 기원후 1세기에는 로마에만 400만 여명의 디아스포라가 거주하였다.34)

---

32) 성갑식, "디아스포라," *그리스도교 대사전*(서울; 대한기독교서회, 1981), 225.
33) Ibid., 163
34) E. L. Rapp, "Diaspora. 1. Judae Diaspora," in *RGG*, 2. 175. 임태수, *구약성서와 민중*(천안: 한국신학연구소, 1993), 117.에서 재인용.

(4) 암하레츠(Am ha'arets)로서 이주노동자

'암하레츠'는 포로 이전에는 (1) 백성 전체(창 42:6, 민 14:9), (2) 예루살렘 밖에 사는 지방민 전체(왕하 11:14; 21:24), (3) 땅을 소유한 완전시민 즉 상류층 등을 의미했다. 포로기에 이 말은 의미가 달라졌다. 바빌론 사람들은 유다를 점령한 뒤, 상류층을 바빌론으로 잡아가고, 그들의 땅을 천민들에게 나누어 주었다(왕하 24:14; 25:12, 렘 39:10). 그래서 완전 시민이었던, 포로로 잡혀가지 않은 암하레츠들은 신분이 격하될 수밖에 없었다. 상류층을 뜻하던 암하레츠의 의미는 점차 상실되었다.[35]

포로기 후 팔레스타인 땅에서 암하레츠로 불린 사람들은 유대인이 아닌 이방인이나 사마리아인 또는 이방인과 결혼한 반(半)유대인을 의미했다(에 4:4; 9:1, 느 10:31). 그러다가 포로기 이후에는 이 말이 완전히 다른 의미로 변화되어 사용된 것이 에스라와 느헤미야에 나타난다. 이 말은 율법을 모르고, 율법을 지키지 않는 사람들을 지칭하는 말로 사용되었다. 이들은 사마리아인의 대표를 의미하는 말로도 사용되었다(에 4:4). 포로기 후의 암하레츠는 지도층을 포함한 팔레스타인 살고 있는 이방인과 사마리아 인들을 가리키는 말이었다.

3) 이주노동자 보호 관련법

(1) 게르의 사회적 권리

정치적·경제적·사회적으로 약자의 입장에 있는 나그네를 하

---
[35] Ibid., 243.

나님은 긍휼히 보고 그들의 보호자로 자처하고 나선다. 그리고 이러한 나그네를 학대하지 말고 고아나 과부처럼 잘 돌보라고 부탁한다. 추수의 남은 이삭을 먹을 권리가 있고(레 19:10, 신 24:19-21). 안식년의 휴경의 수확물을 먹을 수 있게 하며(레 25:6-7), 안식일에 쉴 수 있는 권리가 보장되고, 십일조를 받아 곤궁을 면하도록 했다(신 14:28-29).[36] 특히 신분의 위협을 느낄 때는 도피성의 보호를 받을 수 있었다(민 35:15).

(2) 본국인과 동등한 권리 부여

게르는 할례 받은 성민으로서 이스라엘과 완전히 동일한 것은 아니지만(출 12:43) 어느 정도 동등한 권리와 의무를 가지고 있다. 게르는 토샤브와는 달리 유월절 행사에 참여하여 이스라엘 사람과 함께 유월절 음식을 먹을 수 있었으며(출 12:45-49), 기타 제사(민 15:14-16)와 속죄일(레 16:29)에도 참여할 수 있었다. 단 이들이 종교행사에 참여하기 위해서는 할례를 받아야 한다는 조건이 붙어 있었다. 이는 게르가 이스라엘 사회의 일원임을 나타내는 명백한 증거이다. 한 사회의 일원으로 의무를 가질 수 있다는 것은 그만큼 사회에 참여하는 폭이 인정되고 있다는 것을 의미한다.

(3) 사회적 약자로서 보호

게르는 어떤 이유에서건 자신이 속해 있던 부족을 떠나온 자이다. 그러므로 자기가 살고 있는 고장에선 아무런 혈연관계가 없다. 다른 씨족의 천막 아래 은신처를 구하는 게르는 흔히 추방된 자, 망명자, 자연의 참변이나 전쟁 등으로 자기 부족이 전멸한 후

---

[36] Ibid., 239.

에도 생존한 자들이다. 이집트의 절대군주 시대에는 사회적 신분이 낮은 가난한 자들과 전쟁포로, 범죄자들, 베두윈 족 같은 이주자들이 강제노동에 동원되었다. 노동일은 농사, 벽돌 제조, 피라미드 건축에 쓰이는 돌의 운반, 채석장일, 광산일 등이었다.37)

따라서 게르는 주로 친절을 베풀어야 할 대상으로 가난한 자와 결합되어서 사용되었다(레 19:10; 23:22). 그의 신세는 과부나 고아와 진배없었다(신 10:18, 시 146:9, 말 3:5).38) 이스라엘이 게르를 대하는 태도는 부유하거나 경쟁의 대상으로서가 아니라 동정을 베풀어야 하는 약자를 대하는 모습이다. 가난한 자와 비슷한 계층이거나 바로 가난한 계층으로 이해되며 이들에게 이스라엘은 율법에 근거해서 돕는 손길을 베풀어야 한다는 점이 강조되고 있다(신 10:17-18; 26:12).

게르는 사유 재산권이 없고 그를 보호해주는 법적 후견인도 없다. 그는 노동으로 생계를 유지했다. 자기 부족을 떠나 있으므로, 혈연관계가 없는 거주지의 부족은 게르에게 아무런 보호 의무가 없다. 그러나 사막 부족의 관습으로 이런 자들을 보호하였다(출 22:20).39)

(4) 차별 대우 금지와 보호의무
계약법전은 게르에게 부당하게 대우하거나 권력이나 힘으로 압제를 가하지 말아야 함을 지적한다(레 19:33, 신 24:14, 슥 7:10). '괴

---

37) 서인석, *성서의 가난한 사람들* (왜관: 분도출판사, 1981), 55.
38) Ibid., 70.
39) Ibid., 24.

롭히다, 학대하다(Yanah)'라는 동사는 강자가 약자를 경제적으로 착취한다는 뜻을 가지고 있다. 정착문화와 도시문화의 특권층은 이들을 자주 괴롭혔고 경제적으로 착취했다는 사실을 성서는 도처에서 증언하고 있다(에 18:12; 22:7, 29; 46:18; 렘 22:3, 신 23:17).[40] '학대하다(Lahas)'라고 번역한 동사는 압박하다(열하 6:32), 꽉 죄다(민 22:25), 짓밟다(시 56:2)라는 동사와 함께 쓰인다. 이 구절에서 동사 '학대하다'는 바로의 압박을 받던 이스라엘의 상황을 상기시킨다(출 3:9, 신 26:7, 삿 6:9, 삼상 10:18).

게르의 보호 동기는 이스라엘의 역사적 체험에 있다. 학대하지 말아야 할 이유는 바로 이스라엘 자신도 이전에 이집트에서 나그네의 생활을 했으므로 그것을 기억하여 자신의 처지와 비슷한 게르에게 부당한 압제를 가하지 말라는 것이다. 자기가 원하지 않는 것을 남에게도 하지 말라는 것뿐 아니라, 계약 법전은 한 걸음 더 나아가 게르에게 혜택을 베풀 것을 독려한다.

소외되기 쉽고 각종 현실적인 필요가 결핍되기 쉬운 게르에게 혜택을 베푸는 태도가 바로 하나님의 공의와 사랑이다. 사랑과 공의의 결과로 이루어진 출애굽의 사건을 현실화하고 이러한 하나님의 역사가 한 세대로 마감되는 것이 아니고 세대와 세대를 이어 역사적인 의미로 작용한다.

(5) 동일 시민권자

게르는 나라 안에 이주하여 사는 자유인으로서 시민권의 일부

---

[40] Ibid.

를 누리는 자들이다. 소외 계층이고 다양한 현실적인 필요에 직면한 게르를 선대함으로 하나님의 자비를 보여주고 이들을 하나님 백성의 일부분으로 받아들이는 관심을 보인다. 게르는 사회 내적으로 비슷한 신분을 이루고 있었던 고아와 과부를 신원하시는 하나님이심을 기억하게 하고 또한 하나님은 게르를 사랑하시는 하나님이시며 그들의 현실 필요에 응답하시는 하나님으로 계시된다. 또한 십일조를 풀어서 이들의 필요를 채우도록 하는 명령을 통해 소외되기 쉬운 게르에 대한 세세한 관심을 반영하고 있다. 하나님은 관심을 표현하는 단계에서 멈춘 것이 아니라 한걸음 더 나아가 축복과 보상을 약속한다.

> "너희 중에 분깃이나 기업이 없는 레위인과 네 성중에 우거하는 객과 고아와 과부들로 와서 먹어 배부르게 하라 그리하면 네 하나님 여호와께서 너희 손으로 하는 범사에 네게 복을 주시리라"(신 14:29)

여기서는 게르에게 베푼 은혜를 바탕으로 이스라엘에게 복을 주시리라는 약속에 이르고 있는 것을 볼 수 있다. 함무라비 법전은 자국인과 외국인의 차별을 두지 않고 양자에게 동일한 의무와 권리를 규정하기도 하였다.[41]

---

41) 바빌론 법전과 이스라엘 법전의 차이점에 대하여는 M. David, "The Codex Hammurabi and Its Relation to the Provisions of Law in EXODUS," in *Old Testament Study* (1950), 149-178. 참조

4) 성서적 고찰을 통한 이주노동자 문제 고찰

(1) 이주노동자 문제에 대한 사고의 흐름

구약성서의 신학적 전통에는 이주노동자에 대하여 두 가지 흐름이 있다. 하나는 다윗의 전승이고 또 하나는 모세의 전승이다.

첫째, 다윗 전승(계약)은 축복의 신학, 가진 자들의 신학이 큰 줄기를 이룬다. 다윗 → 제왕들 → 제사장으로 이어지는 신학. 이 계약 사상을 왕권의식(Royal Consciousness)이라 부른다. 왕권의식을 가진 이들은 풍요의 경제, 억압과 착취의 정치, 내재의 종교를 강조하였다. 억압과 풍요의 정치에 포로가 된 것이 당시 종교였다. 다윗 신학은 중심부 즉 도시지역과 권력자와 상류층에 관심을 가지고, 안정에 초점을 둔다. 이들은 이방인과 타국인에 대하여 배타적이고 차별적이었다.

둘째, 모세의 전승(계약)은 구속의 신학, 해방의 신학이다. 모세 → 여호수아 → 사사들 → 예언자로 이어지는 전통이다. 이를 대안의식(Alternative Consciousness)이라 부른다. 이들은 풍요의 경제보다는 나눔의 경제를, 억압과 착취의 정치보다는 하나님의 공의가 강같이 흐르는 사회를, 하나님의 내재의 종교보다는 자유의 종교를 강조하였다. 이 신학은 주변부 즉 농촌지역과 소외된 자에 관심을 가지고, 변화에 초점을 둔다. 따라서 이방인과 타국인에 대하여 포용적이고, 평등적이었다.

예수시대에 와서도 이러한 흐름은 명확히 나누어진다. 복음서의 최초 기록인 마가복음을 보면, 중심부인 예루살렘(막 11-16장)과 주변부인 갈릴리(막 1:14-9:50) 지방이 상호 대결하는 모습으로 등장한다. 예루살렘을 중심으로 왕, 제사장, 바리새인 등 상류계층이 자리하고, 갈릴리는 귀신들린 자, 문둥병자, 죄인들이 자리한다. 예루살렘 중심 세력은 법의 준수와 안정을 강조하고, 갈릴리는 하나님의 공의와 변화를 강조한다. 예루살렘 중심 세력은 이방인을 죄인으로 배척하지만, 갈릴리는 이방인을 똑 같은 하나님의 형상을 입은 자녀로 포용한다.

(2) 배척 받는 이방인의 땅 갈릴리: 이주노동자 인권실태

예수 시대의 갈릴리는 예루살렘에 비하여 비천한 지역이다. 당시 대부분의 사람들은 유대지방 특히 예루살렘 중심적 사고를 가지고 있었기 때문에 예루살렘의 시각에서 보면 갈릴리는 '이방인의 땅'이었다. 사실 이스라엘은 천년 이상 강대국 밑에서 2등 시민 혹은 이방인으로 취급받으며 살아왔다. 이집트→ 아시리아→ 시리아→ 바벨론→ 페르시아→ 마케도니아→ 프톨레미→ 셀류커스→ 로마제국이 차례로 이스라엘을 지배하고 침탈하였다. 그러나 상류계층은 식민지 국가의 1등 시민으로 행세하면서 일반 백성들을 지배하여 왔고 식민지 국가의 대변자 노릇을 하였다. 가진 자들의 입장에서의 이방이란 민족 개념으로 포장되어 있었다. 민족은 단지 권력과 물질의 소유의 개념 정도로 볼 수 있다. 같은 민족이라 할지라도 가지지 못한 자들은 모두 이방인이요, 가지지 못한 자들이 집단적으로 살아가는 지역은 모두 이방의 땅으로 취급하였다. 이들 이방인들은 통제와 배척의 대상일 뿐이고 하나님의 백성이 될 수 없는 자들이다.

① 다른 민족과 피가 섞이었다고 무시되었다: 다문화 가정

갈릴리가 여러 민족이 섞여 살게 됨으로서 이때부터 '이방의 갈릴리'라는 낙인이 찍혔다.42) 역사적으로 갈릴리는 733년 아시리아에 점령당하여 므깃도(Megiddo) 지방에 편입됨으로써 이스라엘과 분리되었다. 이후 갈릴리는 다른 민족의 통치와 문명에 적응하거나 맞서 싸워 나갔던 곳이다. 그러나 예루살렘 사람들은 갈릴리 사람들을 마치 창녀와 같이 무시하였다.

② 자기 재산을 차지하였기 때문에 배척되었다: 일자리 빼앗는 자

바빌론은 이스라엘의 지배층과 상류층을 포로로 잡아갔다(열하 24:10-17). 바빌론은 포로로 잡혀간 사람들의 땅을 이스라엘의 농민이나 그밖의 하류 계층 그리고 이민자들에게 정책적으로 넘겨 주었다. 이때부터 예루살렘 상류층이 이들을 노골적으로 미워하고 차별하기 시작했다.

③ 법을 지키지 않는 사람: 불법체류자 추방

예루살렘 사람들은 갈릴리 사람들이 이스라엘의 율법을 지키지 않는 것으로 간주하였다. 처음에 하류층 백성 '암하레츠'43)에 대하여 페르샤 시대의 하시딤과 구별하여44) 부르다가 나중에는 바리새인과 구별하여 불렀다. 포로기에 상류층이 자기들의 땅을 차지한 자들에 대하여 멸시와 분노의 뜻으로 '암하레츠'라 부르며 차별한 것이다.45) 우리말로 하면 땅에 붙어사는 자(농사꾼), 무식

---

42) 마태복음 4:15-16에는 '이방사람들의 갈릴리'라는 표현이 나오는데, 이것은 이사야 9:1에도 나오는 것이다.
43) 암하레쯔는 에스라서 편집 이후에도 나타나고(10:1), 느헤미야(10:31)에도 등장한다.
44) 율법을 지키려는 움직임은 페르시아 지배 시대의 하시딤 운동까지 거슬러 올라간다. 마카오 전쟁 때 유대교 신앙을 지키기 위한 저항에 '경건한 사람들의 모임'이 가담하였다. 이들이 에세네와 바리새의 원조이다.
45) 안병무, *갈릴리 예수* (서울: 한국신학연구소, 1992), 130.

한 자, 율법을 모르며 안 지키는 자라는 뜻이다. 라삐 자카아의 아들 요하난은 "갈릴리야, 너는 토라를 멸시한다!"며 저주한 일도 있다. 율법을 지키지 못하는 사람들은 이스라엘 백성이면서도 죄인이 되어 하나님 나라 백성의 자격을 박탈당하고, 공동체에서 추방되었다.

④ 지역적 차별과 배타: 3D업종 근무하는 가난한 나라 사람

하스몬 왕가 시대에 유대인들이 갈릴리로 많이 이주했는데, 이것이 갈릴리인들을 '잡종'으로 천시하는 결정적인 계기가 되었다. 우리는 너희와 지역 출신이나 신분이 다르다는 것이다. 프톨레매오가 예루살렘을 정복(주전 302년)하고 팔레스타인을 분할 통치할 때에는 지역적으로 본토 이스라엘과 분리되었고 그 결과 고아처럼 지역적 소외를 받았다. 헤롯 시대에도 헤롯이 죽자 팔레스타인 지방이 3등분 되었다. 이때 갈릴리는 다시 유대지방과 행정구역상 나누어지게 되었고, 벨게아 지방과 하나의 행정 구역이 되어 헤롯 안티파스의 통치를 받았다. 유대인들은 갈릴리를 이방인 지역과 마찬가지로 취급하였다.

④ 안정을 해치는 자들: 집단행동을 하는 이주노동자

갈릴리는 상놈들의 소굴이었다. 갈릴리 하면 반란자, 불순분자와 동의어로 사용되었다. 열심당을 중심으로 한 저항세력의 근거지가 되었기 때문이다. 예수가 태어날 당시 독재자 헤롯이 온갖 세금 명목으로 백성들을 착취하고, 수많은 건축공사에 백성들을 동원하였다. 주전 4년 헤롯이 죽자, 백성들은 갈릴리를 중심으로 로마도 진압하기 힘든 저항을 일으켰다. 그러나 결국 로마 군단에 진압되어 2,000여 명이 십자가형으로 죽었다. 예수가 10살 때

쯤인, 주후 6년 로마 구례뇨가 세금을 거두어들이기 위하여 호구조사를 하자, 열심당이 일어나 갈릴리 지방은 로마 항쟁의 근거지가 되었다. '십자가를 지라'는 구호와 함께 저항하다 죽어간 사람들 역시 2000여 명에 이르렀다. 갈릴리는 열심당의 근거지였다.

(3) 통제받아야 할 대상 이주노동자

① 법에 의한 통제: 출입국 관리법의 통제와 관리 대상

바리새인은 율법으로 이스라엘을 무장시켰다.46) 그러나 이 율법은47) 두 가지 점에서 사람을 힘들게 했다.

첫째, 인권을 구속했다. 율법은 특히 가난한 사람들을 압박하는 결과를 가져 왔다. 저들의 일주간은 안식일을 위하여 존재하는 듯했고, 정결법의 엄격성 때문에 직업의 제한을 받았다.

둘째, 이스라엘 민족을 갈라놓았다. 율법을 잘 지키는 체제 안의 사람은 '참 이스라엘' 또는 '의인'으로 인정받았다. 율법을 지키지 못하는 체제 밖의 사람들은 '죄인'으로 낙인 찍혀 소외된 상

---

46) 율법을 지키려는 움직임은 페르시아 지배 시대의 하시딤 운동까지 거슬러 올라간다. 마카오 전쟁 때 유대교 신앙을 지키기 위한 저항에 '경건한 사람들의 모임'이 가담하였다. 이들이 에세네와 바리새의 원조이다.
47) '미슈나(Mishnah)'는 구전과 해설을 집성한 탈무드의 본문을 가리킨다. 미슈나는 대부분 기원 70 - 220년경에 생존한 랍비들의 토론에서 비롯되었다. 이들의 율법적 토론은 점차로 집성되고, '탄나임'으로서 알려지는 학자의 계속적 노력에 의해 성문화되었다. 이것을 현재 모습으로 집대성한 최후의 편집자는 랍비 유다 하나시(Rabbi Judah ha-Nasi Patriarch, 기원 135-220)였다. 이것은 모세의 율법과 한가지로 중시되고, 유대교도에게 있어서의 신앙생활의 규준인 탈무드의 기초가 되어 있다. 막 7:3-15의 '유전'은, 미슈나를 가리킨다. 미슈나에는 농사짓는 법, 축제 지키는 일, 부부 사이에 지켜야 할 규칙, 예배의 규율, 식사의 규율, 정결법 등 생활전반에 대한 자세한 규칙들이 기록되어있다.

태로 살아가야 했다. 이들이 곧 '암하레츠'이다. 당시 바리새파 사람들은 자신들이 세운 체제에 따르지 않는 자들을 암하레츠라 부르며 그들과 공동 식탁을 쓰기를 거부하였다. 특히 정결법에 저촉되는 자, 십일조를 내지 않는 자를 암하레츠라 불렀다.[48] 암하레츠는 에스라서 편집 이후에도 나타나고(10:1), 느헤미야(10:31)에도 등장한다. 갈릴리는 암하레츠의 중심지였다.

② 경제적 착취: 저임금, 장시간 노동의 이주노동자

갈릴리 소작인들은 부재지주들에 의하여 착취당하였다. 갈릴리는 비옥한 땅이 많았다. 그래서 갈릴리 전체가 푸른 정원과 같았다고 한다. 농업이 생업의 중심이었고 갈릴리의 농산물은 유대 지방 특히 예루살렘의 생명선과도 같았다. 그러나 갈릴리 사람들은 절대빈곤의 소농과 땅 없는 소작인들이 압도적이었다. 이 지역에선 가난이 심해서 자진해서 농업노예가 되는 사람들이 속출하였고, 그것도 모자라 실업자도 늘어갔다.

(4) 관심의 대상으로서 갈릴리 이주노동자

구약에서의 갈릴리는 스불론, 시돈, 이사갈(창 49:13-15)로 불렸고, 사무엘서에서는 '이스라엘의 어머니'(삼하 20:19)로 불렸다.[49] 예수가 태어나고 관심을 가지고 주로 활동하신 지역이 바로 갈릴리이다.

---

[48] Joachhim Jeremias. *Jerusalem in the Time of Jesus*, Trans. by S. H. Hook (London: SCM Press Ltd, 1972), 한국신학연구소 편, *예수시대의 예루살렘*(서울: 한국신학연구소, 1988), 340.
[49] 안병무, *갈릴리 예수*(서울: 한국신학연구소, 1992), 93.

① 시민권 요구하는 이주노동자

갈릴리 사람들은 눌린 사람들의 표상으로서 이들의 갈망은 하나님의 주권이 확립되는 세상이었다. 갈릴리는 열심당의 본거지가 되기도 하였다. 갈릴리 사람들은 소작농인 반면에 부재지주의 절대 다수가 왕족이거나 대제사장 등 종교 귀족이었다. 특히 60년경 열심당이 예루살렘을 점령했을 때, 대제사장 아나니아의 집과 헤롯 궁을 소각하였는데, 이때 사람들은 채무 장부를 소각하고 빚진 자들을 해방시켜 주기도 하였다. 노예 신분, 빚진 자의 신분이 아니라 한 시민으로서 당당하게 살아가게 한 것이다.

② 주민으로서 다문화 공동체 형성의 과제

갈릴리는 북이스라엘의 근원지로서 일찍부터 이방인들과 섞여 살면서 자기 정체성을 살려가야 했다. 대부분의 도시가 헬레니즘화 되어가는 것에 반하여 이들은 자기들의 문화를 지켜 나갔다. 예루살렘 중심 세력의 생각과는 달리 갈릴리 사람들은 율법을 지키지 않는 죄인들이 아니라, 모세 전승에 따라 하나님의 주권의 회복을 고대한 자들이다.

③ 이주노동자 선교: 예수의 간절한 부탁

갈릴리는 예수가 처음 소명을 밝힌 곳이다(눅 4:18). 그러나 예수는 갈릴리 출신으로서 멸시 받으며 죽어갔다. 예수가 형장에 끌려갔을 때, 예루살렘 사람들이 베드로를 불러 세워 놓고 "당신도 저 갈릴리 사람 예수와 함께 다녔지요?"(마 26:19), "당신이 갈릴리 사람이니, 틀림없이 예수와 한 패 일거요."(막 14:70)라고 한 것이 갈릴리 천시의 증거다. 예수는 십자가의 죽음을 앞두고, "나는 살아서 제자들보다 먼저 갈릴리로 갈 것이다."라고 선언한다.

예루살렘이 아니라 갈릴리에서 만나자고 약속한 것이다. 21세기 국경 없는 시대를 맞아, 우리의 선교의 자리가 어디여야 하는가? 진지한 물음이 필요한 때다.

5) 성서를 통해본 대안공동체 모색

(1) 사사 시대의 가나안 평등 공동체
① 점진적 평등 공동체

본래 '가나안'이란 용어는 자주 빛깔의 땅인 베니게를 지칭했다.50) 이스라엘 민족이 들어간 땅은 여러 민족이 모여 살던 곳이다.51) 여기서 가나안 사람이란 청동기 시대에 셈어를 말하는 가나안 주민을 총칭하는 일반적인 용어이다.52) 가나안 평등 공동체는 세겜에서 야훼 하나님과 언약을 세운다(수 24:1-3). 언약 갱신의 목적은 정치적인 측면에서 볼 때 동맹 체제를 세우는데 있다. 근원이 다른 이들 집단은 침입자들과 가나안에 거주하고 있던 히브리 집단, 점진적으로 이스라엘 종족에로 혼합되어 가고 있던 가나안 인들이었다.53)

따라서 사사 시대의 가나안 평등 공동체는 알브레히트 알트(Albrecht Alt)와 마틴 노트(Martin Noth)가 인정한 바와 같이 진정한 부족동맹(Amphictynony)이었다. 이 동맹은 각 부족들의 종교

---

50) 문희석, *구약성서 배경사* (서울: 대한기독교출판사, 1982), 151.
51) 여호수아 9장 1절에는 헷 사람, 가나안 사람, 브리스 사람, 히위사람, 여부스 사람이 등장하고 있다.
52) Ernst. L. Errihi, *An Outline of Old Testament History*, 배제민 역, *요점 이스라엘 역사*(서울: 기독교교문사, 1983), 33.
53) Ibid., 35.

와 정치는 물론 언어와 습관까지도 통일시켰다.54) 그러나 이스라엘인과 가나안인의 혼합과정에서 가나안의 종교와 문화는 가나안 평등 공동체의 종교문화를 침해하는 위협이 되었고, 각 지파가 야훼와 맺은 관계에 강한 영향을 미치게 되었다. 땅과 곡물과 밀접한 관계를 맺었던 가나안 문화는 풍요함과 수많은 신전과 성소 및 승려제도를 갖고 있었다. 성서 히브리어도 가나안 방언에서 발전한 것이다(사 19:18). 그러나 가나안 평등 공동체는 가나안 종교의 영향을 극복하고 마침내 야훼가 '참된 신'이심을 드러내었다.55) 희랍 부족 동맹체들처럼 가나안 평등 공동체는 상이한 족속들의 연합체로 구성되었지만 특히 세겜의56) 중앙 성소를 중심으로 연합함으로써 강력한 결합력을 발휘하였다. 이들은 상호 방어와 평화를 조약하였다. 그러나 희랍부족 동맹체와는 달리 지방신 숭배가 금지된 것이 특징이다. 모든 지파들이 모세의 전승을 공유한 것은 아니지만, 결국 모세의 전승을 받아들이고 결합하였다. 그러나 때로 가나안 인이 섬기는 바알 때문에 가나안 평등 공동체는 심각한 위협을 받기도 하였다.57) 이와 같이 가나안 평등 공동체는 가나안인과 이스라엘인과의 점진적 혼합 과정을 통하여 상호 동화를 가져왔다.

② 가나안 평등 공동체의 사회구조

가나안 12부족 평등 공동체는 중앙집권체제에 대항하여 형성된 지방분권, 토지 공동분배, 민중 평등을 내세운 부족동맹체였다.

---

54) 문희석, *구약성서 배경사*(서울: 대한기독교출판사, 1982), 158-159.
55) Ernst. L. Errihi, *An Outline of Old Testament History*, 배제민 역, *요점 이스라엘 역사*(서울: 기독교교문사, 1983), 4-5.
56) 후일에 '실로'로 옮겼다.
57) Ibid., 40.

부족은 다음과 같은 요소로 구성된다.

벧아브(아버지의 집, 확대가족) : 가장 기본이 되는 생활 단위로서 둘 이상 혹은 핵가족들로 이루어진다. 벧아브 안에는 여러 세대가 포함된 확대가족도 있다.

미스파하(족속, 권속, 확대가족들의 보호연합체) : 같은 마을 또는 이웃마을에 살고 있는 확대가족들로 이루어진다. 땅을 지켜나가거나 노예를 구하는 등 소속된 확대가족들 사이의 상호협조와 보호의 역할을 한다. 군사적 종교적 연례축제 기능도 가지고 있다.

세페트, 마테(지파) : 미스파하가 모여 만들어진 것으로 벧아브와 미스파하가 하는 일 이외에 법률적 기능까지 담당한다. 지파 회의 장로회의 등을 통해 자치제로 운영한다. 이스라엘 중앙정치 조직에 의해 통치되지 않았다.

이스라엘 : 지파들의 동맹체로서 전체 이스라엘의 구성이었다. 이스라엘의 모든 결정은 각기 작은 단위들의 자율성에 기초하여 이루어졌다. 따라서 어느 집단도 전체 이스라엘인 가나안 평등 공동체를 다스릴 절대권이 주어지지 않았다.

가나안 평등 공동체는 국가가 아닌 부족동맹으로서 중앙정부도 없었고, 수도는 물론 행정기구도 없었다. 이들 부족동맹의 구성원은 야훼신앙의 예배의식, 헌법과 법률, 평등 이념에 따라 살았다. 사회경제 제도에 반영한 경제 평등주의를 실천하고, 가나안 도시국가나 블레셋 사람들은 물론 그리고 그 밖의 세력에 대하여 상호 연대하여 맞서나갔다. 각 부족 조직은 족장 중심이었고, 가나안 봉건제도의 특징인 계급 갈등이 없었다. 부족 장로들이 재판으로 분쟁을 해결하고 사람들은 그들의 권면을 받아들이며 존경하였다. 명절 때가 되면, 부족 전체가 '언약궤'가 있는 세겜과

실로에 모여 야훼에 대한 충성심을 새롭게 하고, 부족 사이에 생긴 분쟁을 해결하며 공동의 관심사를 의논해 나갔다. 또한 공동체의 위기 때마다 '야훼의 영이 내린'(삿 3:10, 14:4) 사사들이[58] 나타나 부족들을 불러 모아 적을 몰아내곤 하였다.

③ 가나안 평등 공동체의 평가

가나안 평등 공동체는 몇 가지 특징이 있다.

첫째, 가나안 봉건제도와 이집트의 제국주의 통치를 거부함과 동시에 자주성을 견지하였다.

둘째, 절대 군주제도를 거부하고 사회의 모든 면에서 자유와 평등을 보장하였다.

셋째, 빈곤을 없애기 위하여 토지개혁과 공동체 토지 소유제를 확립하였다.

넷째, 공동체의 재산을 공동화함으로써 사유화로 인한 타락을 막았다.

다섯째, 사회 질서를 약자에 대한 배려와 인권법을 통하여 보호하였다. 특히 십계명법, 약자보호법, 안식일 법, 희년법을 통하여 약자에 대한 공동체적 책임을 졌다.

여섯째, 평화주의를 견지하며, 소수 지배 권력의 사병화를 막기 위하여 상비군 제도를 만들지 않았다.

이러한 가나안 평등 공동체가 200년간 지속된 이유는 무엇일까?

첫째, 가나안 평등 공동체가 직면한 위급한 사태들이 국지전적

---

[58] 사사는 '샤파트'라는 히브리어 어근에서 온 말로 재판한다, 지배한다는 뜻이 있다.

성격을 가졌으므로, 소규모 지파들이 모여서도 해결해 나갈 수 있었다.59) 또한 위급한 때는 카리스마적 지도자들인 사사가 나타나서 군사적 위협을 감소시켜나갔다.

둘째, 계약 범위 내의 물질에 대하여는 개인 소유욕을 공동체를 통하여 제한하여 나갔다. 다만 그 외의 것은 자유롭게 하여 사회정의와 사회복지의 균형을 이루었다.

셋째, 공동체의 구심점은 모세전승에 따른 종교적 전통이었다. 이런 종교적 전통은 단순한 종교의 문제가 아니었고, 전제왕권에 대결하는 평등공동체의 이념으로 보아야 한다.

그러나 가나안 평등 공동체는 약 200년 후 점차 결속력을 잃어가기 시작한다. 외적으로는 도시국가들이 일찍 철기문화를 받아들이면서 상당한 물질적 혜택과 막강한 군사력을 자랑하고 있었는데 이들은 가나안 평등 공동체를 원하지 않았다. 내부적으로는 외부의 침입이 있을 때 방관자적 자세를 취한 지파가 있었고60) 가나안 공동체를 파괴하고 왕권체제를 만들고자 했던 아비멜렉의 쿠데타와, 지파들(특히 베냐민 지파) 사이의 폭력 등이 있다.

(2) 신약의 초대공동체

신약시대 이전부터 에세네파는 사회와 격리된 생활을 하였다. 특히 쿰란 공동체는 사회로부터 분리된 채 그 안에서 사유재산을 허락하지 않는 생산 공동체 안에서 살았다.61) 금식과 금욕, 세례

---

59) 이스라엘 땅이 대단한 것처럼 성서에는 기록하고 있으나, 균형 잡힌 영토를 확보하지 못하고 산악지대가 대부분을 차지하고 있었다. 해안지대와 평야지대는 이스라엘 지배권 밖에 있었다.
60) 드보라 시대의 르우벤 지파와 아셀 지파의 방관, 기드온 시대와 입다 시대의 에브라임 지파의 방관

의식을 중시하는 세례종파와 에세네파, 동굴에서 세상을 등진 채 신비적인 황홀경을 통해 신과의 합일을 추구하던 쿰란 종교가들은 모두 평화와 해방과 구원을 갈구하던 자들이다. 그러나 이들은 오직 자기들의 종교적 의식과 예배에 몰두할 뿐 가난한 갈릴리 사람들을 외면하였다.62) 다만 열심당원은 부채, 국가와 사제들의 귀족정치를 통한 이중과세, 소수에 의한 토지집중, 가뭄 등에 반발하여 정치 개혁적 변혁을 일으켰다.

① 예수와 이방의 땅 갈릴리

앞에서도 말했듯이 갈릴리는 여러 민족이 섞여 살고 있었기 때문에 '이방의 갈릴리'라는 낙인이 찍혀 멸시의 대상이었다. 예루살렘 열심당과 사두개인들은 산헤드린의 재판권을 가지고 있었으며, 예루살렘 성전을 유지한다는 명목으로 성전세를 거두어들임으로서 권력과 부를 누렸다. 예루살렘 귀족들에 대한 갈릴리 농민들의 증오심은 유달리 강했지만, 농민들이 그 증오심을 드러내자마자 귀족들은 가차 없이 그들을 응징했다. 탈무드의 주해서에서는, 진짜 유태인이라면 자기 딸들을 '땅의 사람들'(People of The Land, 갈릴리 농민들을 일컫는 말)과 결혼시키지 말라고 충고하고 있다. 갈릴리 농민들을 불결한 동물 정도로 취급할 정도였다. 랍비 엘레아차르는

---

61) W. R. Farmer, "The Economic Basis of The Qumran Community," in *Th. Z.*6 (1955), 296-308을 Gerd Theissen, 기독교사상 편집부 역, "원시기독교 방랑 설교자들에 대한 사회학적 고찰," *기독교사상* 1983,10 (서울: 대한기독교서회, 1983), 221에서 재인용.
62) 유다종교와 집단운동들에 대하여는 G. Bornkamm, *Jesus of Nazareth* (New York: Harper&Row, 1969), 강한표 역, *나사렛 예수*(서울 :기독교서회, 1980), 25-50 참조.

"동물을 죽이지 않는 일 년의 가장 거룩한 날에도 그런 자들은 죽여도 좋다."

라고 했고 랍비 요하난은

"천한 자들은 불고기처럼 조각조각 찢어 죽여도 좋다"

라고 했으며 다시 랍비 엘레아차르는

"학자들에 대한 천민들의 원한은 이방인들이 이스라엘에 대해 갖고 있는 원한보다 더 심하다"

라며 갈릴리 사람들을 원수시하였다.

② 예수의 '하나님 나라 기쁜 소식'과 '회개'

이러한 차별의 상황에서 예수는 '하나님 나라의 기쁜 소식'(눅 4:18)과 회개(Metavnoi)를 선포하였다. 신약성서는 예수에 관한 소식을 구약의 예언이 성취된 해방과 구원의 '하나님 나라의 기쁜 소식'으로 증언하였고(막 1:1, 마 14:33, 눅 3:2-16, 롬 1:17), 역사적 예수에 의해 참 평화와 해방이 임했으며 '희년'을 뜻하는 '주의 은혜의 해'가 선포되고 성취되었다고(고후 6:2, 눅 2:14; 6:16-30) 보도한다. 누가 복음 기자는 나자렛 예수가 구약 이사야(사 61:2-3)를 회당에서 읽은 후, "이 글이 너희에게 이루어졌다."고(눅 4:21) 말함으로써 구약의 '희년' 사건이 예수에 의해 '하나님 나라의 기쁜 소식'으로 선포되고 현재에 성취되었음을 보도한다(눅 4:8-30).

예수는 '하나님 나라의 기쁜 소식'을 가난하고 비천한 갈릴리 사람들에게 전해주었다. 예수는 '하나님의 날과 기쁜 소식'을 전하면서 이에 합당한 회개를 구체적으로 선포하며 실천하였다. 예수는 배고픈 자에게 먹을 빵을 주었으며(눅 6:1-5; 9:10-17). 악한 귀신들을 쫓아내고 병자들을 고쳐 주었다(눅 4:38-41; 5:17-26). 멸시

받던 세리와 창녀들과 함께 음식을 먹었고(눅 7:36-50) 가난한 자들을 착취하는 안식일법과 정결법을 깨트렸다(눅 6:1-5; 6:6-11). 또한 울고 있던 자들이 웃고, 기뻐 웃던 자들이 슬피 울게 되는(눅 6:21, 27) 구체적인 상태의 변화를 추구하였다. '희년의 기쁜 소식'은 억압받던 자들이 기득권자들의 압제로부터 풀려난 해방의 사건(눅 4:18)이 되었다. 중요한 것은 이 사건은 먼 미래에 있을 것이 아니라, '지금'(눅 1:45)[63] 이루어졌다는 것이다. 아울러 예수는 회개를 너와 나의 관계에서 불의한 모든 행동을 올바르게 돌리는 구체적인 행동으로 전하였다. 속옷을 두벌 가지고 있는 자는 나누며, 먹을 것이 있는 자 역시 없는 자와 나눠야 했다(눅 3:11). 부당하게 세금을 거두어들인 자는 정해진 것보다 더 받지 말아야 하며(눅 3:13), 군인들은 받은 봉급을 족한 줄로 알고 사람에게 강포하지 말며(눅 3:14), 형제에게 원한이 있으면 화해하도록 해야 한다(눅 12:58-59). 이 회개는 제단에 예물을 바치는 것보다 우선적으로 해야 했다(눅 6:43-45, 마 5:24). 이 회개 없이 종교와 법을 내세우는 사람들은 심판과 화를 당할 것으로 보았다(눅 13:25-30) 실제로 회개가 없는 교만한 자들은 흩으시고(눅 1:51), 제왕들의 권력을 낮추며(눅 1:52), 부자들은 빈손으로 떠나보내고(눅 1:53) 예루살렘 성전을 도둑의 소굴로 만들고 있던 종교 지도자들을 성전으로부터 내쫓았다(눅 20:45-45).

---

[63] 주께서 하신 말씀이 반드시 이루리라는 말로 미래형으로 제시하고 있으나, 반드시 이룬다는 말에 해당하는 헬라어는 '텔레이오시스'로서 이미 완성, 완료를 뜻하는 명사이며, 동사 '텔레이오오'는 이미 마치다 성취하다는 뜻으로서 미래형이 결코 아니다. 그러나 대부분의 성경은 본문을 미래형으로 해석하고 있다.

③ 가시적 대안 공동체로서 초대교회 공동체

구약의 희년 사상을 바탕으로 한 가나안 평등 공동체는 예수에 의해 '하나님 나라 기쁜 소식'의 하나님 나라 사상으로 발전하였으며, 초대교회 사람들의 구체적인 실천으로 나타났다. 초대교회 공동체는 "모든 사람이 물건을 공동으로 사용하고, 재산과 물건을 팔아 모든 사람에게 필요한 대로 나누어주며"(행 2:44-45), "함께 떡을 먹는"(행 2:42-46) 사건이 예수의 제자들이 활동하던 사도시대에 일어났다고 보도한다. 이러한 사건들은 예수가 이 땅에 이루고자 했던 참 평화와 해방의 사건이며, 제자들로 하여금 희년 사건을 계속 수행할 수 있도록 해 준 것은 '성령'이라고 보고 한다. 이러한 공동체의 활동이 예루살렘 성전의 멸망과 기독교인에 대한 대대적인 탄압으로 이어지면서 '교회'의 모습으로 발전하게 된다.

2. 국경없는마을 형성의 신학적 접근

1) 차별극복을 위한 제3세계 신학

(1) 차별극복 신학의 흐름

세계기독교교회협의회(WCC)는 1968년 스웨덴 웁살라 총회에서 인종차별 철폐를 목표로 내걸었다. 이 총회에서는 교회가 지난 날 차별 철폐 문제에 대하여 성명서 발표 차원에 그친 점을 반성하고 구체적인 행동으로 옮길 것을 결의하였다. 1975년 5월 WCC 내에 '인종차별과 싸우는 위원회'(Commission on the Program to Combat Racism)라는 특별위원회가 구성되었다. 20여명으로 구성된 이 위원회는 유색 인종의 추방을 주장하는 백인 우월주의 사고를 가진 집단으로부터 압력을 받기도 하였다.

　서구중심주의에 대한 강력한 도전과 비판이 1970년대를 전후하여 형성되었다. 지난 2000년 동안 그리스도교 신학의 역사는 서구 신학의 역사이며, 주로 서구 문화와 종교, 사상에 관련된 관점에서만 논의되었다.64) 이런 연유로 많은 신학자들은 서구 중심의 신학적 제국주의를 신학의 바빌론 포로라고 지칭하기도 하였다. 당시 흑인 신학자 제임스 콘은 "우리는 서구 교회와 신학자들의 회개를 2,000년 동안 기다려 왔다. 이제 당신들의 시대는 지나갔다."고 단정하면서 서구신학이 파멸했음을 강력하게 주장하였다.65) 이러한 주장이 발전하여 제3세계 신학자 협의회(The Ecumenical Association of Third World Theologians: EATWOT)를 태동시켰다.66) 다양한 신학들은 획일적으로 다룰 수 없는데, 이는 각각의 신학이 강조하고 주장하는 메시지의 다양성과 차이성이 존재하기 때문이다.

　전통적인 그리스도교의 메시지의 중심은 '구원'이지만, 제3세계 신학에서의 신학적 연대와 일치성의 신학적 주제는 '해방'이다. 여기서 해방이란 억압과 종속 그리고 경제적 착취와 정치적

---

64) Gustavo Gutierrez, "Two Theological Perspective: Liberation Theology and Progressive Theology," in *The Emergent Gospel: Theology from the Underside of History* (Maryknoll, New York: Orbis Books, 1978), 204.
65) James. H. Cone, *God of the Oppressed*, 현영학 역, *눌린 자의 하나님* (서울: 이화여자대학 출판부, 1994), 7.
66) 제3세계 신학자협의회는 아프리카, 아시아, 라틴 아메리카, 북미 흑인신학자, 중남미 지역 등의 신학자들로 구성되었으며, 1976년 8월 5~12일 기간 동안 아프리카 탄자니아에서 첫 회의를 개최하였다. 제3세계 신학은 남미 해방신학, 북미 흑인신학, 아시아 신학, 여성해방 신학으로 구분된다.

속박으로부터의 해방이다. 제3세계 신학은 공동체적이며, 정치 사회적인 문제를 극복하는 과제를 설정하면서 출발한다. 보니노 (M. Bonino)는

"제1세계 신학자들이 고난, 배고픔, 억압을 신학적으로 아무리 정교하게 취급한다 하더라도 그들이 경험하는 것들은 제3세계가 경험하는 정치적 억압과 경제적 착취 등의 삶의 체험과 질적으로 같은 경험이 될 수 없다."

라고 지적한다. 제3세계의 신앙적 경험과 복음의 실천은 제3세계 교회 스스로 신학을 통해서 해석하고 증거해야 한다고 주장한다.[67]

제3세계 신학은 출발점으로 역사적이며 정치적인 경험을 다룬다.[68] 여성신학의 경우 성 차별의 경험을, 흑인 신학의 경우 인종 차별을 신학의 주제로 다루며, 아프리카 신학의 경우 식민주의자들로부터 당하는 문화적이며 인종적인 차별 등 그들의 역사적이며 정치사회적 경험을 신학적 상황으로 삼는다. 남미의 해방신학자들은 정치적 억압 그리고 경제적 부정의와 착취의 경험과 그들을 둘러싼 문제를 신학의 출발점으로 삼는다. 제3세계 신학이 추구하는 가장 핵심적인 해석학적 문제 중 하나는 자신의 특수한

---

[67] Jose M. Bonino, *Doing Theology in a Revolutionary Setting* (Philadelphia: Fortress Press, 1975), 주재용 역, *오늘의 행동신학* (서울: 한국기독교교회협의회, 1982), 144-150.
[68] 스리랑카의 타밀(Tamil) 족은 영국의 식민지 시대에 스리랑카의 차 재배를 위해 강제 이주되었다가 소수 약자로 남았다. 일본은 식민지정책의 부산물인 재일 한국인을 소수 약자로 인정하지 않고 아이누(Ainu) 족만을 약자로 규정한다. 인도의 달릿은 카스트(Caste)에 의해 가장 낮고 천한 신분이 되었다. 특히, 필리핀의 민다나오(Mindanao) 섬의 이슬람인인 모로(Moro) 족은 종교적 이유 때문에 소수 약자로 취급되고 있다.

문화적 정체성을 잃지 않고, 정치적 해방에 관하여 그들이 말할 수 있는 신학적 자리를 발견해 내는 것이다. 이러한 노력은 비기독교 문화적인 언어와 상징들을 통하여 정치적 해방에 대한 성서의 복음을 어떻게 이해할 것인가의 문제에 부딪친다. 기존의 백인 중심의 교회구조가 거듭나야 하며, 이 거듭남을 보프(Leonardo Boff)는 '교회의 창조'(Ecclesiogenesis)라 칭하였다.69) 제3세계 신학은 다원주의적이며 해방하는 예언자적인 그리고 변화 가능한 새로운 에클레시아에 대한 전망을 가능케 한다.

제3세계 신학은 이주노동자들에게도 그대로 적용된다. 이주노동자들의 한국사회에서의 지배적 차별문화에 대한 적응은 마치 '개종'과도 흡사한 상황이다. 이주노동자들의 문화적 전통이나 관습은 인정되지 않으며, 인권 차별적인 상황을 강요당하고 있다. 이주노동자들의 문화적 차이는 인정받지 못하고 있는 것이 현실이다. 체류국의 인종적 차별 문화에 순응, 적응하며 통제와 관리의 대상으로 살아가야 하는 것이 지금의 현실이다. 그러나 이제 한국사회에서도 이주노동자들이 스스로의 목소리를 내고 스스로의 문제를 신학적인 주제로 삼아야 한다.

2) 남미 해방신학

해방신학은 해방의 작업을 원초적으로 구체적으로 실천(Praxis)하는 운동이기 때문에 행동 중심 신학(Doing Oriented Theology)이라고도 한다. 제2차 바티칸 공의회는 '교회의 교리적 체계화'

---

69) Leonardo Boff, Eccesiogenesis, *The Base Communities Reinvent the Church*, Trans. by R. Barr (Maryknoll, New York: Orbis Books, 1986).

(Lumen Gentium)의 영향을 받아 1968년 메델린(Medellin)에서 열린 라틴아메리카 주교회의에서 해방운동에 신학적 의미를 부여하여 '해방신학'이라는 용어를 확정지었다.70) 해방신학의 사상적 선구자는 파울로 프레이리(Paulo Freire)이다. 프레이리는 남미 교회로 하여금 인권 투쟁에 개입하도록 지대한 영향을 끼쳤고, 해방신학의 중추가 되는 '프락시스'(Praxis)71) 개념을 제공하였다. 해방신학은 자국 내 지배 엘리트들의 정치 경제적 수탈로 인한 '내적 식민주의'(Internal Colonialism)와 외국의 경제적 종속과 지배에 의하여 야기되는 '외적 신식민주의'(External Neocolonialism)를 상정한다.72) 해방신학을 형성하는 주요 요소는 방법론적인 측면에서는 프락시스, 정치적 태도로는 이데올로기 비판,73) 의식적인 차원에서는 성서에 대한 새로운 시각과 의식, 교회의 역할에 대하여는 가난한 자들과 함께 하는 교회 선교 신학의 특징을 가진다.74)

해방신학의 실천적 대안 중 하나가 기초 교회 공동체 운동이

---

70) 라틴아메리카의 해방신학은 주요 세 신학자 즉 페루의 구티에레츠(G. Gutierrez), 우루과이의 세군도(Juan Luis Segundo), 브라질의 보프(Leonardo Boff)에 의해 발전하였다. 이 세 사람은 모두 가톨릭 사제이며 유럽에서 신학을 공부했다.
71) 프락시스라는 말은 '생각하는 행위'라는 뜻이다. 프락시스는 이론과 분리된 행동이 아니라 사고와 병행하는 행위라는 의미이다. 여러 가지 태도나 이론에 대한 계속적인 재고가 수반되며 이러한 재고를 바탕으로 다시금 행동의 방향이 설정된다.
72) Gustavo Gutierrez, *A Theology of Liberation*, Trans. by Maryknoll (New York: Orbis Books, 1973), 성염 역, *해방신학* (왜관: 분도출판사, 1977), 30. 1968년 콜롬비아 메델린에서 개최된 제2차 남미 주교회의(CELAM)에서 공식문서로 채택된 메델린 문서에 잘 나타나있다.
73) 특히 발전주의를 거부한다.
74) 고재식, *해방신학의 재조명* (서울: 사계절, 1986), 27.

다. 바레이로(Alvaro Barreiro)는 "교회는 모든 이들의 교회이기도 하지만, 특히 부유한 이들의 교회이다."라고 말한다. 하우어딘(G. Hourdin)은 "그리스도 교회는 많은 사람들의 눈에 수천만 명에 달하는 부자와 백인들의 전유물로 비쳐져 왔다"고 비판한다.[75] 기초 교회 공동체의 탄생은 교회가 가난한 이들에게 기쁜 소식을 선포하라고 하신 주님의 명령을 진지하게 받아들일 때 어떠한 일이 일어나는지를 잘 보여주는 사례이다. 기초 교회 공동체(Commuidades Eclesias de Base)는[76] 가난한 자들 가운데서 복음화 운동이 일어났던 1950년 말부터 1960년 초 사이에 브라질에서 태어났다. 라틴 아메리카 교회 해방 운동은 '공동체를 통하여 이룩되는 해방'(Liberation comes through Community)이라고 불리우는 기초 공동체를 형성하는 운동에서 발전한 것이다. 제2차 바티칸 공의회는 '교회의 교리적 체계화(Lumen Gentium)'와 더불어 새로운 교회론에 대한 신학적 가능성에서 같은 흐름을 가지고 있다.[77] 바티칸의 개혁은 라틴 아메리카에 집중되었다. 1968년 메델린(Medellin)에서 개최된 라틴아메리카 주교회의에서 기초 교회 공동체가 실제적인 가능성과 교회론의 필요한 부분을 제공하였다. 기초 공동체를 평신도들에 의해 수행되는 '하나의 교회'로 인정하는 가톨릭의 공식적인 입장이 처음으로 발표되었다.

---

[75] Alvaro Barreiro, *Basic Ecclesial Communities:The Evangelization of the Poor*, 이기우 역, *기초교회 공동체*(서울: 성바오로 출판사, 1990), 24.

[76] Base는 라틴어 Basic에서 유래한 말로 밑바닥(Base), 근본적이거나 본질적인 것(basic), 작동의 근거(Base of Operation)를 뜻하며, 통속 라틴어에서는 천시되거나 무시되는 비천한 것을 뜻한다.

[77] 레카르로 추기경은 1962년 12월 6일 행한 유명한 연설에서 '가난한 이들 가운데 교회가 존재해야 한다'고 하면서 이러한 교회의 신비와 본질적이고도 일차적인 계시가 교회헌장에서조차 언급되지 않았다고 비판한다. M. D. Chenu, *Vatican II and the Church of the Poor* (1962), 57.

구띠에레이즈는 해방신학에서 해방의 단계를 세 가지로 이야기한다. 첫째 단계의 해방은 압제 받는 대중과 사회계급의 염원을 표현하는 것으로서 강대국의 제국주의적인 지배와 그 종속에서 벗어나는 것이다. 둘째 단계의 해방은 역사에 대한 새로운 이해로 인간을 '자기 운명을 의식하고 책임지는 존재'로 인식하는 것이다. 다시 말해 인간이란 진정한 자유와 새로운 인간성 그리고 질적으로 변혁된 사회를 추구하는 노력의 주체로 본다. 셋째 단계의 해방은 성서가 말하는 것으로서 '그리스도가 가져오는 해방'이다. 인간의 불의와 압제와 근본적 죄로부터의 해방. 이는 이기심을 극복하고, 참 자유로운 존재가 되게 하여 하나님과 이웃과 진정으로 교제할 수 있게 한다. 구띠에레이즈는 발전주의를 비판하면서 이데올로기적 선택을 강조한다. 그는 가난한 사람과 억압당하는 자들의 편에 서서 그들과 연대하여 해방을 위한 투쟁에 참여하는 길을 선택의 출발점으로 삼는다.[78] 이주노동자들 역시 이중적 착취구조에 놓여 있다. 신자유주의 세계화로 해외로 이주노동을 나갈 수밖에 없는 수탈 구조와 타국에서 단순 노동력으로 취급받으며 수탈당하고 있는 것이 이주노동자들의 현실이다.

3) 북미 흑인신학

흑인신학의 핵심적인 내용은 예수의 구원 사건을 해방 사건으로 이해하는 것이다. 이 해방은 인종차별적 구조로부터의 해방을 말한다. 북미 흑인 신학의 출발점은 북미에서 행해진 흑인들에 대한 인종차별과 이를 지지하는 사회적 불평등 구조를 겪는 흑인들의 삶의 정황에서 출발한다. 흑인교회는 '백인신학'이 흑인을

---

[78] 참조, Gustavo Gutierrez, "Liberation and Development," in *A Theology of Liberation* (New York: Orbis Books, 1973).

이해하지도 못하고, 또한 흑인에게 아무런 도움도 주지 못한다는 사실을 폭로하기 시작하면서 발전하였다. 흑인신학이란 이름은 1969년 제임스 콘이 <흑인신학과 블랙 파워>(Black Theology and Black Power)에서 처음 사용하면서 신학적 의미가 정형화되었다. 앞에서도 말했듯이 콘은 '색깔(인종)의 경계선의 문제'를 새롭게 조사해야 한다고 문제제기를 한다. 신학은 자유를 위한 투쟁에서 하나님이 흑인들을 어떻게 다루어왔는지를 말하는 흑인들의 이야기에 반영된 경험 즉 흑인들의 사회, 종교적 경험을 조사하는 과정을 통해서 의식적으로 형성되어야 한다는 뜻이다.[79] 이는 인종차별을 신학화하는 작업으로서 콘은 백인들의 종교와 신학은 다스리고 부리고 가르치는 압제자의 입장에서 만들어졌고, 그러한 입장에서 재해석되어 이어져왔다고 주장한다.

제임스 콘은 <그리스도의 흑인 됨>을 주장한다. 이는 단순한 피부 색깔을 말하는 것이 아니다. 콘은 다음과 같이 비판하였다.
"윤리신학자 리챠드 니버(Reinhold Niebuhr)조차도 해방을 위해서 싸우는 흑인들의 의식에 비추어 복음을 분석하지 못함으로써 인종차별적이고 정의롭지 못한 사회구조를 솔직히 다루지 못했다. 백인들은 급진파, 보수파를 막론하고 마찬가지다. 미국의 신학은 백인들의 문화, 정치적 이익에 비추어서 복음을 해석해오면서 자신의 문화와 역사 속에 갇혀 있다."[80]
신학은 보편적인 언어가 아니라 이해가 얽힌 언어로서[81] 인종

---

[79] James. H. Cone, *God of the Oppressed*, 현영학 역, 눌린 자의 하느님 (서울: 이화여자대학 출판부, 1994), 33.
[80] Ibid., 71.
[81] Ibid., 61.

차별을 하면서도 동시에 기독교인이 될 수 있다는 백인들의 이중적 잣대를 비판한다.[82] 하나님은 백인 인종주의자가 아니라는 것이다.

"하나님은 가난하고 도움 받을 곳이 없는 사람들을 자유하게 하기 위해서 오셨다."[83]

제임스 콘은 백인 중심의 인종차별적인 신학에 근본적인 문제를 제기한 것이다.

흑인 신학은 해방과 화해에 관심을 가진다. 화해와 관련하여 말하자면 그리스도의 사랑이 사회적, 정치적 정의와 상관없다거나, 신령화 하는 식으로는 얻을 수 없다는 주장이다. 제임스 콘은 말했다.

"해방과 화해는 서로 연결되어 있으며, 하나님에 의해서 이루어질 때에만 의미가 있다".

또 그는 말했다,

"노예제도가 존재한 일이 없다거나, 우리가 사형을 당하고 총탄세례를 받은 일이 없다거나, 육체적, 정신적 인내력이 폭발 직전에 와 있지 않다거나 하는 식의 화해를 흑인 신학자들은 거부해야 한다."[84]

그리고 제임스 콘은 다음과 같이 비판했다

"화해를 단순히 조화와 평화의 개념만으로 보면 지배자에게 유리하게 역할하는 이데올로기로 전락하고 만다. 모든 사람이 다 억압을 당하고 있는 것은 사실이지만, 사람들을 사회적, 정치적,

---

[82] Ibid., 337-338.
[83] Ibid., 186.
[84] Ibid., 302.

경제적 얽매임에서 해방시키기 위한 삶을 사는 사람들만이 그 해방의 실천을 통해서 억압과 자유의 변증법을 이해할 수 있다. 그러므로 백인 신학자들이 '우리는 다 똑 같이 억압받고 있다.'고 말할 때, 그들은 진리를 이해하지 못하면서 진리를 말하고 있는 것이다."85)

화해의 성서적 견해를 이해하려면 문제를 억압적인 사회 안에서의 자유의 투쟁과 관련시켜 보아야 한다. 흑인들의 화해는 노예로 만들려는 모든 세력에 대항해서 싸우는 것을 의미한다. 백인들에게 화해란 노예화의 세력이 회개하여 인간적 차원으로 복귀함과 동시에 흑인 해방에 책임지는 것을 의미한다.86) 화해는 억압과 노예상태로부터 해방되고, 눌린 자들이 주관적으로 또 객관적으로 만족에 이르는 새로운 생활양식이기도 하다. 제임스 콘은 주장했다.

"하나님의 화해는 하나님이 약한 자와 의로운 자들 편에 서서 이 세상의 정치에 구체적으로 개입함으로써 그것을 만들어낸 사람들과의 '새 관계를 형성하는 것'을 의미한다."87)

4) 아프리카신학

아프리카 신학은 백인의 지배에 저항하는 해방신학으로서 아프리카의 정치, 사회, 문화적 상황에 근거한다. 그리스도가 선포한 해방의 복음과 아프리카 인들의 문화적 전통을 접맥하는 토착

---

85) Ibid., 200-201.
86) Ibid., 316.
87) 하나님의 행위에서 시작된 계약 관계는 제의문 형식을 취하여, 신명기 26:5~10에 나타나있다.

화 신학이다. 아프리카는 1880년에서 20세기 중엽까지 유럽 자본주의 체제 속에 깊이 예속되어 왔다. 1885년 베를린 회의에서 확정된 아프리카 국경선은 식민주의자들이 자신의 이익을 위하여 원주민들의 지리적 환경이나 인종과 문화를 무시하고 나눠 먹기식으로 금을 그은 탐욕의 분계선이었다.

아프리카 분쟁의 불씨 역할을 하는 것이 바로 이 국경선이다. 백인들은 아프리카의 귀중한 자원과 흑인 노동력을 수탈했고, 이 지역을 시장화 하여 이윤을 독점하였다. 16세기부터 시작된 아프리카 노예무역으로 약 5천만 명이 노예로 끌려가야 했다. 19세기 중엽까지 유럽의 열강들은 자국에 유리한 지역을 중심으로 아프리카를 점령하였다. 그러나 1957년 가나를 필두로 1990년 나미비아에 이르기까지 53개국의 아프리카 국가들이 독립하였다. 하지만 아프리카 나라들은 표면적으로 공화제를 채택하고 있지만, 실제로는 소수 백인들의 지배 하에 있거나 군사독재 혹은 일당 독재국가로 남아 있다. 따라서 이들 아프리카 국가들은 지금까지도 정치적 격동과 빈곤, 질병의 악순환에서 해방되지 못하고 있다.

따라서 아프리카 교회들은 백인 전래 교회에서 분리된 독립교회 운동을 추구한다. 독립교회 운동은 외국인의 지배를 벗어나는 것은 물론, 그것을 넘어서서 현대적인 방법으로 아프리카의 복음화를 수행하려는 움직임이다. 독립교회 운동은 그리스도교의 토착화와 영성화라는 두 가지 요소를 아프리카 신학에 제시하고 있다. 독립교회들은 기독교 신앙과 예배의식 등의 여러 측면을 아프리카적 환경에 맞게 주체적으로 적용한다. 특히 독립교회들의 영성화는 아프리카 인들의 종교적 전통과 유산을 창조적으로 신학에 적용하려는 시도이다.

제2차 세계 대전 후 아프리카 해방에 직접적으로 공헌한 사상이 두 가지 있다. 첫째는 아프리카 식민지권에서의 민족주의 운동이다. 둘째는 범(汎) 아프리카 주의(Pan Africanism)이다. 민족주의 운동은 각 식민지 민족들의 독립해방 운동이며, 범 아프리카 주의는 아프리카 대륙 전체의 독립과 해방을 추진하는 운동이다. 아프리카 전역에서 일어난 민족주의 사상은 정치적 억압과 식민지주의적 경제구조에서의 해방과 자립뿐 아니라 식민지주의 때문에 왜곡되었던 아프리카의 정체성을 회복하고 '민족주의적 르네상스'의 꽃을 피워 아프리카의 역사성을 되찾아야 한다는 입장이다. 두 번째는, 아프리카 여러 나라의 해방에 크게 공헌한 범 아프리카 주의의 정치사상이다. 이 사상을 중심으로 1963년 10월 아프리카 통일기구(The Organization of African Unity : OAU)가 결성되었다. 현재 52개국이 가입해 있으며 아프리카 여러 나라의 통일과 생활 향상과 이를 위한 협력과 주권영토의 보호 및 독립의 방위 그리고 식민주의의 제거와 국제협력의 추진 등을 목표로 하고 있다. 특히 1963년에는 아프리카 교회협의회(The Africa Conference of Churches : AACC)가 발족했으며, 캄팔라(Kampala) 회의에서 아프리카의 독자적인 정체성과 신학의 발전을 공식화 하였다. 이 회의에서는 아프리카적 성서신학을 위해 <성서의 계시와 아프리카의 신학>이 문서화되었다. 아프리카 신학은 성서와 아프리카의 전통종교를 기본 자료로 삼았다. 특히 정체성을 위하여 백인 선교사들과 외국 자금에 대한 '모라토리움'(Moratorium)의 문제를 제기하기도 하였다.

아프리카 신학은 세 가지로 나뉜다. 첫째는 아프리카 전통 종교의 신학, 둘째는 아프리카 신학, 셋째는 남아프리카 해방신학적 흑인신학이다.

아프리카 전통 종교의 신학은 주로 존 음비티(John S. Mbiti)에 의하여 발전했는데 <아프리카의 신의 개념>(Concept of God in Africa)에 잘 소개되어 있다. 전통 종교에서는 아프리카 신학의 틀을 만들어준 네 가지 요소를 소개한다. 신, 조상의 혼령(Ancestral Spirit), 선악관 그리고 인간성이다.[88] 특히 인간성은 부족과 공동체라는 맥락에서 해석되고 있다. 전통 종교의 신학은 그리스도교 이전에 아프리카 민족들이 가졌던 그 나름대로의 신(神) 체험에 관한 해석이다.

그러나 아프리카 신학은 전통 종교 신학과 달리 성문화된 신학 서적에 의존해 전개되는 신학이다. 그리스도교 신학이 아프리카화 되기 위해서는 아프리카 인들의 상황과 인식을 반영하는 성서신학이 되어야 한다고 강조한다. 이 결과 1969년 <성서의 계시와 아프리카 신앙>(Biblical Revelation and African Beliefs)이 발표되었다. 특히 아프리카 독립교회운동은 그리스도교 신앙이 토착화되었다는 측면에서 아프리카 신학에 중요한 요소가 된다.[89]

남아프리카의 흑인신학은 알란 뵈삭에 의하여 발전되었다. 남

---

[88] Gwinyai H. Muzorewa, *The Origins and Development of African Theology* (Maryknoll, New York: Orbis Books, 1985), 7.

[89] 참조, 아프리카 신학에 대하여는 Aylward Shorter, *African Theology* (Marykuill, New York: Orbis Books, 1977)이나 John S. Pobee, *Toward an African Theology* (Marykuill, New York: Orbis Books, 1977).

아프리카 흑인신학은 아프리카 신학과 달리 해방에 중점을 두며, 해방자 예수에 대한 강조, 남아프리카 흑인들의 상황에 대한 강조가 차이점이다. 뵈삭은 토착화 신학은 문화신학이나 문화와 종교의 혼합 경향이 있어왔다고 비판한다. 진정한 흑인신학은 예언자적이어야 하며 과거의 전통을 비판적으로 활용함으로써 오늘의 사회에서 인간화와 변혁의 역할을 감당해야 한다고 주장한다. 인종 분리적 상황에서 토착화는 자칫하면 향토신학(Homeland theology) 정도로 인식될 수 있다고 비판한다.[90] 특히 뵈삭의 흑인신학은 제임스 콘이 주장한 '흑인 메시아' 사상에 적극적으로 동조하고 있다. 흑인 신학은 힘을 사회적, 심리적, 역사적 현실로 이해하여야 한다고 본다. 힘은 그 자체만으로는 존재할 수 없는 '관계적인 실재'이다. 그러므로 뵈삭은 지배하는 힘의 외적인 관계에 도전할 수 있으려면, 먼저 본질적인 내적 자기 긍정이 확립되어야 한다고 본다. 힘을 가질 때에 인간은 주체가 될 수 있고, 책임질 수 있으며, 책임 있게 행동하고, 행동을 통해서 자신의 존재성과 타인의 존재성을 실현할 수 있다고 본다. 남아프리카 흑인 신학은 흑인의 상황에서 복음의 실현을 요구한다는 측면에서 전통 서구신학의 수정을 요구한다.

5) 아시아 신학

아시아 신학은 1968년 4차 EACC 총회에서 정의를 위한 민중의 집단적 투쟁(Mass Struggle of People)의 필요성이 강조되면서 시작하였다. 당시 무엇보다도 도시 농어촌 선교(Urban-Rural

---

[90] 이 분야에 대하여는 Allan Boesak, *Farewell to Innocence* (Marykuill, New York: Orbis Books, 1977), De Gruchy, *The Church Struggle in South Africa* (New York: Orbis Books, 1979) 참조.

Ministries : URM)의 필요성이 제기되었다. 이를 계기로 아시아의 신학도 정치, 경제, 사회적 정의를 요구하는 민중들의 상황에 주목하게 되었다.91) 이 신학은 사회, 정치적인 차원들을 신학으로 끌어들여 아시아 민중의 역사적 모순을 극복하려는 것이었다. 특히 한국의 민중신학은 1970년대 박정희 정권의 유신 독재적 억압에 대항하여 일어난 '한국 민중들의 해방운동'에 대한 그리스도교적 응답에서 출발하였다.

아시아 신학에는 두 종류의 학파가 있다. 하나는 '구학파'(Old Schools)로서 아시아 신학이 서구신학의 지배와 종속을 벗어나기 위하여서는 아시아인의 전통적인 철학과 종교 그리고 문화적 유산을 활용해야 한다는 학파이다. 또 다른 학파는 '신학파'(New Schools)로서 정치, 사회적인 방법을 도입하여 사회변혁을 강조한다.

1959년 아시아 교회 지도자들이 아시아 기독자들의 정체성과 상호 관심과 연대감을 나누기 위하여 남아시아 교회협의회를 결성하였고 이어서 1973년에는 아시아 교회협의회(CCA)로 명칭이 변경되었다. 초기 아시아 교회협의회 총회의 주제들은 주로 국가건설의 신학(Nation-building Theology)과 토착화 신학에 중심을 두는 구학파의 경향을 가졌다. 1966년 동북아 신학교협의회(The Association of North East Asia Theological Schools)에서 토착화와 상황화 신학이 논의되기 시작하였다.92) 지금까지 부정적으로만

---

91) 이러한 성향의 신학은 다음의 두 저서가 문을 열었다. Young Bock Kim, Pharise J. Harvery eds., *People Toiling Under Pharaoh:Report of the Action-Research Process on Economic Justice in Asia* (Tokyo: CCA/URM, 1976), Jae Shik Oh ed., *Towards a Theology of People1* (Tokyo: CCA/URM, 1977).

다루던 비기독교적 언어나 문화적 상징체계를 풍부하게 활용하고 신앙의 표현과 소통을 위해서 그것을 새롭게 이해하려는 시도였다. 이 신학은 세속화 과정, 기술과학, 정의를 위한 투쟁 등의 역사적 계기를 진지하게 다루기 시작하였다.

아시아 신학은 그 동안 사회 정치적 측면과 종교 문화적인 측면이 서로 대립하고 논쟁하던 상황을 극복하고 이제 양자가 서로 통전적으로 접근하기 시작했다. 아시아 신학은 무엇보다도 아시아 민중의 종교 문화적인 자각과 사회 정치적인 주체성을 확보해야 한다. 이를 바탕으로 종교문화의 초월적 경험과 사회정치적 실천이 민중 자신들의 경험 속에서 통전적으로 이해되고 뿌리 내릴 수 있을 것이다.

이와 마찬가지로 한국 사회에서의 이주노동자에 대한 차별 극복은 신학적으로도 한국인들의 내국인으로서의 우월의식에서 출발하는 것이 아니라, 이주노동자의 역사와 문화의 과정을 통한 차별 없는 해방을 실천해 나가야 할 것이다.

2) 관계회복을 통한 국경없는마을 형성 신학

(1) 차별극복을 위한 '관계 회복의 신학'
차별 극복은 차별 상황의 해체 및 하나님의 형상으로서의 모든 인간의 공동체적 관계의 재정립에 있다. 제임스 콘은 리챠드 니버(H. Richard Niebuhr)에 대하여도 비판한다. 니버는 그의 저서에

---

92) 동북아시아 신학교협의회의 'Theological Education and Ministry'와 'Text and Context in Theological Education'의 자료를 참조.

서 교파주의와 인종 차이를 논하는 것은 잘한 일이며, 교회가 인종차별적으로 갈라진 것은 신학 때문이 아니라, 사회현실 때문이라고 설명했다.

그러나 콘은 그렇지 않다고 주장한다.

"니버는 타락한 사회적 견해가 신학적 교리에 영향을 미치지 않는다는 것을 전제하기 때문에 잘못되었다. 니버는 신학을 문화적으로 규정하면서 자기의 주장을 과장한다. 니버는 교리가 인종차별주의와도 관련된다는 사실을 보지 못하였기 때문에 백인 교회가 배신하고 있다는 사실조차도 보지 못한다."

결국 니버도 1929년 이후에는 교파주의와 인종 차이 문제에 대하여 일체 언급하지 않았다.93) 한 걸음 더 나아가서 폴 틸리히는 문화신학을 통하여 다음과 같이 주장하였다.

"종교의 성속(聖俗)은 없으며, 교회도 세계로부터 심판을 받는다."94)

또한 파농은 다음과 같이 비판하였다.

"유럽의 풍요는 문자 그대로 차별의 스캔들이다. 풍요는 노예제에 근거하고, 노예의 피로 살찌워졌으며, 저개발 국가들의 땅과 땅 속에서 직접 가져온 것이기 때문이다. 유럽의 복지와 진보는 흑인과 아랍인, 인디언과 황인종들의 땀과 죽은 시신 위에 세워져 왔다."95)

유럽의 부는 저개발국가 민족들로부터 훔쳐온 것이라는 것이

---

93) James. H. Cone, *God of the Oppressed*, 현영학 역, *눌린 자의 하나님* (서울: 이화여자대학 출판부, 1994), 338.
94) Paul Tillich, *Theology of Culture*, 김경수 역, *문화의 신학*(서울: 대한기독교서회, 1981), 51.
95) F. Fanon, *The Wretched of the Earth* (London: Penguin Books, 1990), 76.

다. 이러한 상황에서 흑인들의 가장 심각한 문제는 열등감이 아니라 자신을 비존재로 느끼는 것으로 보았다. 파농은 말했다.

"인간이 새로운 역사를 쓰고, 새 사람으로 출발하기 위해서는 우리의 자유를 타자의 세계를 건설하기 위해 사용해야 한다."

혈통이나 인종에 관한 편견의 장벽은 무너져 내려야 한다.[96] 인종, 계급, 성, 종교와 상관없이 타자의 세계 건설과정에 참여하는 자들만이 새 사람이 될 수 있다.

교회는 타자와의 파괴된 관계 회복에 나서야 한다. 몰트만은 교회는 타자를 위한 존재가 아니라, 타자와 항상 함께 하는 존재로 이해한다. 몰트만에 의하면 우리가 우리 자신을 체험하는 것은 타자와의 만남 속에서이다. 처음에는 타자와 거리를 두고서, 타자와의 차이를 부각시키다가 나중에는 타자와의 모순 속에서 우리는 타자를 만나고 타자와의 다름에 대한 가치를 배우게 된다.[97] 타자와의 만남에 기초한 선교론은 다음의 다섯 가지로 요약된다.

첫째, 선교론은 선교사와 선교 대상 간의 의사소통을 다루는 학문이 아니라 해석학적으로, 문화와 문화를 다루는 학문이다.

둘째, 성서 읽기에서 전제해야 할 것은 상호 들음과 성령을 위한 자리 마련이다.

셋째, 일치는 서로를 용납하고 타자와 공존하고 더불어 살게 하는 능력으로 이해한다. 교회가 이것을 받아들일 때 교회는 배우는 공동체, 섬기는 공동체, 축제 공동체가 될 것이다.

---

[96] Ibid., 116.
[97] Jurgen. Moltman, *God For a Secular Society: The Public Relevance of Theology*, Trans. by Magaret Kohl (London: SCM, 1999), 144-145.

넷째, 선교론은 이방인에 대한 연구를 중요한 의제로 포함시켜야 한다.

다섯째, 해석학적 선교론은 타자, 이방인, 억눌린 자를 강조하기 때문에 주된 관심사는 구체적인 상황 속에 사는 인간들이다. 우리가 구속을 선택할지, 화해를 선택할지는 이 상황에 달려있다. 해방과 화해는 서로 교환할 수 있는 개념도 아니지만, 본질적으로 분리된 개념도 아니다. 대신에 그 둘은 '혼동하거나 분리되지 않고' 함께 속한다.

선교의 기초 역시 관계 회복에서 시작한다. 독일의 신학자 순더마이어(Theo Sundermeier)는 '낯선 자와의 만남의 신학'을 이야기한다. 타인을 이해하고 그 만남을 해석함으로써 선교를 실천하자는 것이다. 교회는 낯선 자를 통하여 정체성을 갖는다. 나 혹은 교회는 타인과 언제나 '함께 있음'으로써 사회적 차원을 지닌다. 이는 '함께 어울려 삶'이며 '함께 나눔'이다.98)

관계 회복은 갈등을 포함한다. 볼프강 게른은 갈등을 허용하고, 그 갈등을 통해 상호 학습과정을 가질 것을 요구한다. 제1세계가 <문화 간 신학>을 이야기하면서 타인의 도움을 빌려 오직 자신의 정당성만을 뒷받침하는 신학을 경계한다. 그는 말했다.

"문화적 의사소통을 생산적이게 하는 것은 위로부터 즉, 권력의 중심에서 나오지 않고 아래로부터 즉, 주변부에서 나온다."99) 이

---

98) Theo Sundermerier, *Konvivenz und Differenz:Studien zu einer Missionswissenschaft:anl Lich seines 60. etc*, Geburtstages, Erlangen, Verlag der Ev.-Luth, Mission, 1995.의 책과 기타 단행본, 논문들을 참조하여 채수일 편역, *선교신학의 유형과 과제*(서울:대한기독교서회, 1999)가 출판되었다.
99) Wolfgang Gern, "Entwrfe interkultureller Theologie berneue Literatur

는 민중의 삶과 투쟁의 무기로서 노동, 공동체, 운동 등 모든 차원을 포괄한다는 관점과 일치한다.100) 차별문화 극복을 위한 신학적 반성은 민중문화의 총체성의 바탕 위에서 전개되어야 한다.

(2) 관계 회복으로서 '코이노니아 신학'

코이노니아는 화해를 선포하고 치유를 제공하며, 인종과 성별, 연령, 문화, 피부색에 따른 분열을 극복하고, 온 인류가 하나님과의 사귐 관계에 들어가게 하는 일이다. 1993년 세계 기독교 교회협의회(WCC) 제5차 '신앙과 직제 세계대회'에서 신앙과 직제 위원회는 변혁시대의 '새로운 교회 모습'으로 '코이노니아로서의 교회의 신장'을 제시하였다.101) 본 대회의 문서에서는 신학적인 전통과 각기 다른 문화, 인종 혹은 역사적 상황에 뿌리가 있는 다양성은 사귐으로서의 교회의 본성과 불가분의 관계가 있음을 규정하였다.102)

코이노니아는 관계의 개념을 기초로 하고 있다. 코이노니아(Koinonia)는103) 성도의 교제를 나타내는 그리스어이다. 교제 또는

---

  am Beispiel Asiens," in *Pastrol Theologie*, 79 Jrg., (1990. 12.), 559-582, 한국신학연구소 역, 문화간 신학의 구상들, *신학사상*, 72 (서울:한국신학연구소, 1991), 230.
100) 이정희, "성서의 해방문화와 민중문화의 합체," *신학사상*, 60 (서울:한국신학연구소, 1988), 68.
101) 1993년 스페인 산티아고 데 콤포스텔라(Santiago de Compostela)에서 제5차 신앙과 직제 세계대회가 '신앙과 생활과 증거에서 코이노니아를 지향하여(Towards Koinonia / Communion in Faith, Life and Witness)'라는 주제로 열렸으며 '코이노니아로서의 교회의 신장'을 제시하였다.
102) 제5차 신앙과 직제 세계대회의 '신앙과 생활과 증거에서 코이노니아를 지향하여(Towards Koinonia / Communion in Faith, Life and Witness)' 문서를 한국기독교학회, *교회와 코이노니아*(서울: 대한기독교서회, 1993), 378-379.에서 재인용.

사귐(Fellowship)으로 번역되는 말로서 본래 '어떤 것을 서로 나눈다'를 뜻한다. 물자를 서로 통용하는 행위(행 2:44, 4:32), 성도들의 필요를 채워주는 행위(롬 12:13, 고전 10:24), 핍박 받는 성도들과 교회를 위해 기도하는 행위(갈 6:2, 살전 5:12-13), 주의 만찬을 나누는 행위(고전 10:16, 고후 1:5-7), 핍박에도 불구하고 함께 복음을 증거하는 행위(빌 4:15, 롬 15:23-24) 등을 말한다. 즉 그리스도인이 그리스도 예수 안에서 하나님과 이웃과 함께 나누는 공동체적인 삶 자체가 '코이노니아'이다.104) 코이노니아의 개념이 구약성서에는 구체적으로 나와 있지 않지만, 그 기초를 이루는 선례는 '계약사상'이다. 모세 시대에 이스라엘 백성에게 주어진 시내산 계약을 가장 명료하게 재현시킨 부분은 십계명(출 20:1-20), 계약법전(출 20:22-23:19), 성결법전(레 17-26장) 그리고 신명기 법전(신 12-26장)이다. 계약사상에는 '공동체 연대책임'(Community Solidarity) 혹은 '집합적인 개인'(Corporate Personality) 정신이 있다. 하나님의 공동체를 한 개인으로 이해하기도 하고, 거꾸로 한 개인을 한 공동체를 대변할 만큼 중요성을 띤 공동체적 존재로 간주하기도 했다.105) 그러나 이러한 코이노니아는 전통과 기존 문화가 형성한 관계와 민족적 관

---

103) 1993년 8월 스페인 산티아고에서 개최된 세계기독교교회협의회(WCC)의 제5차 세계대회의 주제가 '신앙생활과 증거에서 코이노니아/교제를 지향하여(Toward Koinonia/Communion in Faith, Life and Witness)이었다. 코이노니아는 다양한 해석을 배제하지 않으면서, 동시적으로 이해되어야 하며, 서로 보충하고 서로를 수정하고 해석하기 때문에 이 단어를 그대로 사용한다.
104) Robert W. Wall, "Community:New Testament Koinonia," in *The Anchor Bible Dictionary*, vol.1, ed. David N. Freeman (New York: Doubleday, 1992), 1107.
105) 이형원, "하나님의 백성의 코이노니아를 위한 구약 성서적 제안," 한국기독교학회, *교회와 코이노니아* (서울: 대한기독교서회, 1993), 130-131.

계는 물론 혈연적 관계도 뛰어 넘는 '새로운 공동체적 관계'이다.

코이노니아는 하나님과의 관계 속에서 샬롬을 실천하는 삶이다. 코이노니아의 특징은 하나님의 백성으로서 약한 자, 고아, 과부 그리고 소외당한 자들을 보호하고, 이웃을 사랑하며, 핍박 받는 이들에게 피난처와 환대를 제공하는 일에 전력을 다하는 것이다. 그러나 코이노니아의 실천은 갈등을 불러올 수 있다. 특히 예수가 하나님의 백성 속에 천한 사람들을 포함시켜 106) 모든 백성에게 사귐의 기회(코이노니아)를 제공했을 때, 이 행동이 긴장의 원인이 되었고 코이노니아는 투쟁과 고통을 통해서만 얻을 수 있다는 것이 밝혀졌다..107) 따라서 코이노니아로서의 교회는 공동체 자체의 고난뿐 아니라 그 밖의 모든 고통에 참여할 수 있도록 부름을 받은 셈이다. 그 고통이란 가난한 자와 도움을 필요로 하는 자 또 한계 상황에 있는 자들을 변호하고 보살피며, 인간 사회 안에서 정의와 평화를 위한 모든 노력에 힘을 보태고, 창조 세계의 책임적인 청지기 직을 실천하고 증진시키며, 인류의 심령에 산 희망을 유지하는데서 온다.

온 세계의 섬김, 곧 디아코니아와 코이노니아는 서로 분리될 수가 없다. 교회 공동체는 윤리적인 목표를 표명하는 모든 사람과 연대하도록 부름 받았다. 교회가 다른 종교 공동체들이 포함된 사회적, 인종적, 민족적 갈등의 평화적 해결에 기여하는 것은 하나님께서 주신 지상 명령이다.108) 교회는 깨어진 관계의 갱신

---

106) 누가복음, 5:27-32, 19:1-10
107) 한국기독교학회, *교회와 코이노니아* (서울: 대한기독교서회, 1993), 385-386.

을 위해 일해야 하며, 깨어진 세계를 향한 복음의 선포는 영적, 도덕적, 문화적, 사회적 그리고 경제적, 정치적 차원까지 포함한 전 인간의 실존을 고려해야 한다.109) 하나님은 그리스도인들을 부르셔서 '새 하늘과 새 땅'을 위한 '가시적인 표상'을 창출하면서 치유와 화해의 과정에 참여하게 하고 있다. 교회가 진정한 코이노니아 안에서 살고 또 디아코니아에 신실할 수 있는 한, 교회는 '예언자적 표징'으로서 교회를 초월하여 하나님 나라의 완성으로 나아간다.110)

(3) 공동체 축제 문화로서 국경없는마을 '콘비벤츠'

'콘비벤츠'는 먼저 이웃 사람들과 함께 사는 것을 의미한다. 라틴아메리카 해방신학은 코이노니아보다 '콘비벤츠(Konvivenz)'를 더 선호한다. 콘비벤츠는 가까이 살면서 어려움이 있을 때 함께 의지하는 것을 말한다. 콘비벤츠는 공동체의 삶에서 서로에게 귀를 기울이고 서로에게서 배우는 것도 의미한다. 콘비벤츠는 일상에서 '차이'를 긍정하고 존경한다. 그러므로 획일적으로 통합하려 하지 않고, 일치를 인위적으로 만들려고 하지 않는다. 일상적인 생활을 단순하게 이웃과의 관계에서 실현한다. 콘비벤츠는 이것을 '잔치를 벌이는 공동체'를 통하여 실현한다고 한다.111)

순더마이어는 '잔치'는 일상생활로부터의 기분 전환이 아니라,

---

108) Ibid., 391.
109) 누가복음 4:18-19.
110) 이 땅에서 이주노동자에 대한 문화적 차별을 구체적으로 극복하기 위한 하나님 나라의 표상으로서의 대안 공동체의 형성이 필자의 목적이다.
111) Theo Sundermerier, *Konvivenz und Differenz:Studien zu einer Missionswissenschaft anl Lich seines 60. etc*, 채수일역, *선교신학의 유형과 과제* (서울: 대한기독교서회, 1999), 294-295.

하나의 세계를 건설하는 것이라고 본다. 잔치는 일상생활의 우발성이나, 임의성, 우연히 지배하는 것과 다르다. 잔치는 평범한 질서를 지양한다. 잔치에는 '전혀 다른 것'이 침입한다. 사람은 자신을 넘어선다. 잔치는 전적으로 공동체적 행사이며, 모든 사람이 참여하여 잔치의 성공에 기여한다. 프로테스탄트 교회들은 잔치의 깊은 인간적이고도 신학적인 의미를 상실했다. 순더마이어는 잔치는 자본주의자들과 마르크스주의자가 말하는 것처럼 보다 효과적인 노동을 잠시 쉬는 것이 아니라고 주장한다.

순간적이지만 잔치에 참여하는 모든 사람들은 '삶의 충만'을 경험한다. 민중신학은 다원주의적 입장에서 차이점을 인정함과 동시에 다른 사람들과의 일상생활에서 삶의 충만함, 함께 하는 삶, 차별성 속에서의 융화, 잔치 즉 '차이 문화와 잔치 문화'를 개발할 필요가 있다.[112]

아쓰만(J. Assmann)은 잔치가 문화와 종교에 갖는 중요성을 일상생활을 통하여 설명한다.

첫째는 '우연'의 영역으로서 계산 불가능한 리듬과 우발성을 들고 있다. 잔치는 이런 리듬과 우발성을 준다.

둘째는 '결핍'의 영역으로서 가난한 나라에서는 식량과 옷, 집, 건강이 결핍되어 있고, 부유한 나라에서는 시간과 친구와 의미의 결핍이 심각하다. 이 결핍으로부터 불만과 시기가 나온다. 잔치는 이 불만을 해결한다.

셋째는 '반복'으로서 이는 일상생활을 해결해주지만 단조로움에 빠지게 한다. 잔치는 바로 이런 단조로움을 없앤다.

---

[112] Ibid., 295-297.

(4) 국경없는마을 형성을 위한 공동체 신학

국경없는마을 형성을 위한 공동체 신학은 고난과 해방에서 출발해야 한다. 제3세계 신학은 현실에서 경험할 수 있는 역사적이며 정치 사회적인 모순에서 오는 고난에서 시작한다. 이러한 고난을 가장 현실적으로 이해하고 포착할 수 있는 계층은 억눌림을 당하고 있는 민중이다. 세군도(H.L.Segundo)는 신학을 포함한 모든 사고체계는 존재하는 사회적 상황과 계층적 이익을 대변하는 이데올로기적 당파성을 벗어날 수 없다고 주장한다.113)

국경없는마을 형성을 위한 공동체 신학은 고난 받는 자 자신들의 해방 문화를 반영한다. 제3세계 신학의 특징은 지역의 문화적, 언어적, 심리적, 사회적 계급들 안에서 구체화된다. 제3세계 신학은 진정한 의미에서 토착화 신학의 특징을 가지고 있다. 즉 구체적인 제3세계 민중의 정황에서 민중들의 언어, 민속, 민중종교 등을 신학에 과감히 도입할 수 있어야 한다. 남미의 해방신학도 토착화 신학의 성격을 분명하게 지니고 있다. 보프(L.Boff) 신부도 토착화 신학의 핵심 요소가 되는 혼합주의를 과감히 옹호하고 있다.114) 그리스도교의 동일성은 실천을 통하여 유지되는 동일성을 의미하며, 그것이 무엇이든 모든 종교적, 문화적 혼합주의 속에서도 확인되어야 한다.

---

113) 세군도는 이를 민중의 해석학적 특전(hermeneutics privilege of people)이라 하였다. 보다 자세한 내용은 Juan L. Segundo, *The Liberation of Theology* (Maryknoll, New York: Orbis Books, 1976)의 제1장 참조.
114) Leonado Boff, *Church, Charisma and Power:Liberation Theology and the Institutional Church* (New York:Crossroad Publishing Co., 1985), 성염 역, *교회의 권력과 은총*(서울: 성요셉 출판사, 1990)으로 출판되었다.

국경없는마을 형성을 위한 공동체 신학은 하나님 나라가 이 땅 위에 실현되고 구체적으로 앞당기는 참여, 나눔, 연대를 지향하는 공동체적 신학이어야 한다. 특히 선교가 하나님의 구속 의지를 펴 나가는 것을 의미한다면, 이 구속 사건은 현대적 상황에서 하나님 의 해방 사건에 동참하는 것을 의미한다. 정치적으로 억압받고, 경제적으로 착취당하고, 성적으로 차별받고, 인종적으로 차별받 고, 문화적으로 무시되는 가난하고 힘없는 사람들을 위한 대안으 로서의 공동체 형성을 위한 신학은 매우 의미 있는 작업이다.

국경없는마을 형성을 위한 공동체 신학은 연대성이 강조되어야 한다. WCC를 중심으로 한 교회의 에큐메니칼 신학은 일치(Unity) 의 문제를 부각시켜 왔다. 그러나 일치만으로는 사회, 정치적인 문제를 해결할 수 없다. 그리스도인들은 외딴 곳에서 은둔 생활을 할 게 아니라, 원수들 가운데 살아야 한다. 하나님의 나라는 그대 들의 원수들 가운데 있다.[115] 대안 형성을 위한 공동체 신학의 연 대 개념은 자주적이며 주체적인 문제의 고유성을 함께 인정하면 서 구원과 해방의 복음적 과제에 함께 협력하고 동참한다는 고난 의 나눔(Sharing)이 밑바닥에 깔려있다. 이러한 나눔과 연대를 가 능하게 하는 신앙적 근거는 관계 회복의 코이노니아(Koinonia) 정 신과 관계 회복을 통한 축제로서 '콘비벤츠'(Konvivenz)이다.

---

[115] Dietrich Bonhoeffer, *Life Together*, 문익환 역, 신도의 공동생활 (서 울: 대한기독교서회, 1993), 17.

3) 기초 교회 공동체 운동과 국경없는마을

(1) 기초 교회 공동체의 명칭

기초 공동체의 명칭과 정의는 각 대륙마다 조금씩 다르게 표현된다. 이는 기초공동체를 통하여 실현하고자 하는 목표에 대한 강조점이 조금씩 다르기 때문이다. 제일 처음으로 사용된 것은 '기초 공동체'(Comunidades de Base, Basic Community, Grass-roots Community)라는 명칭이다. 이것은 브라질의 가톨릭교회에서 실시한 '의식화 교육' 프로그램인 '기초 교육 운동'의 결과로 생겨난 작은 공동체들에 붙여진 이름이다. 이들은 교육, 문맹, 건강, 아동보호, 실업, 직업훈련의 문제 및 신앙생활에 관심을 두었다. 기초 공동체라는 명칭이 맑스주의자들의 '기초 세포'(Basic Cells)라는 용어와 혼동하기 쉽고, 정치운동이나 혁명 그룹에 의해 이용당할 우려가 있어 '기초 교회 공동체'(Commuidades Eclesias de Base : CEBS)라고 부른다. 아프리카에서는 전통적인 공동체 의식 속에서 교회의 뿌리를 내리려는 '교회의 토착화'를 목표로 하여 '작은 크리스천 공동체'(Small Christian Community)라고 부르기도 한다. 아시아에서는 선교적 교회로서 '평신도 사도직'을 실현하려는 목표로 '크리스천 기초 공동체'(Basic Christian Community)라 부르고 있다.116)

(2) 기초교회 공동체의 정의와 의미

라틴아메리카 메델린 주교회의에서는 기초 공동체에 대하여 다음과 같이 정의하고 있다.

---

116) 김영호, "교육선교와 크리스천 기초공동체 운동," 기독교사상, 1985.1 (서울: 대한기독교서회, 1985), 37-38.

"기초 공동체는 교회의 원초적, 근본적 핵심이다. 그 자체의 수준에서 그것은 신앙을 표현하는 예배만이 아니라, 신앙의 성장과 확장에 대한 책임을 져야 한다. 따라서 이러한 공동체는 교회적 구조의 기본적인 세포이며 복음화의 초점이 된다. 그리고 현재 인간의 향상과 발전을 위한 중요한 원천으로 봉사하고 있다."[117]

기초 교회 공동체의 의미는 해방신학의 프락시스에 근거한다. 해방신학은 '진리를 실천하는 일'에 역점을 둔다. 첫째로 '기초'는 사회학적, 신학적, 설명적, 전략적 네 가지 의미를 가진다. 사회학적으로는 대중적이고 민중적이며 사회의 가장 낮은 차원으로서 가난한 자들, 변두리로 밀려난 자들을 의미한다. 신학적으로는 기본적인 그리스도인의 요소들을 의미한다. '지금 이곳에 존재하는' 사람들에게 진정한 구원의 사건이 된다. 설명적 의미에서 기초(Basic)란 말은 라틴어 '바탕'이라는 말에서 나왔다. 그것은 교회의 기본 조직이다. 전략적 의미로는 어떤 제도든지 변화해 나가는 삶의 과정과 계속적으로 연결되는 민중적 차원의 조직망을 의미한다.[118] 두 번째로 '교회'는 기초 교회 공동체의 기본적 동기가 예수 그리스도께 대한 믿음과 그분의 계명대로 살려는 열망이며, 성령의 힘에 의한 자신의 사명을 수행하려는 의지이다. 그래서 기초 교회 공동체는 지역 교회와 세계 교회와의 일치 안에 머물러 있다.[119] 세 번째로 '공동체'는 집합적인 차원에서의

---

[117] 기초교회 공동체에 대한 연구는 Jose Marine, "Basic Ecclesiastical Communities in Latin America," in *IRM*, vol.68, (Jul,1979), "BCCs in Latin America," in *LADOC* (Latin America Documentation Keyhole Series, 1975) 참조.
[118] 호세 마린스, *민중의 교회*, 정승현 역(서울: 한국천주교중앙협의회, 1982), 27-28.

상호 협조, 상호 이해, 공존의 관계를 의미한다. 공동 가치, 공동 헌신, 공동 사명에 의식적이고도 인격적으로 참여하는 집단을 의미한다. 공동체는 삶 전체, 인간 존재의 근본적이고도 사회적 차원에서의 공동 목표(가정, 교육, 건강, 경제, 정치, 여가, 종교 등)에 입각하여 전반적으로 응답하는 것이다. 특히 공동체는 다양성을 지니고 있다. 나이, 사회적 입장, 성, 문화, 종교, 종족, 의식 차원, 종교적 실천 등에 있어서 가지각색이다. 공동체는 형제적 본성에서 상호 인격적인 관계를 형성한다.120)

그러나 기초 교회 공동체는 어떤 고립된 현상이거나, 반대하는 그룹 혹은 메시아 그룹이 아니다. 또한 자생적인 공동체이거나 단순히 토의하고 기도하며 봉사하는 그룹이 아니다. 특히 사도적 내지 목회적 운동이거나 신심 단체 내지 수도회가 아니다. 기초 교회 공동체는 오늘의 모든 문제를 해결해 주는 휴대용 사전이 아니다. 시대의 요청에 따라 새롭게 해방하며 구원하는 자아의 헌신과 전망을 가지고 자신을 반성하는 공동체이다.121)

(3) 기초 교회 공동체의 형성과정
기초 교회 공동체 운동은 브라질에서 3가지 경험 즉, 복음화 캠페인, 기초 교육 운동, 전국 5개년 사목계획이 수렴되어 발전되었다. 첫째, 복음화 캠페인은 1956년 로씨(Dom Agnelo Rossi) 주교가 주도하였다. 교구 가운데 사제가 찾아갈 수 없는 지역의 농부나 노동자를 선발하여 지역 공동체의 지도자로 선발한 다음 그

---

119) Ibid., 28.
120) Ibid., 29-30.
121) Ibid., 32-37.

들로 하여금 '사제 없는 미사'를 드릴 수 있게 한 것이다. 1957년 에는 이러한 공동체가 475개나 형성되었다. 두 번째로 기초 교육 운동은 살레스(Dom Eugenio Sales) 주교를 중심으로 나탈(Natal) 대교구에서 실시한 의식화 교육 프로그램에서 비롯되었다. 이것은 민중들에게 그들이 당면하고 있는 문제들을 스스로 깨닫게 하기 위하여 읽기와 쓰기 등을 함께 배우게 한 것이다. 이러한 의식화 교육은 라디오 학교(Radio School)라는 교육센터를 세우고 라디오를 통해 프로그램을 지도하였다. 대부분의 사람이 가톨릭 신자이어서 사제가 없는 곳에서 주일날 라디오에 모여 미사를 드렸다. 이와 같이 교육센터들을 중심으로 교회적인 작은 공동체들이 형성되었는데, 사람들은 이것을 '기초 공동체'라 부르기 시작하였다. 나탈 대교구에서는 1963년 이미 1,410개나 되는 기초 공동체를 가지게 되었고, 이 운동은 브라질 전역에 확산되어 나갔다. 세번째는 '제1차 전국 5개년 사목계획'(A National Pastoral Plan)이 1965년 브라질 주교회의에서 발표되었다. 이 계획은 본당을 '기초 공동체들의 연합'의 형태로 바꾸었다. 기초 공동체에서 평신도들이 자율적으로 성례전을 거행하고 예배의식을 행할 수 있다는 획기적인 결정을 내렸다. 그 후 1974년 로마에서 개최된 제3차 세계 대표 주교회의(Third General Synod of Bishops)에서 교황 바오로 6세는

"기초교회 공동체는 지역교회와 같은 더 큰 공동체의 이익을 위하여 복음 선교의 장소가 될 것이며 세계 교회를 위한 희망이 될 것이다"

라고 선언하였다. 이것이 기초 공동체 운동이 세계적으로 확산되는 전환점이 되었다.122)

(4) 기초 교회 공동체의 내용

기초 교회 공동체는 가난한 이들의 복음화에 중심을 둔다. 복음의 선포는 억압의 상태로부터의 해방과 구원이다. 이들에게 억압의 상태라는 것은 구체적으로 토지를 빼앗기고, 무단 입주자로 몰려 추방되고, 농장에서 노동력을 착취당하고, 문맹에 질병과 굶주림, 실업, 학교와 병원의 부족을 말한다. 이러한 억압으로부터의 해방과 '가난한 이들의 특권'은 예수에 의해 선포된 복음의 핵심이다. 기초 교회 공동체의 창조는 사회 경제적으로 낮은 계층 가운데서 이루어졌다. 바로 가난한 지역들에서 최하층 계층의 사람들이 이러한 교회적 실재(實在)를 가장 잘 받아들인다. 다른 계층에서 세워진 공동체는 흔히 폐쇄적인 유유상종의 집단으로 변질되곤 한다. 한 가지 예로 성 마테우스(Sao Mateus) 본당에는 2만여 명의 주민이 살고 있는데, 그 중 5천여 명은 중심지에 살고 있다. 그러나 공동체가 성공한 것은 주로 사회적으로 소외된 계층의 경우였다. 재력으로나 교양으로 보나 상류층에서는 거의 다 실패했다.[123]

기초 교회 공동체의 의식화와 인간 개발을 통한 해방교육은 현실에 대하여 비판적인 입장을 취하게 하며, 실제의 삶에서 복음을 체험하는 것이 가능하도록 사회를 개혁하는 역할을 한다. 성서공부 모임, 성인 강좌, 주부들과 젊은이들을 위한 특별 모임, 보건 사업 그리고 개인 접촉 같은 것들이 사람들로 하여금 모여

---

[122] 김영호, "교육선교와 크리스천 기초공동체 운동," *기독교사상*, 1985.1 (서울: 대한기독교서회, 1985), 39-40.
[123] Alvaro Barreiro, *Basic Ecclesial Communities:The Evangelization of the Poor*, 이기우 역, *기초교회 공동체*(서울: 성바오로 출판사, 1990), 35.

서 자기네 문제를 토의하고, 힘을 합쳐 해결책을 발견해 내며, 스스로 전인적인 해방에로 이끌어가게 촉진하는 활동들이다. 124)그러나 남미 기초 교회 공동체는 성서 연구에서부터 게릴라 운동 지원까지 폭넓은 활동을 전개한다는 점에서 그 활동 영역이 훨씬 넓다.125) 기초 교회 공동체는 발전주의 이데올로기를 배격하고 아래로부터의 변혁을 꿈꾸는 하부 구조 운동이다.126) 교회는 복음 선포자이지만 교회 자체가 복음화 되어야 하는 것만은 틀림없다. 이 공동체는 지정된 공간이 없이 편리한 곳에서 모였다. 이 운동은 조직적인 연락망을 통하여 브라질 수도의 빈민가에 급속도로 확산되어 1981년까지 약 8만 개의 공동체가 생겼다. 브라질 개발연구소(IBRADES)의 조사에 따르면 기초 교회 공동체는 농촌지역에 53.5%, 도시근교지역에 10.9%, 도시지역에 16.8%가 있었다.127) 기초 교회 공동체는 가난한 자들을 교회의 목회적 관심의 대상으로 보지 않고 그들 스스로가 교회의 장래와 자기 자신의 삶을 적극적으로 형성해 나가는 하나님의 백성으로 이해한다.

복음이 가져다주는 해방과 구원은 모든 이에게 실제로 어떠한 차별도 없이 선포되어야 한다. 기초교회 공동체에서 실천되고 있는 가난한 이들의 복음화는 온갖 형태의 경제적, 사회적, 정치적, 문화적 소외와 나아가 종교적 소외로부터 그들만을 해방시키는

---

124) Ibid., 73.
125) 고재식, *해방신학의 재조명*(서울: 사계절, 1986), 24. 토레스(Camilo Torres) 신부는 1965년 말 콜롬비아 해방군 ELN에 가담하였으며 결국 게릴라 전투에서 죽었다.
126) Ibid., 25.
127) Alvaro Barreiro, *Basic Ecclesial Communities: The Evangelization of the Poor*, 이기우 역, *기초교회 공동체*(서울: 성바오로 출판사, 1990), 30.

것이 아니다. 부유하고 권세 있는 자들이 가난한 이들에 대해 불의와 폭력을 저지름으로써 자초한 권력과 돈의 노예 상태로부터 이들 역시 해방시킬 수 있는 것이다. 부와 가난은 똑같이 인간을 구속하며, 이로부터 인간은 스스로 해방되어야 하고, 또 해방되고 있다는 것은 그리스도교에서 본질적인 것이다. 인간은 부를 추구하지만 가난에 굴복하지 않는다. 이제 복음의 선포는 가난으로부터 가난한 이들을 해방시키는 것뿐만 아니라 탐욕스러운 소유욕으로부터 부자들을 해방시키는 것, 바로 이것이다.[128] 예수회의 총장인 아루페(Pedro Arrupe) 신부는 가난한 자를 '아래로부터 소외된 이들'(The alienated below)이라 부르고, 부자를 '위로부터 소외된 이들'(The alienated above)이라 불렀다. 기초 교회 공동체의 가난한 그리스도인들은, 복음에 순종하는 삶을 통하여, 인권 옹호와 형제자매적 봉사와 신앙과 희망과 사랑의 진리와 그 힘을 직접 증거하고 있다.

(5) 기초 교회 공동체의 특징
① 기초 교회 공동체는 민중 교회이다.

기초 교회 공동체는 '민중을 위한 교회'(Church for People)가 아니라 민중들 사이에서 민중과 함께 살고 고통당하며 활동하는 '민중의 교회'이다.[129] 기초 공동체는 교회 밖에서 일어난 어떠한 교회 개혁 운동도 아니며, 특별한 목적이나 활동을 위하여 조직된 운동단체는 더 더욱 아니다. 기초 교회 공동체는 교회 자신이 스스로 새로운 이미지를 찾으려는 '새로워진 교회'이며, 교회 구조

---

[128] Ibid., 135.
[129] Jürgen Molman, *The church in the Power of the Spirit*, 박봉랑 역, *성령의 능력 안에 있는 교회* (서울: 한국신학연구소, 1980), 330-335.

안에 있으면서도 '교회 안의 작은 교회'들로 존재하고 있다. 이러한 기초 공동체의 크기는 대략 50명 정도의 숫자가 적합하다고 본다. 하나의 기초 공동체 안에도 하부 그룹인 '기초 그룹'(Bagic Group)이 있는데, 대략 10명 정도의 작은 모임이다. 기초 교회 공동체 구성원들은 이웃 사람들, 동일한 직업, 공동의 문제나 욕구를 가진 '동질성 그룹'에 속한 사람들이다.

② 기초교회 공동체는 형제적 공동생활을 한다.

기초 교회 공동체는 형제적 공동생활이라는 새로운 형태의 삶을 실현하고 있다. 이들은 '나눔과 참여'라는 공동사회의 정신을 가지고 살아가고 있다. 형제사회로서의 기초 공동체는 종교적 영역, 문화적 영역, 정치적 영역, 경제적 영역 등의 모든 활동에 스스로 참여한다. 기초 공동체 교회가 하나의 형제 공동사회를 이루고 살게 되는 것은 그들이 어떤 사상이나 이데올로기를 따라서가 아니다. 그들은 다만 사도들의 초대교회가 행한 것처럼 복음의 말씀을 따르고 그것을 실천함으로써 형제적 공동체를 이룩할 수 있었다.

③ 기초 교회 공동체는 평신도 중심의 교회이다.

1979년 푸에블라에서 개최된 제3차 라틴아메리카 주교회의에서 평신도 직무수행자들의 범주를 공동체 지도자, 말씀 지도자, 성례전 지도자, 활동 지도자 등의 형태로 제시하면서 여성들도 이 직무를 맡도록 하였다.[130] 공동체 지도자는 공동체의 대표로서 조직과 조정의 직무를 수행하는데, 예배를 인도하거나 설교 또는 성만

---

130) 호세 마린스, *민중의 교회*, 정승현 역(서울: 한국천주교중앙협의회, 1982), 117-121.

찬을 집례하는 직무 중 하나를 겸직하기도 한다. 말씀 지도자는 예배를 인도하거나 설교를 담당하며, 교리 교육과 같은 성서 교육의 책임을 수행한다. 성례전 지도자는 성만찬, 세례, 결혼, 장례, 공동기도 등과 같은 성례전을 집례하는 직무로서, 이는 공동체 지도자와 함께 수행할 수도 있고 특별한 지도자가 선정되어 수행할 수도 있다. 활동 지도자는 공동체 내의 기초 그룹에 대한 교육과 활동을 지도하며, 공동체의 의식화 교육, 구제 활동, 협동사업 등과 같은 사회적 활동을 지도하는 직무를 수행한다. 이들은 모두 함께 하나의 팀을 이루어 '공동체 협의회'(BCC Council)를 구성하고 거기에서 공동의 문제들을 함께 토론하고 결의함으로 모든 직무들에 공동으로 참여하는 '직무 분담 형태의 공동 목회'(Shared Participative Leadership)를 실현하고 있다.[131] 기초 교회 공동체를 실시하는 모든 지역에서는 지도자 훈련센터를 설치하고 주말마다 지도자 훈련 프로그램을 계속 실시하고 있다.

(6) 기초교회 공동체의 프로그램
① 기초교회 공동체 모임의 진행 방식

기초 교회 공동체 모임의 진행방식은 최소한의 구조로서 최대한의 나눔의 삶을 도모하는 기본적인 원리를 가진다. 기초 교회 공동체는 한 주일에 한번 마을의 작은 회관에 모여 말씀의 나눔(Bible-sharing), 생활의 나눔(Life-sharing),[132] 공동기도와 성만찬(Shared Prayer, Lord's Supper)을 집례한다.

---

[131] 김영호, "교육선교와 크리스천 기초공동체 운동," 『기독교사상』, 1985.1 (서울: 대한기독교서회, 1985), 44.
[132] 사회의 문제나 공동의 관심사에 대한 생각들을 함께 나누게 하여 '행동-반성'의 의식화의 시간이 되게 한다. 아울러 노출된 문제들 가운데서 공동체가 함께 수행해야 할 공동 활동에 대하여 토의한다.

② 기초 교회 공동체를 만드는 방법

기초 교회 공동체를 만드는 방법은 몇 개의 기초 공동체를 먼저 만들고 점차적으로 전 지역으로 전파해 나가는 비조직적 운동의 형태를 취하고 있다. 또한 평신도 스스로 시작하는 의식화 방법과 목회나 목회 팀이 공동체 형성의 주도적인 역할을 수행하는 프로그램 중심의 접근 방법을 취하기도 한다. 공동체 형성에는 두 가지 방식이 있다. 첫째는 처음부터 공동체 지도자를 뽑아 놓고 목회 팀이 지도자를 훈련함으로써 기초 교회 공동체를 형성해 나가는 방식이다. 두 번째는 목회 팀이 먼저 사람들을 권유해서 모이게 한 다음 '공동체 형성 프로그램'을 실시하여 공동체 의식을 심어주고, 그 후에 공동체 지도자들을 선정하여 기초 공동체 모임의 진행 프로그램을 스스로 수행해 나가도록 하는 것이다.

이와 같이 형성된 기초 교회 공동체는 세 가지 단계를 거쳐 성장한다. 첫 단계는 초기 형태로서 기도와 말씀의 나눔을 행하는 공동체이다. 이 단계에서 공동체는 종교적 그룹들의 형성과 교회적 성례전적 생활의 강화에만 관심을 갖는다. 두 번째 단계는 상호협조의 공동체가 되는 단계이다. 여기서는 자선 활동, 이웃 간의 상호 협조, 의료시설이나 교육시설을 설립하는 것에 관심을 가진다. 세 번째 단계는 사회변화를 위한 공동체의 단계이다. 정치적 각성에 따라 사회 변혁을 요청하기 시작한다.133)

③ 공동체 지도자 훈련 프로그램

프로그램 참여를 통해 지도자가 되는 것이 아니라, 기초 교회

---

133) Gottfried Deelen, "The Church on Its Way to the People," in *PMV*, vol 81, 5.를 김영호, "교육선교와 크리스천 기초공동체 운동," 기독교사상, 1985.1(서울: 대한기독교서회, 1985), 47.에서 재인용.

공동체의 지도자로 선출된 다음 훈련 프로그램에 참여하는 것이 순서다. 지도자 훈련의 목적은 훈련 과정에 참여하여 그들의 지도력을 향상시키는 것이다. 기초 공동체 상호간의 경험들과 문제를 나누고, 다른 기초 교회 공동체들과 연대를 모색하기도 한다.134)

튜크로는 "기초 공동체는 사회 정치적 운동과 조직 그리고 제도들과 밀접하게 협력하여 사람들이 말하는 구체적인 곤경을 제거하도록 돕는다."고 하였다.135) 브라질의 기초 공동체는 지역 교회와 세계 교회가 끈기 있는 과정을 통하여 민중의 편에 설 수 있음을 보여주었다는 평가를 받고 있다. 이러한 기초 공동체는 이미 탄생하였거나 탄생하는 바탕 교회를 강화시키는 일, 가난한 민중 계층과 공동 작업을 강화하는 일, 조직하며 활동하고 희망하는 일, 무엇보다도 가난한 형제자매들을 교회 안에서 세포로 결합시켜 조직망을 형성하는 전략이 필요함을 강조하였다.136)

3. 국경없는마을 형성의 정치 경제적 접근

1) 경제적 세계화와 이주노동자

지난 1988년 이후 이주노동자들의 수가 꾸준히 증가하여 40여

---

134) 공동체 지도자 훈련 프로그램에는 기초교회 공동체의 기능, 지도자의 질적 문제, 모임 진행의 원리, 기초교회 공동체에서의 예배, 공동체 정신의 형성, 공동체 안에서의 봉사들에 대한 조정, 기초교회 공동체의 에큐메니칼 정신 등이 있다.
135) 울리히 듀크로, 한국신학연구소 번역실, "우리는 브라질의 바다 공동체로부터 무엇을 배울 수 있는가?," 『신학사상』, 60. (서울: 한국신학연구소, 1988), 177.
136)) Ibid., 185.

만 명에 이르고 있다. 국내에서 이주노동자들에 대한 인권차별은 조금도 줄어들지 않고 있어 이에 대한 대책과 대안이 시급하다. '사람'보다는 '돈'을 중심으로 생각하는 세계화는 국경을 넘어 노동하는 사람들을 양산해 낸다. 특히 자신의 나라를 떠나 이주노동자로 살아가는 사람들은 자기 보호 수단과 제도가 없는 상황에서 끝없는 현대판 노예로 전락하고 있다. 국경 없는 시대에 필요한 우리의 대안은 국적과 언어, 피부가 다른 사람들이 '어떻게 하면 더불어 살아갈 수 있는가?'에 모아져야 한다.

(1) 국경을 넘는 노동의 현상과 원인

인류의 역사는 처음부터 생존과 생산을 위한 이주노동의 역사였으며, 이러한 이주노동은 지금도 계속되고 있다. 아시아에서 이주노동이 시작된 것은 5세기 이후 중국인과 인도인의 동남아 지역으로의 진출이 그 시작이었다. 그러다가 아시아 지역이 유럽 열강들에 의하여 식민지화 되면서 규모가 커져 갔고, 19세기 이후 더욱 활발해졌다. 2차 세계대전 이후 아시아 국가들이 독립하자 해외 이주노동자들이 본국으로 돌아가는 귀환운동이 이루어지면서 아시아 내의 이주노동은 점차 감소하였다.

그러나 1960년대 이후 전후 복구가 이루어진 유럽에서 노동력 부족 현상이 나타나고 무역이 활발해지면서 노동 송출이 다시 활발해졌다. 특히 1960년부터 70년대 초까지는 서유럽으로의 이주가, 1970년대 이후에는 중동으로, 대규모의 노동 송출이 이루어졌다. 최근 아시아 지역 내의 노동 이동의 증가는 1980년대 중반 이후 나라별 경제발전의 차이, 일본 및 아시아 신흥 공업국가들의 아시아 지역 내의 직접투자의 증가, 중국과 베트남 등의 개방화 정책 그리고 많은 국가들의 출입국 정책의 완화로 더욱 활기를 띠게 되었다. 국경 없는 노동의 현상은 21세기에 들어서면서 더욱 확대되어 가고 있다.

<표 5> 이주노동자 최근 통계숫자 도표1)

프랑스	3,597	6.3	1,573	6.2
독일	7,314	8.9	2,559	9.1
아일랜드	118	3.2	53	3.5
이탈리아	1,095	2.0	332	1.7
일본	1,415	1.1	88	0.1
룩셈부르크	43	34.1	117	58.3
네덜란드	680	4.4	218	3.1
노르웨이	158	3.6	55	2.6
포르투갈	173	1.7	87	1.8
스페인	539	1.3	162	1.0
스웨덴	526	6.0	218	5.1
스위스	1,338	19.0	709	17.9
영국	1,972	3.4	878	3.4
미국	24,600	7.9	11,564	9.4

출처 : SOPEMI/OECD, 1998
각주 : 미국, 호주, 캐나다의 경우 외국에서 태어난 사람에 대한 집계이다. 프랑스 인구에 대한 자료는 1990년이다. 벨기에의 노동력에 대한 자료는 1989년, 캐나다는 1991년, 덴마크와 이탈리아는 1990년의 자료이다

(2) 국경 없는 노동의 원인
① 빈익빈 부익부의 세계 경제

세계화(Globalization)가[137] 급속히 진행되면서 세계는 강자만

---

137) 세계화에 대하여 Microsoft 백과사전, "Globalization," in *Encarta 2000*, 항목에서는 세계화를 부자나라 종주국의 입장에서 다음과 같이 정리하였다. 초국가적 투자, 커뮤니케이션, 정보 테크놀로지의 확산, 자유시장의 힘이 지방, 지역, 민족 경제에 미치는 영향력 등을 통하여 세계의 문화, 경제, 하부구조(경제구조)를 통합하고 민주화하는 것.

살아남는 정글의 법칙이 적용되는 사회가 되었다.

세계 제2차 대전 후 1948년 브레튼우즈에서 강대국들이 모여 1달러에 금 35온스로 환율을 고정하고 달러를 국제교환 화폐로 책정하였다. 그러다가 1973년 석유파동으로 고정환율제가 무너지면서 '돈'이 본격적인 국제투기자본으로 형성되고, '돈' 자체가 매력적인 상품으로 등장하는데 이 시기를 '세계화'(Globalization)의 출발로 보기도 한다.

그러나 본격적인 세계화는 1980년대 초 영국과 미국의 신자유주의적인 경제정책과 함께 시작되었다. 영국에서는 마거릿 대처 수상 시절 '대처리즘'(Thatcherism)이라는 이름으로, 미국에서는 로널드 레이건 대통령 집권 시기 '레이거노믹스'Reaganomic)라는 이름으로 '탈(脫) 규제화 정책'이 본격화되면서 세계화가 시작된 것이다.138) 더구나 1989년 동구권의 붕괴로 세계경제의 유일 체제가 자본주의로 고착되면서 시장의 자유의 확립을 위한 신자유주의(Neoliberalism)가 세계경제의 중심논리가 되고 있다.

세계화의 주요 원리는 금융시장의 탈규제화, 신자유주의적 통화주의와 안보 전략이다.139) 이차적인 보완 원리는 무기 판매, 경제 상품에 대한 보호무역 수단들 그리고 특허원이다. 새로운 제국주의 시대에서 사실상의 세계정부는 브레튼우즈 기구들(IMF, IBRD), 세계무역기구(WTO), 선진서방 7개국(G7)으로 구성되며, 그들의 목

---

138) 최연구, *세계화와 현대사회 읽기* (서울:한울, 2000), 16.
139) Ulrich Duchrow, *Alternatives to Global Capitalism*, Trans. by E. Hicks, K. Archer, K. Schorah and E. Griffiths, (Heidelberg:Kairos Europia, 1992), 손규태 역, *자본주의 세계경제의 대안* (서울:한울, 1998), 107.

적은 상업은행, 보험회사, 다국적 기업의 이익을 보호하기 위한 것이다. 새로운 제국은 경제 분야에서 브레튼우즈 기구들(IMF, IBRD), 세계무역기구(WTO), 선진서방 7개국(G7)에게 명령을 내리고, 정치 분야에서는 UN 기구들을 조정하며, 저 강도 및 중 강도 전쟁과 무기 판매를 통해 전쟁을 수행한다. 이념적으로는 광고, 미디어, 과학과 자본주의 신학을 이용한다.

인 구	소 득
가장 부유한 20%	82.7%
두 번째 20%	11.7%
세 번째 20%	2.3%
네 번째 20%	1.9%
가장 가난한 20%	1.4%

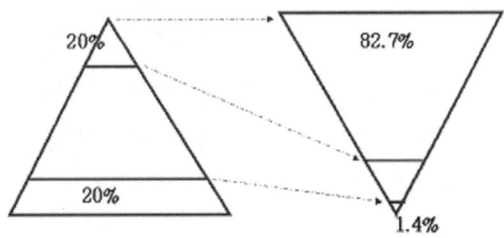

<그림 5> 세계 전체 소득의 분배 현황 140)

자본의 세계화는 노동시장을 불안정 상태로 축소해 나가고 있으며, 빈익빈 부익부의 세계 경제를 확대해 나가고 있다. 세계 전제 부의 분배 상황을 보면, 세계 인구의 20%가 세계 소득의 82.7%를 차지하고, 가장 가난한 20%가 세계 소득의 고작 1.4%를 차지하는데 불과하다. 이러한 현상을 두고 우리는 20 대 80의 사회라

---

140) Ibid., 35.

부른다. 하지만 이것도 약과다. 21세기를 넘어선 지금은 한 술 더 떠서 부유한 10%가 세계 소득의 90%를 소유하는 10 대 90의 사회로 변하고 있다고 말하기도 한다. 이렇듯 부자는 점점 부자가 되고 가난한 사람들은 점점 가난해지는 '빈익빈 부익부의 세상'이 되고 있다. 이것이 세계화(Globalization)의 특징이다.

② 가난하게 살아가는 세계의 사람들

지구촌의 많은 사람들이 절대 빈곤으로 먹을 것이 없어서 굶어 죽어가고 있다. 부자는 점점 배가 불러죽고 가난한 사람은 배가 고파 죽어가는 셈이다. 지난 2000년 ILO(국제노동기구) 보고서는 전 세계 인구 60억 가운데 하루 생활비가 2달러도[141] 안 되는 사람이 무려 '지구 인구의 반인 30억 명'이라고 발표하였다. 우리가 한 끼 식사로 때우는 5천 원짜리 설렁탕의 반 그릇 값도 안 되는 2달러로 하루 3끼의 식사와 의류비, 교육비, 난방비, 교통비 등을 몽땅 해결해야 한다. 우리가 사는 지구촌 인구의 절반이 한 달 평균 월급 5~6만원으로 살아가고 있다는 뜻이다.

---

[141] 2006년 1달러 약 980원

③ 실업자와 이주노동자

<그림 6> 실업자와 이주노동자

세계화(Globalization)는 각 나라의 노동자들로 하여금 이주노동을 하도록 강요하고 있다. 내용인즉 이렇다. 세계화를 주도하고 있는 큰손의 '돈'은 땅을 구입하고 공장을 짓고 상품을 생산하여 이윤을 남기는 산업자본보다는, 투자를 통한 이윤증대를 추구하는 국제 금융자본을 선호한다. 이렇게 되면 공장에서의 일자리가 줄어든다. 그나마 산업자본이 일자리를 보장하지만 과학기술의 발달로 사람이 하는 일의 많은 부분을 첨단기계에 맡기기 때문에 대량 실직 현상은 21세기의 보편적 현상이 되었다. 이러한 자본의 흐름이 자연히 실직자를 이주노동자(Migrant)로[142] 전락시키는 것이다.

2000년 12월말 국제노동기구(ILO)에서는 전세계 노동인구의 3분지 1이 일자리가 없는 상태라고 보고하고 있다. 특히 제한된 일자리를 가진 가난한 나라에서는 먹고 살 길이 막연하여 국경을 넘어 이주노동을 강하게 추진하고 있다. 세계는 '돈'을 중요시하

---

[142] 이주노동자를 뜻하는 영어 migrant는 철새를 뜻한다. foreign worker라 하지 않는다. 먹을 것을 찾아 날아가는 새처럼 국경을 넘나들며 일을 하는 사람들을 가리키는 국제적 용어이다.

고 '사람'을 소외시키는 경제 구조로 점점 고착되어 간다.

④ 국경을 넘어 노동하는 이주노동자

이주노동자를 어떻게 정의할 수 있을까? 이주노동자(Migrant)란 국적은 있으되 국적이 다른 나라에서 유급 활동에 종사할 예정이거나 현재 종사하거나 또는 종사해온 사람이다. 또한 이주노동자의 가족은 이주노동자와 혼인한 사람 또는 법의 적용상 혼인과 다름없는 효력이 있는 관계를 가진 사람과, 부양하는 자녀 및 기타 피부양자로 관련법 또는 관계국의 2국간 내지 다국간 협정에 의해 가족으로 인정되는 사람이다.143)

이제 국경을 넘어 노동하는 것은 세계적인 추세가 되었다.144)

⑤ 국제인신매매

노동 뿐 아니라 성도 국경을 넘나들고 있다. 가난한 나라의 많은 여성들이 '성산업'(Sexual Industry)의 희생물이 되고 있다. 아시아의 많은 여성들이 국제 인신 매매단에 의하여 팔려간다.

---

143) 이주노동자와 그 가족권리 보호를 위한 협약안에서 규정한 이주노동자에 대한 개념을 인용한 것이다. 이 협약 안은 지난 1992년 12월 18일 UN에서 통과되어 현재 19개국이 비준하였는데 이제 1개국만 더 비준을 하면 국제법으로서 효력을 갖는다.
144) 전 세계 난민, 실직자, 이주노동자는 약 10억 명으로 추정(세계 1/6 인구)된다. 이주노동자는 7천만-8천 5백만 명(ILO, 1997년 추정)으로서 아프리카 1천6백만-2천 9백만 명, 아시아 6-9백만 명, 유럽, 러시아, 유고-2천만 명, 북미지역 1천6백만-2천만 명, 중남미지역 7백만-1천 2백만 명, 중동지역 6-7백만 명, 해외거주 아시아 이주노동자 1천만-1천 5백만 명으로 추정(1995년)

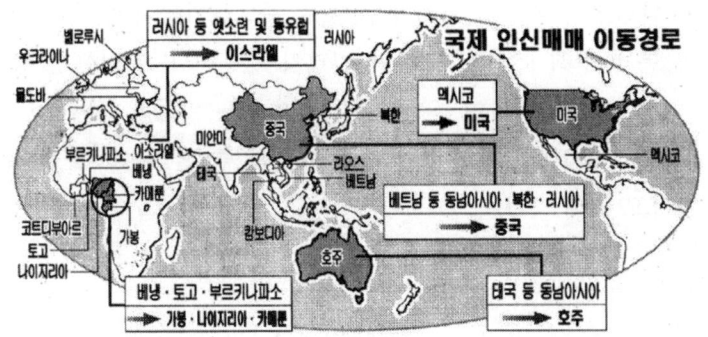

<그림 7> 국제 인신매매 이동 경로

(3) 통제되는 국경
① 현대적 의미의 국경
 현대적 의미의 국경은 세계 2차 대전이 끝나고 설정되었다. 그러나 국제무역이 활발해지고, 교통과 통신 수단의 발달로 나라 간의 경계인 국경의 의미는 점차 퇴색해 가고 있다. 국경이 존재하는 것은 사실이지만 자본과 상품, 지식과 정보가 국경의 제한을 받지 않고 넘나들고 있으며 오히려 국경이 이들의 자유로운 왕래를 방해하는 것을 막기 위해 세계기구가 나서고 있다. IBRD (세계은행), WTO(세계무역기구)나 MAI(다자간 무역 협정)와 같은 기구가 자본과 상품의 자유로운 이동을 촉구하고 있다. 각 나라는 오히려 외국의 자본과 기술을 유치하기 위해 무역 자유지대를 설치하여 관세를 면제하고 각종 규제를 풀어주고 있다.

 그러나 오늘날의 사회는 노동력을 가진 사람 즉 가난한 나라 사람들이 국경을 넘는 것은 철저히 통제하고 있다. 부자나라 사람은 세계 어느 나라라도 쉽게 갈 수 있지만 가난한 나라 사람은 부자 나라로의 이동이 쉽지가 않다. 이주노동자들이 부자 나라의 노동 통제 정책에 의해 조절되고 있기 때문이다. 이러한 불평등한 국경정책에 의하여 외국인 노동자들은 미등록 이주노동자(Undocumented Migrant), 소위 불법체류자라는 불안정한 신분으로 살아가고 있다.

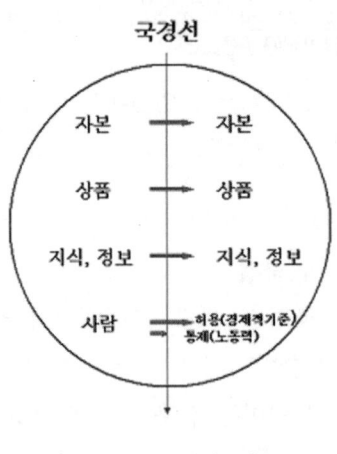

<그림 8> 국경의 이동

한국 사회도 이주노동자에게 근로자성을 좀처럼 인정하려 하지 않는다. 이주노동자를 보다 손쉬운 통제와 관리의 대상으로 묶어 두기 위한 조치이다.

그러나 빈익빈 부익부, 절대 빈곤, 지독한 실업 등의 상황에서 가난한 나라 사람들이 국경을 넘는 노동 자체는 불법이 아니라 '생존권'으로 보아야 한다. 따라서 세계화 시대의 이주노동자의 문제가 지구적 차원의 생존권의 문제라면, 이주노동자는 '경제적 난민'(Refugees)으로도 볼 수 있다.

2) 지구시민사회와 이주노동자의 정치적 배제

노동의 국제화 시대에 국경을 빌미로 노동의 이동을 통제하는 오늘의 상황은 <노동 이동의 자유> 문제와 국경을 넘어선 <또 다른 시민권>의 논의가 필요하다.

신자유주의의 세계화라는[145] 오늘날 지구의 상황은 산업자본을 금융자본으로 변하게 하고 있으며, 금융자본은 더 많은 실직자를 양산해내고 있다. 즉 산업자본이 노예 노동을 강제하였다면, 금융자본은 노동권을 박탈하고 있다.[146] 따라서 근대자본주의에 기초한 시민권이 세계화로 인하여 파괴되고 있는 셈이다. 이러한 의미에서 마샬(Mashall T. H.)은 시민권은 계급과 자본주의에 관한 것일 뿐만 아니라 여성, 어린이, 노인 그리고 심지어 동물의 사회적 권리에 관한 논쟁들까지도 포함해야 된다고 주장한다.[147]

---

[145] 자본주의는 출발부터 자유주의의 영향을 받아 시장의 자유를 주장한다. 즉 생산과 소비를 연결하는 시장은 가격경쟁에서 조절되는 시장의 논리(보이지 않는 손)에 맡겨야 하며, 이 시장에는 국가나 권력 등이 개입해서는 안 된다는 주장이다. 그러나 19세기 말 장시간 노동, 저임금 등의 노동자문제가 심각해지자 시장과 노동의 관계에서 발생하는 문제를 해결하는 완충지대로서 복지와 국가의 적절한 개입이 나타났는데 이것을 가리켜 수정자본주의 혹은 케인즈 주의라고 한다. 그러나 자본주의에 대응하는 사회주의가 무너지면서 시장경제에 누구도 개입해서는 안 된다는 시장경제의 본래 논리로 돌아가고 있으며 이를 신자유주의라고 부른다. 그러나 세계 인구의 20%가 84.7%의 부를 소유하고 있는 20대 80의 사회에서 '돈'을 많이 소유한 보이지 않는 또 다른 손들이 세계 경제질서를 시장경제로 강제하고 있다, 이를 세계화라 한다.

[146] 2000년 ILO 보고서에 의하면 전세계 인구 60억 가운데 절반인 30억의 사람이 하루 생활비가 2달라도 못 되는 돈으로 생계를 유지하고 있다. 15억의 인구가 자신의 생계에 뿌리가 없는 실직자, 난민, 이주노동자로 생활하고 있으며, 노동인구 30억 가운데 10억(33.3%)이 실직자로 전락하고 있다. 이러한 세계적 상황은 노동의 국제화를 추동시키고 있으며, 노동의 국제화는 가난한 사람들의 생존권과 직결되고 있다.

[147] Bryan S. Turner, *Citizenship and Capitalism* (1986), 서용석, 박철현 역, *시민권과 자본주의* (서울: 일신사, 1997), 31.

그러나 이러한 주장은 아니더라도 최소한 이제까지의 시민권 논의는 소수자인 이주노동자를 포괄할 수 없기 때문에 논의의 지평을 확대할 필요가 있다.

(1) 지구시민사회 개념

현대적 의미의 시민사회 개념은 이탈리아의 안토니오 그람시(Antonio Gramsci)에서 출발한다. 그람시는 자신의 책 <옥중수고>(Prison Notebooks)'에서 자신의 시민사회관을 피력하였다. 그람시는 마르크스로부터 벗어나 시민사회를 단순히 경제적 관계로만 보지 않고 모든 종류의 사회적 상호관계로 파악하였다.

시민사회의 개념이 지구 시민 사회(Global Civil Society)라는 용어로 발전한 것은 동구 사회주의권이 몰락하고, 자본의 세계화(Globalization)가 가속화되면서이다. 그러나 지구 시민 사회라는 개념은 매우 애매모호하여 정확하게 확정지을 수 없다. 현재, 지구 시민 사회라는 개념은 여러 갈래로 사용된다.[148]

첫째, 자본의 세계화에 대한 저항세력으로 본다. 지구 시민 사회(Global Civil Society)를 시애틀이나 프라하의 시위대 혹은 초국적 기업에 대항하는 그린피스의 행동으로 해석하는 것이다.

둘째, 국제적으로 가난한 사람들 혹은 억눌린 사람들과 인도주의적인 차원에서 지구적으로 연대하는 것을 말한다. 국제 아동 구호기금(Save the Children) 또는 국경 없는 의사회 같은 그룹을 생

---

[148] Helmut Anheier, Mary Kaldor, Marlies Glasius, eds. *Global Civil Society Yearbook* (Oxford: Oxford University Press, 2001, 2002), 조효제, 진영종 역, *지구시민사회: 개념과 현실* (서울: 아르케, 2004), 13.

각하면 된다.

셋째는 시민의 연결성을 중심으로 한 개념으로서 인터넷 채팅, 평화, 환경, 인권운동가들의 네트워크, 유학생, 지구적 미디어 등을 이야기하기도 한다.

넷째는 세계화의 상황 아래서 국경을 넘어 노동의 자유와 정착자로서의 평등권리가 보장되는 사회를 지칭하기도 한다.[149]

지구 시민 사회의 개념의 공통점은 일국적, 지역적 또는 지방적 사회를 초월하는 영역을 가정한다. 지구 시민 사회는 가족, 국가, 시장 사이에 존재하고, 일국적 사회와 정치체제와 경제체제를 초월하여 가치, 기구, 조직, 네트워크 등에도 존재한다. 그러나 몇몇 학자들은 국가의 존재 없이 과연 그러한 사회가 가능할 것인지 의문을 제기하기도 한다. 특히 지구 시민 사회는 세계화에 대한 반작용, 특히 세계화되는 자본주의와 상호 연결되어 발생한 개념이라는 것이다.

우리는 지구 시민 사회가 국가로부터 독립되어 있지만, 아직도 국가와 공생하기도 한다는 것을 간과해서는 안 된다. 따라서 이주노동자 문제를 다루는 활동가 그룹에서 지구 시민 사회의 개념을 보다 구체화하여 '이주노동자학'(Migrant Studies)으로 정립하는 다각적인 노력이 필요하다.

(2) 지구시민사회와 세계화간 관계 설정[150]

헬무트 안하이어 등이 저술한 <지구시민사회 : 개념과 현실>에

---

[149] 지구시민사회에 이주노동자 문제를 연결시켜 적용하는 것은 학계에서 아직 구체적으로 검토하지 않고 있으나 필자(박천응)는 이 개념을 지구시민사회 개념의 범주로 포함시키고자 한다.

[150] Ibid., 17-18.

서는 세계화에 대한 관점을 4가지로 분류한다.

첫째, 세계화의 지지론자(Supporters)가 있다. 세계화의 비전과 상호연결성이든, 세계화 의식이든, 지구적 차원의 법치이든, 지구화를 찬성하는 개인과 집단이 그들이다. 이들은 초국적 자본의 지원세력, 정의의 전쟁 지지 세력, 신기술 발전의 지지자들 모두를 포함한다.

둘째, 세계화의 거부론자(Rejectionists)가 있다. 자본주의의 세계화는 찬성하지만, 국경의 개방과 지구적 차원의 법치를 반대하는 신보수파가 포함된다. 자본의 세계화도 반대하고, 지구적 차원의 법치도 반대하는 좌파도 있을 수 있다. 민족주의자, 종교적 근본주의자, 주권에 대한 외부 개입을 반대하는 정통 좌파 성향의 반식민주의 운동세력 그리고 공산주의자가 포함된다.

셋째, 개혁론자(Reformists)로서 지구 시민 사회 구성원 다수가 이 진영에 포함된다. 자본주의의 세계화와 지구적 연결성이 인류에게 잠재적으로 이익이 될지 모르겠지만, 현재의 세계화 과정은 분명 '교화'할 필요가 있다고 믿는다. 개혁론자들은 국제경제기구들의 개혁을 지지하고, 사회정의의 확대를 원하며 신기술의 사용 방향을 결정하는데 철저하고 공정하며 참여적인 절차가 필요하다고 본다. 세계적 차원의 법치와 그것의 집행을 강력하게 지지한다. 개혁론자는 급진 개혁과 온건 개혁론자를 포함한다.

넷째, 대안론자(Alternatives)가 있다. 지구화 과정을 반대하거나 지지하지 않는다. 이들은 지구로부터 이탈을 원하고, 정부, 국제기구, 초국적 기업으로부터 독립해서 저항의 행동을 취하고자 한다. 이들의 일차적인 관심은 외부의 간섭 없이 자율적인 삶의 양식을 개발하고 자체적 공간을 창조하는데 있다.

(3) 지구시민사회의 시민권
① 시민권의 개념과 기능

사전적 의미에서의 시민권은 '개인과 국가와의 관계에 관한 권리와 의무의 개념'이며,151) 역사적으로 여러 가지 의미로 사용된다. 시민권의 개념은 형식적인 의미에서나 본질적인 의미에서나 고정된 것이 아니라 고대 그리스로부터 현재까지 계속해서 변해왔다. 고대 그리스 도시국가에서의 시민권과 로마제국 시대의 시민권은 배제와 통합의 이분법적 시민권 개념으로 근대와 현대에까지 영향을 미치고 있다.152)

근대적 의미의 시민권은 산업사회에서의 개인, 가족, 사회집단 등에게 집합적 급여를 제공하는 민주주의적인 산업의 구성원 자격을 규정하는 권리의 집합을 말한다. 그러나 오늘날 있어서의 시민권의 개념은 집단이나 계층에 주어지는 집합적 개념이 아니라 개인에게 주어지는 것으로, 시민의 지위를 부여받은 개인과 정치공동체(Political Community) 사이의 관계를 의미하는 것으로 보고 있다.153) 근대 국민국가에서 시민권은 대체적으로 다음과

---

151) Naver Cyber 백과사전, "시민권," http://100.naver.com/100.php?id=100451.
152) Jens Magleby Sorensen, *The Exclusive European Citizenship* (England: Avebury, 1996), 17-18. 배제: 고대 그리스 도시국가에서 시민은 아테네인의 혈통을 가진 남자였다. 시민권이라고 할 수 있는 폴리스(polis)의 회원 자격에서 아이들과 여자, 노예, 메토이코스(Metics: 외국인거주자)등이 제외되었다. 당시의 시민권은 신분이나 인종석인 측면에서 기준 이상의 조건을 갖춘 소수의 사람들에게 주어지는 배타적인 지위였다. 통합: 로마는 제국의 팽창과 함께 정복 지역의 주민들에게 어느 정도의 시민권을 주는 통합적인 시민권을 가지고 있었다. 즉 로마제국의 시민권은 개방되었다. 이런 시민권 개념의 변화는 좁게는 로마통치(regime)의 보편적이고 융화적인 특성 때문이기도 하다. 로마통치의 목표는 전 세계를 지배하는 것이었다.
153) Brayan S. Turner and Peter Hamilton, ed., *Citizenship:Critical*

같은 세 가지 기능을 수행한다.

첫째, 외국인과 국민을 구분하여 국가의 제한된 자원(The Resources of A Nation)의 분배로부터 외국인을 배제하는 사회적 울타리(Social Closure).

둘째, 사회적, 문화적, 경제적으로 차이를 갖는 국민의 불평등을 완화하고 국민의 정치적 참여를 보장하여 민주주의를 실현하는 핵심적 제도이자 관행(A Set of Practices).

셋째, 국민들이 내부적 차이에도 불구하고 하나의 국민국가 안에서 일체감을 갖도록 만드는 핵심 기제.

② 시민권 의미 변천의 역사적 과정

역사적으로 보면, 봉건제 사회에서 자본제 사회로의 이행 과정에서 산업화는 노동의 이동을 촉발하였다. 노동 이동의 결과는 도시화로 이어지면서 시민권이 강화되었다. 이러한 시민권은 봉건시대의 귀족사회와 구별되며, 구조적으로는 귀족사회의 화신이었던 국가에 대립되는 개념이다. 근대로 넘어오면서 이러한 봉건적 관계는 점차 변화되어, 권력은 시민 즉 평민들에 의해 장악되고 국가는 이들의 의지에 따라 구성되는 것으로 여겨지게 되었다. 그리하여 시민이란 어떤 공동체 사회 내에서 신분적으로 동등한 대우를 받고 동등한 권리를 갖는다는 의미를 갖게 되었으며, 이것이 곧 시민권이다.

Concepts, vol.1, (London: Routledge, 1994), T. H. Marshall은 *Class, Citizenship and Social Development* (Chicago London: Chicago University Press, 1964)이라는 고전적 저작을 통해 시민권이 단지 법적 문제가 아니라 사회적·정치적인 문제라는 점을 분명히 했지만, 그 후 30년 동안 시민권이라는 주제는 사회과학자들의 관심을 끌지 못했다고 할 수 있다.

서구사회에서의 시민권은 세 가지 기본적 의미를 갖는다.

첫째, 시민(Citizen)은 단순히 한 도시의 거주자(Inhabitant),

둘째, 시민은 단순히 거주자(Inhabitant) 혹은 점유자 (Occupant)를 의미하며, 이러한 의미에서 시민은 거류민(Denizen)과 어느 정도 동일시된다.

셋째, 시민은 국가의 성원이다.

시민권은 이러한 세속화 과정을 겪으면서 교환의 자유, 신앙의 자유, 선택의 자유가 얼마나 성장하느냐에 따라 내용이 달라졌다.154)

❶ 17~18세기 시민권

개방적 · 보편적 의미에서의 시민권 개념이 사용된 것은 17~18세기 계몽주의 사상의 영향을 받아 인류의 보편적 원리로서 인권사상이 확립된 이후의 일이다. 이때부터 시민권은 실정법이 정하는 권리로 이해되었다. 그러나 1776년 버지니아 주(州)의 권리장전, 1789년 프랑스 인권선언 후 시민권은 국가에 의하여 침해되지 않는 사적 자유는 물론, 국가에 대한 청구권 · 참정권 등을 포괄하는 의미로 사용됨으로써 공민권과 동의어가 되었다. 다만 미국의 경우 아직도 시민권이 '각 주법(州法)으로 백인에게는 보장하고 있지만 흑인에게는 보장하고 있지 않은 여러 권리'의 의미로 사용되는 경우도 있다.

❷ 19세기 시민권

19세기 시민권은 근대 정치의 산물로서 프랑스 혁명과 산업혁

---

154) Ibid., 39.

명의 사회, 정치적 결과로 볼 수 있다. 이 시기의 시민권은 봉건제와 노예제 쇠퇴의 산물로서, 직접적으로 근대 산업주의의 출현과 관련된다. 따라서 근대의 시민권은 전통사회에서 뿌리 내려졌던 모든 것들의 변화를 전제로 삼는다. 다시 말해서 도시화, 세속화, 문화의 근대화와 같은 근대화 과정의 결과이다.155) 민족주의적 사고와 자본주의의 발전 속에서 시민권의 지정학적 단위는 민족국가가 되었고, 시민권을 받을 수 있는 사회적 조건은 한 국가의 구성원이어야 했다. 동시에 시민권은 역사적으로 이전보다 확장된 시민적, 정치적, 사회적 평등 개념을 지니게 되었다.

이때의 시민권은

첫째, 투표할 권리, 대표로 선출될 권리, 정치 활동에 참여할 권리 등 국가와 관련된 권리와 의무를 부여하는 법적 상태를 말한다.

둘째, 정치 영역에서 자신들의 이익을 추구할 뿐만 아니라 전문화된 능력으로 경제적 이익을 추구하는 특정한 사회집단을 의미한다.

셋째, '좋은 시민'이라고 불리기 위한 자기 희생, 충성과 같은 도덕적 자질들의 집합체를 의미한다.156)

❸ 20세기 시민권

20세기에 들어와 마샬(T. H. Marshall)은 시민권의 내용을 시민적 (Civil),157) 정치적 (Political),158) 사회적인 (Social)159) 3가지 범

---

155) Ibid., 4-6.
156) 김용미, *유럽통합과 유럽시민권 제도*(서울: 한국외국어대학교 대학원 석사논문, 1998), 4.
157) 시민적 권리는 사유재산의 자유, 계약체결의 자유, 언론·출판·집회·결사의 자유, 법 앞에서의 평등 등 개인의 자유를 실현시키는데 필수 불가

주에서 규정하였다. 마샬(T. H. Marshall)은 시민적 권리와 관련하여 서구 자본주의 사회의 발달을 18세기의 시민적 권리(Civil Rights), 19세기의 정치적 권리(Political Rights), 20세기의 사회적 권리(Social Rights)라는 각 권리의 발달로 특징 지워 설명하였다. 18세기의 시민권은 소수의 귀족 지배계층으로부터의 자유라는 개념으로 설명한다. 시민적 권리는 평등보다는 기회의 균등에 중심 가치를 두었다. 19세기의 시민의 권리로서의 정치적 권리는 사회 구조적인 문제를 변화시키는데 큰 역할을 했다. 정치적 권리의 발달로 민주주의는 1인 1표를 행사하는 수적 평등을 가져왔다. 20세기로 넘어오면서 정치, 경제구조상 시민권의 산술적 평등은 보장되나 분배의 불평등 문제가 발생하였다. 이러한 문제를 해결하기 위해 국민적 합의의 형태가 계층 간의 합의로 구체화되게 되는데 이를 통해 사회적 권리의 발달을 가져왔다.160) 마샬의 주장에 의하면 시민권의 핵심은 인간다운 삶을 보장하는 구체적 권리들을 창출하여 완전한 참여가 보장되는 상태에서 공동체의

결한 권리로 18세기에 성립되었다. 자유주의적 사조 하에서 부르주아 계급이 시민혁명을 통해 봉건귀족(구 특권계급)으로부터 쟁취된 권력을 의미한다.
158) 정치적 권리는 정치권 권위를 부여 받은 기구의 구성원으로서 혹은 그러한 기구의 구성원을 선출할 수 있는 유권자로서 정치권력을 행사할 수 있는 권리로 19세기 이후에 발달하였다. 부르주아 계급이 지배계급으로서의 위치를 확고히 하기 위해 노동자 계급과 연합하여 선거법 개정을 통해 획득하였으나, 노동자 계급은 1918년 성년 남자에게 보통선거권이 확대될 때까지 정치권에서 제외되었다.
159) 사회적인 권리는 적정 수준의 경제적 복지 및 보장으로부터 사회적 유산을 충분히 공유하고, 사회의 보편적 기준에 따라 문명화된 삶을 영위할 수 있는 권리에 이르기까지 다양한 범위에 이르는 권리로 20세기에 발달하였다. 시민권과 정치권의 발달은 단선적이고 점증적이나, 사회권의 발달은 진보와 퇴보가 다양하게 나타난다.
160) 참조, T. H. Marshall, *Class, Citizenship and Social Development* (Chicago London: Chicago University Press, 1977).

일원으로서 개인의 지위를 보장받는 데 있다고 보고 있다.

시민권에 관한 마샬(Marshall)의 정의는 이후 시민권에 대한 일반적인 견해로 받아들여지게 되었다. 그의 정의에 따르면, 시민적 권리는 법 앞에서의 평등, 언론의 자유, 종교의 자유, 재산권에 대한 권리를 의미한다. 정치적 권리는 현대 민주국가에서 참여의 형식적인 권리인 투표할 권리, 대표로 선출될 권리 등 정치활동에 참여할 권리를 의미한다. 사회적 권리들은 시민의 복지와 관련되며, 국가는 시민들에게 사회적, 경제적 복지의 최소한을 보장해야 한다. 이러한 마샬의 복지 개념도 세계화에 따른 지구시민사회에서는 그 개념이 확대되고 있는 실정이다.

(4) 지구시민사회의 국경 없는 시민권의 내용
① 변화되는 시민권의 범주와 역할
세계화에 따른 국제적인 이주의 증대는 사회적 울타리로서의 시민권에 일대 혼란을 가져왔다. 잘 알다시피, 세계화가 유럽을 비롯한 세계 곳곳에서 국민국가의 전통적 경계를 뒤흔들고 있다. 따라서 전에는 국내 문제로 간주됐던 시민권이 국제적 이민, 유럽 공동체와 같은 초국가적 조직들의 발전, 대규모 난민들의 이동, 국제 인권 규범의 제정 등으로 인해 국제 문제로 발전하였고 이중 국적자의 양산과 같은 문제들이 나타났다.

시민권은 시민들의 공동체에 대한 소속감을 높이고 충돌을 줄이면서 사회를 유지 발전시켜 나가도록 만드는 핵심적 제도로 발전해왔다. 다만 이런 발전은 모순을 안고 있는데, 시민권은 한편으로는 자본주의를 보장하면서 다른 한편으로는 그 결과 심화되는 불평등을 '평등한 시민'이라는 목표를 가지고 적극적으로 해소하는 기능을 갖기도 한다. 사회적 불평등을 완화하거나 해소하려는 노력은 특히 '사회적 권리'(Social Rights)의 확대와 '적극적 조치'(Affirmative Action)의 채택이라는 형태로 발전하였고, 자유주의자들은 이런 시민권의 발전에 대해 때때로 평등권 침해라는 식으로 공격을 가하고 있다. 시민권을 둘러싼 갈등과 모순은 시민권 제도가 민주주의를 정착시키고 발전시켜 나가는 데 있어 핵심적 요소일 뿐만 아니라, 사회적 불평등을 해결하기 위한 제도라는 것을 보여 준다.

② 지구시민사회와 이주노동자의 사회적 배제

사회적 배제(Social Exclusion)는 미국에서의 하층계급(Underclass)과 유럽사회의 '신 빈곤층'을 중심으로 사용되어 왔던 개념이다. 사회학적으로 사회적 배제는 '착취(Exploitation)'라는 개념과 연결하여 사용한다. 이 이론에서 중심적으로 사용하는 개념은 '산업예비군'으로서 빈민이다. 즉, 산업화의 진전과 생산 및 자본투자 방식에 있어서의 급격한 변화는 후기 자본주의 체제 내에서 노동의 분업을 가져왔고, 산업예비군이라 부르는 장기 실업자 군을 양산하게 되었다. 사회학자 파킨(Parkin)은 "사회에서 배제된 외집단과 포용된 내집단이 존재하며, 서구사회는 이들 내집단과 외집단 간의 지속적인 갈등과 타협의 과정을 통해 시민권을 실체화시켰다."고 주장하였다.

워커(A. Walker)와 워커(C. Walker)는[161] 사회적 배제를 단순한

---

161) A. Wakler, C. Walker, Britian Divided는 *The Growth of Social Exclusion in the 1980s and 1990s* (London: Child Poverty Action

'빈곤'과 구분하였다. 빈곤이 소득, 사회에의 참여 등에 있어서 물질적 자원의 결여를 다루는 개념이라면, 사회적 배제는 한 사회 내 개인들의 통합을 결정짓는 사회적, 경제적, 정치적 또는 문화적 체계로부터 전체적으로 혹은 부분적으로 한 개인이 폐쇄당하는 역동적인 과정을 지칭하는 보다 포괄적인 개념이다. 이들이 제시하는 배제의 극복은 마샬에 의해 형성된 전통에 따라 162) 시민권에 기초한 통합과 사회민주주의 전략의 실천이다. 마다니프와 동료 연구자들은 사회적 배제를 '다차원적인 과정'(Multi-Dimensional Process)으로 정의하였다. 이 과정에는 다양한 형태의 배제가 포함되는데, 특히 의사 결정 및 정치적 과정에의 참여, 일자리와 물질적 자원에 대한 접근 그리고 문화적 과정으로서의 통합 등이 중시된다. 이들이 조합되면, 특정한 공간, 특히 이웃에게서 심각한 유형의 배제를 창출한다.

이주자들에 의한 도시 공간의 분화에 대하여는 시카고 학파의 사회생태학 연구가 대표적이다. 이들은 노동계급에서 이주자들이 차지하는 비중의 증가와 사회적 양극화(Polarization) 혹은 게토화(Ghettoization) 과정이 동시에 일어나는 것에 주목하여 산업화, 도

Group). 라는 책을 썼다.

162) T. H. Marshall은 시민권론에서 사회권을 '공민권과 정치권보다 위에 있지만 이들 권리에 기초하여 달성되어지는 권리'라고 하였다. 사회권(social right)은 어느 정도의 경제적 복지와 보장, 사회의 지배적 기준에서 보았을 때 문명화되었다고 할 수 있는 삶을 누리고 사회적 자원에 충분히 참여할 수 있는 권리이다. 이처럼 사회권이란, 그 자체로 독자적으로 존재할 수 있는 것은 아니기 때문에 사회권을 뒷받침하는 경제영역의 자유와 권리를 주장하는 공민권과 정치적 참여로서의 정치권이 함께 구성되어져야 한다. 즉 사회권의 제한 혹은 박탈이라고 할 수 있는 사회적 배제는 경제 및 정치 영역에 대한 참여의 과정을 통해 사회자원의 접근을 제한하거나 공정분배로부터의 소외시키는 것이다.

시화로 인한 공간의 분화 현상과 그로 인한 사회적 문제를 관찰하였다. 마다니프와 그의 동료들은 공간 분화는 사회적 배제와 관련하여 발생하는 경제적 재구조화의 결과라는 입장을 취하고 있다. 도시 공간에서 민족성과 종교는 공간의 사회적 구조를 분화시키는 기초를 형성하고, 다른 한편으로는 문화와 유대 관계를 그리고 최종적으로는 지방정부와 복지국가의 특정한 부문이 사회적 배제에 영향을 미친다. 이주노동자들을 둘러싼 사회적 배제의 문제를 해결하기 위한 사회정책은 매우 중요하다.

첫째, 사회적 배제는 공간의 분화와 주변화 과정에서 관찰될 뿐만 아니라 이러한 공간의 분화는 사회적 배제를 더욱 더 심화시킨다.

둘째, 사회정책은 지역 내의 교육제도와 같은 공공 재화의 분배의 측면을 포함하여야 한다.

셋째, 사회적 배제는 곧 사회질서의 문제와 긴밀히 연결되고, 사회정책은 질서의 유지에 관심을 가질 수밖에 없다.[163]

(5) 지구 시민사회에서의 국경 없는 시민권과 인권
① 시민권과 인권

이주노동자의 기본권을 유효하게 적용하기 위해서라도 개인과 국가 또는 사회의 관계를 정식화하는 것이 필요하다. 즉, 국가나 사회의 존재 형태는 개인의 자기 결정과 고유 가치를 허용할 수 있도록 조정하지 않으면 안 된다. 자유, 평등 및 참여는 상호 관계에서 현실화되기 때문에 그것들은 개인의 내면에 머물러 있을 수 없고, 밖으로 나타나 시민적 권리, 정치적 권리, 사회적 권리

---

[163] D. Byrne, *Social Exclusion* (Buckingham: Open University Press, 1999). 참조

로 표현되지 않으면 안 된다.

　인권과 기본권은 종종 방어권(Amwehrrechte), 협동권(Mitwirkungsrechte), 청구권(Anspruchsrechte)으로 분류된다. 방어권은 개인의 자유로운 영역을 보호하기 위한 것이며, 협동권은 시민에게 공공생활에 대한 참여를 보장하는 권리이며, 청구권은 국가와 사회에 청구할 수 있는 경제 및 문화적 권리이다.164) 이러한 인권의 중요한 본질적 요소는 자유(Freiheit), 평등(Gleichheit) 및 참여(Teilhabe)라는 말로 요약할 수 있다. 예를 들면, 18세기의 인권 목록 이래 소유권 혹은 인신 보호권의 주요 부분(개인의 불가침성, 자의적 체포, 고문으로부터의 보호, 재판을 받을 권리 등)은 자유에 관계된다. 인종, 피부 색깔, 성, 언어, 종교, 민족적 혹은 사회적 출신을 이유로 차별할 수 없는 권리는 평등을 기초로 하고 있다. 공적인 일을 감사(監査)하고 거기에 참가하는 청구권은 참여를 바탕으로 한다.165)

　개개인의 인권과 시민권은 비록 세 가지의 본질적 요소 즉 자유, 평등, 참여 또는 달리 말해서 시민적 권리, 정치적 권리, 사회적 권리 중 어느 하나에 특히 가까운 것이라 하더라도 세 가지 요소 모두를 비추어보고 해석하지 않으면 안 된다. 또 세 가지 본질적 요소를 하나라도 결여한 인권 또는 기본권의 이해는 결함을 갖게 되어 보완을 필요로 한다.166) 이러한 의미에서 이주노동자의 시민권

---

164) Wolfgang Huber & Heinz Eduard Tödt, *Menschenrechte* (Kreuz Verlag Stuttgart, 1977). 주재용, 김현구 역, *인권의 사상적 배경* (서울: 대한기독교서회, 1992), 94.
165) Ibid., 92.
166) Ibid., 93.

은 자유, 평등, 참여로 요약되는 인권의 이념과 시민적 권리, 정치적 권리, 사회적 권리의 측면에서 충분히 고려되어야 한다.

② 시민권 논의의 재구성
❶ 시장경제에서 이주노동과 함께 출발한 시민권

봉건제 사회에서 자본제 사회로의 이행 과정에는 노동의 이동이 수반되었고, 노동이 이동하려면 자유로운 신분질서가 필요하였다. 더우기 산업화는 더 많은 노동력을 필요로 하였고, 결국 노동의 이동은 전통사회의 지배를 해체하였다. 시민권은 노동의 이동과 함께 출발한 것이다.

❷ 냉혹한 노동의 강제와 뿌리 없는 이주노동자

'자신의 노동을 팔 자유가 있는' 개방된 시장에서 노동자는 시장의 요구에 순응할 수밖에 없다. 돈이 없는 노동자는 배고픔과 일자리 가운데 하나를 선택해야 하기 때문에, 돈을 가진 자들에게 복종할 수밖에 없다. 이것이 바로 마르크스가 말하는 자본주의 경제관계의 '냉혹한 강제'(Dull Compulsion)이다. 마찬가지로 자본가도 격심한 시장경쟁에서 살아남기 위해 이윤을 만들어낼 수밖에 없다. 자본주의의 논리는 노동자들이 일하도록 강요하고, 자본가에게도 신념, 동기, 의도에 관계없이 이윤을 증가시키도록 강요한다. 자본주의의 혁명적 성격은 전통적 양식에 집착하지 않고, 노동·화폐·부의 특성에도 무관심하다는 사실에 있다.167) 세계화로 인한 국제사회는 이러한 냉혹한 강제(Dull Compulsion Work) 노동의 증가와 국경 없는 이주노동을 추동하고 있다. 결국

---

167) Brayan S. Turner and Peter Hamilton, ed., *Citizenship:Critical Concepts*, vol.1 (London: Routledge, 1994), 22.

이들은 자신의 나라를 떠나 타국에서 뿌리 없는 노동을 하는 자로 전락한다.

❸ 박탈당하는 이주노동자의 시민권

시민(Citizens)의 개념은 신하(Subject)[168)]의 개념과는 다르다. 신하는 정치공동체에 종속되어 통제되지만, 시민은 정치공동체의 회원으로서 공동체에 무엇인가 기대할 수 있고, 또한 공동체도 시민들에게 무엇인가를 기대할 수 있다. 따라서 시민과 공동체는 계약을 기반으로 한 상호 대등한 종속 관계에 놓여 있다.[169)]

그러나 이주노동자들은 타국에서 불안정한 신분으로 통제의 대상이 된다. 통제되는 신분은 곧 노예이거나 신하의 신분에 지나지 않는다. 신분의 불안정으로 정치공동체에 대한 참여를 제한하고 통제하는 것 자체가 시민권의 강제 박탈이다. 이주노동자는 본국에서 소유하고 있던 시민권을 타국에서 상실한다. 본국을 떠나 있지만 자기가 소속된 지역에서의 한 시민으로 살아갈 수 있는 권리가 절실하다.

❹ 사회의 발전과 기존 제도와의 충돌

시민권은 사회의 경계가 넓어질수록 함께 확대되기 때문에 사회의 성격이 제한적일수록 시민권의 성격 또한 그만큼 제한적이다. 한국 사회가 국경 없는 세계화 시대로 나아감에 따라 내부 경계를 제한하는 것은 시간이 지날수록 무의미하게 될 것이다. 한

[168)] 국민이라는 뜻도 있으나, 군주의 지배를 받는 사람, 신하 혹은 백성의 의미를 지니기도 한다. 이는 봉건제도하의 신하, 신(臣), 가신의 개념에 해당되며 입헌군주제도하의 국민, 또는 신민이라고 해석되기도 한다.
[169)] Jens Magleby Sorensen, *The Exclusive European Citizenship* (England: Avebury, 1996), 7.

국정부는 2004년 11월 22일에 '해외 동포에 대한 참정권의 확대'를 발표하였다. 이는 한국 사회의 영역의 확대를 의미한다. 이러한 의미에서 한국 사회가 발전하면 할수록 한국 사회의 경계를 확대해 나가야 한다. 한국 사회의 확대를 꾀하면서도 국내법과 제도로 사회 경계를 축소하거나 현상유지에 급급하면 불균형과 충돌을 불러올 것이다.

❺ 국경 없는 세계화 시대의 소수자 인권보호

소수자는 민주주의의 체제에서도 권리가 박탈된 상태로 방치될 수 있다. 소수자에게 언론의 자유와 투표의 권리가 주어져 있더라도 상황은 크게 달라지지 않는다. 왜냐하면 소수자들은 수입, 주택, 교육 등에 관한 투표에서 다수자들에게 압도당하거나 경제적, 사회적으로 장기간에 걸쳐 착취당할 수 있기 때문이다. 다수자와 정부 당국자, 법원은 소수자의 이익에 반하는 사안에 공모할 수 있다. 다수결 원칙이란 잘못된 다수자의 전체정치를 올바른 소수에게 강요할 수 있다.170) 따라서 소수자로서의 이주노동자들의 다양한 목소리가 반영될 수 있는 정치 구조와 사회 제도 장치의 보완이 시민권적 차원에서 제기되어야 한다.

(6) 국경 없는 시민권의 내용

이주노동자의 시민권 확대 요구 주장의 근거와 내용은 무엇인가? 이주노동자는 한국 시장경제의 참여자이다. 시장의 자유경쟁과 공정 분배의 실현은 사회의 모든 집단이 시장경제에 충분히 참여할 수 있는 균등한 기회가 이루어질 때 비로소 가능해진다. 그

---

170) 오현철, *시민불복종-저항과 자유의 길* (서울: 책 세상, 2001), 27.

동안의 국내 이주노동자 정책은 한정된 자원의 분배로부터 외국인을 배제하는 정책을 취해 왔다. 그러나 이제 우리 사회도 이주노동자를 생산 비용을 절감할 수 있는 값싼 노동력으로서의 경제적 도구로만 볼 것이 아니라, 정치, 경제, 사회, 문화적 배경과 그에 따른 권리를 가진 사회적 존재로 새롭게 인식할 때가 되었다.

국경 없는 시민권의 내용은 이렇다.

첫째, 이주노동자들도 시민권을 요구할 권리가 있다. 시장경제 하에서의 일차적 사회정의는 시장에 참여한 사람들 사이에서 시장경제 원리에 의해 공정한 분배가 이루어지도록 하는 것이다. 균등한 기회 보장의 전제 조건으로서 기본생활과 일정 수준의 교육, 보건, 주거의 제공이 보편적인 시민의 권리로 요구된다.

둘째, 이주노동자의 시민권이란 한 사회에서 '정치, 경제, 사회, 문화적 실체로서 인정받는 정착의 상태'를 의미한다. 노동이 국제화된 지금의 시민권이란 단순히 장기체류 이주노동자가 '체류'하는 단순한 공간적 개념 이상이다. 따라서 이주노동자의 시민권은 체류 신분을 보장하고 한국 사회의 일원이 되도록 받아들여 정착할 수 있도록 돕는 일이 되어야 한다.

셋째, 노동의 국제화 시대의 이주노동자의 시민권은 시민적 권리를 넘어, 사회적 권리, 정치적 권리로 확대되어야 한다. 시민권은 국적, 시민이 갖는 권리와 의무, 공동체의 의사 결정에 참여할 수 있도록 보장하는 제도 및 관행을 의미한다. 세계화가 급속히 진행되면서 자국을 떠난 이주노동자는 타국에서 신분의 불안정으로 노동권 및 시민권을 박탈당하고 있다. 그래서 국제사회에서는 이주노동자를 지역사회에 정착시키고 공동체의 일원으로 받아들이는 운동을 전개하면서 그들을 이주자(Migrants)라 부르기 시작했다.

<표 6> 이주노동자를 바라보는 시각

	자본 경제적 시각	시민 사회권적 시각
이주노동자 인식	저비용 노동력, 노동의 유연화(경제적 도구)	정치, 경제, 사회, 문화적 권리를 가진 사람, 이동 및 정착의 자유(사회적 존재)
사회문제 인식	불법체류, 범죄, 슬럼화, 정체성 혼란	인권탄압, 인권차별, 사회적 권리 박탈,
문제 해결 방식	관리 및 통제, 정주화 저지 및 추방, 내국인우선	공존, 정주허용 및 체류자 권리구제, 다원화 수용,

(7) 국경 없는 시민권 운동의 출발 : 평등권

이주노동자들의 주요 이슈의 중심에는 언제나 평등의 요구가 있다. 이러한 평등의 문제와 관련하여, 인종차별에 저항하여 일어난 미국에서의 민권운동을 주목할 필요가 있다. 이행되지 않는 공약들, 명목상의 인종차별 폐지, 실행되지 않는 대법원 판결 등에 저항하여 평등을 쟁취하기 위한 운동이 1960년대 미국의 소수민(Minority) 민권운동이다. 흑인들의 민권운동은 흑인의 힘(Black Power)을 주장하였다. 이는 백인 주도의 인종통합을 거부하는 것이었다. 흑인들은 자신의 인종과 피부색에 자부심을 갖고 "검은 것은 아름답다."는 캐치프레이즈를 내걸었고 학문적으로도 인종편견에 대항하는 흑인학(Black Studies)의 강좌들을 개설하였다. 백인 중심의 인종통합 방식에 반대할 뿐아니라 흑인들로 하여금 빈민가 교육을 받게 하는 사회구조를 개선하려 한 것이다. 흑인들의 민권운동에 영향을 받아, 흑인들처럼 대규모는 아니지만, 스페인계, 멕시코계, 인디언들, 아시아계, 이태리계의 운동이 점차 미국 사회 내로 번져갔다.

시민권은 체류 및 정착에 따른 '정치, 경제, 사회, 문화적 권리를 갖는 실체로 인정받는 상태'를 의미한다. 이는 정부의 이주노동자에 대한 '3년 순환 정책'과 대치되는 일이기도 하다. '모든 이주노동자와 그 가족의 권리 보호에 관한 국제협약' 안은 1990년 12월 18일 제69차 유엔총회에서 채택되었고, 2003년 7월부터 국제법으로서 효력을 발생하게 되었다. 이 조약은 이주노동자들의 노동권뿐 아니라 사회적 실체로서의 사회권까지도 담고 있다. 조약의 대상은 이주노동자와 그 가족이며 미등록 이주노동자까지도 포함한다.

한국 사회는 이주노동자를 일하는 생산 도구로서만 인정할 뿐, 지역사회 거주자로서는 인정하지 않는 '정주화 방지' 정책을 취하고 있다. 로테이션(Rotation) 정책은 서양국가들이 이주노동자 유입 초기에, 사회적 비용을 최소화하고 자국의 경제적인 이득을 추구하기 위해 만든 정책이다. 국내경제 상황 때문에 어쩔 수 없이 이주노동자들을 받아들이긴 하였지만, 일정 기간 체류한 이주노동자들을 계속 새로운 이주노동자로 교체하면서, 그들의 정착은 원칙적으로 인정하지 않겠다는 정책 기조이다. 한국 정부가 로테이션 정책을 고집하는 것은 이주노동자들의 시민권을 제약하고 배제하겠다는 전제를 깔고 있다.

4. 국경없는마을 형성의 사회, 문화적 접근

1) 국제노동의 이동 역사

인류 역사란 그 초기부터 생존 또는 생산을 위한 이주노동의 역사이다. 그러나 이주노동은 민족국가가 형성된 후 국경이란 개념이 생기면서 통제를 받기 시작하였다. 최근의 일만 살펴보면, 19세기에는 주로 식민화에 따른 이주노동이었고, 20세기 중반부터는 서유럽, 미국 또는 중동으로의 대규모적인 이주 노동 송출이었다.[171]

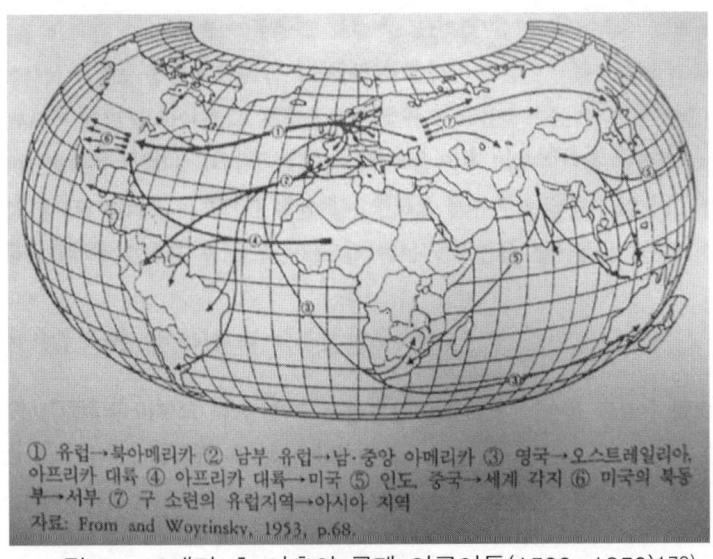

① 유럽→북아메리카 ② 남부 유럽→남·중앙 아메리카 ③ 영국→오스트레일리아, 아프리카 대륙 ④ 아프리카 대륙→미국 ⑤ 인도, 중국→세계 각지 ⑥ 미국의 북동부→서부 ⑦ 구 소련의 유럽지역→아시아 지역
자료: From and Woytinsky, 1953, p.68.

<그림 9> 16세기 초 이후의 국제 인구이동(1500~1950)[172]

---

171) 이혜경, "아시아 태평양 지역의 이주노동자 고용에 관한 연구," 한국 사회학, 제31집 (서울: 한국사회학회, 1997), 497-499.
172) Ibid., 300.

최근 한국 사회는 지난 1988년 이후 급격하게 이주노동자 유입이 늘어 현재는 이주노동자의 수가 40여 만 명에 이르고 있다. 이주노동자의 국내 유입은 자본의 세계화, 기업의 경쟁력 강화를 위한 생산량의 유연화 및 노동의 유연화, 산업구조 조정에 따른 노동시장의 구조적 변화에 따른 인력난 등이 원인이 되고 있다.

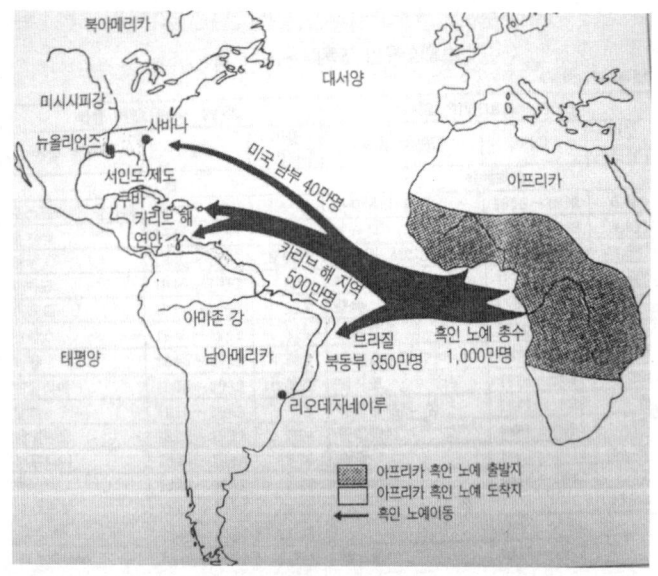

<그림 10> 아프리카 흑인 노예무역(1517~1850)[173]

---

[173]) Ibid., 301.

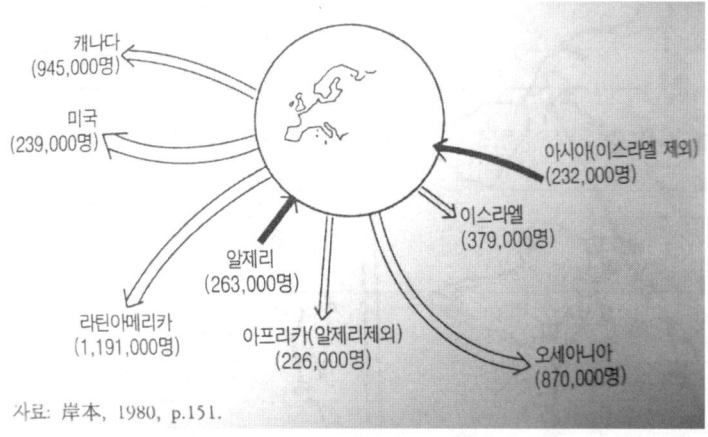

<그림 11> 제2차 세계대전 이후 유럽대륙 순인구 이동량(1946~55)[174]

2) 노동력의 이주와 인구이동

인구 이동은 전출(Out-Migration)과 전입(In-Migration)을 포함한 국내 인구 이동과 이주(Emigration, Immigration)를 포함하는 국제 인구 이동으로 구별된다. 그러나 유엔에서는 인구 이동(Migration)[175]을 단위지역 사이에서 즉 출발지에서 목적지로 주소 변경을 한 것이라고 규정하고 있다. 이 정의에 의하면, 주소의 변경은 없지만, 공간적인 이동을 행하는 통근이나 계절 이동, 노동력 이동, 단기간의 여행은 인구 이동에 포함되지 않는다.[176]

---

[174] Ibid., 307.
[175] 영어의 migration이란 라틴어로 migrante라는 라틴어에서 유래된 말로, '거처를 옮기다'의 뜻이다.
[176] 한주성, *인구지리학* (서울: 한울 아카데미, 1999), 239.

<표 7> 인구이동의 영향 요인

구 분	영 향 인 자
배출 인자	빈곤, 낮은 임금, 실업, 교육, 문화, 보건시설 등의 부재, 인종적 종교적 정치적 억압, 기근 홍수 등의 자연재해, 지역 및 거주간의 친근감 등
흡인 인자	저렴한 농지가격, 고용기회의 증대, 높은 임금수준, 학교 병원, 위락 시설 등의 시설 확충, 쾌적한 환경, 미지에 대한 기대 등
장애 인자	이동비용, 심리적 비용(가족, 친구, 지역사회와의 분리에서 오는 불안감), 이주 규제법, 노동허가 규제법 등
개인적 인자	성, 연령, 건강상태, 혼인상태, 교육수준, 자녀 수 등

인구 이동은 지역과 이동자 개인이 가지고 있는 배출 인자 (Push Factor)와 흡인 인자(Pull Factor) 및 장애 인자에 의하여 이루어지는 지역간의 거주 이동이다. 인구 이동의 영향에 미치는 요인들이 개인에게 영향을 미치게 되는데, 이는 개인에 따라 다르게 나타나며 이를 이동의 탄력성(Migration Elasticity)이라 한다.

3) 이주노동자의 국제 이동 이론

국제노동력의 이동은 자본의 세계화에 따른 노동력 이동의 국제화이다. 자본의 세계화는 1980년대 이후 노동력의 서유럽, 미국, 일본으로의 이동을 가속화시켰다. 이러한 현상은 노동력 유입국의 일시적 현상이라기보다는 노동시장의 분절화 또는 서비스 산업의 양극화라는 노동유입국 노동시장의 변화에 따른 구조적 현상이다.[177]

---

[177] E. Pugliese, "Restructuring of labor market and The role of Third World migration in Europe," in *EPD*, vol. 11 (1993).에서 이와 같은 형태의 국제인구이동을 후기산업이민(Postindustrial Immigration)으로 보았다.

(1) 균형이론과 세계체제이론

외국인 노동력의 국제 이동을 설명하는 이론에는 크게 균형 이론(Equilibrium Theory)과 세계체제 이론(World System Theory)이 있다. 균형 이론은 각 국가의 경제적, 사회적, 정치적 제반 요인들의 차이로 노동 이동을 설명하는 이론이다. 말하자면 소득, 고용기회, 종교적 혹은 정치적 자유 등이 적은 나라에서 많은 나라로 이동을 한다는 것이다. 이때 개인의 신분 상승이 이동의 동기가 된다. 이 이론은 노동력의 송출국에서 무제한적 임금 격차가 상당히 지속적으로 존속하는데 기초를 두고 있다. 다만 노동력 수입국에서 수요가 있을 때 노동자들의 국제이동이 발생한다.178) 이 이론은 국제 노동력 이동을 수요-공급에 따라 시장에서 균형을 찾아 가는 과정으로 파악한다. 따라서 이주노동자를 '부족한 선진국의 노동력을 보충하는 존재'(A supplement)로 간주한다.

세계체제 이론은 균형 이론이 노동력을 둘러싸고 일어나는 자본의 기제를 이해하지 못하였음을 비판하면서 나온 이론이다. 세계체제 이론은 자본주의의 확대에 따른 국가-자본-노동의 역사와 사회, 경제적 맥락에서 노동의 원인을 분석한다. 세계체제 이론에 따르면 노동력의 국제 이동은 자본주의의 확대로서 어느 국가가 세계경제 체제 속으로 편입된 후 일어나는 현상이다. 저개발 국가의 저임금 노동이 선진국가로 이동하는 것은 선진국에서 자본의 이동이 불가능한 업종들의 수요를 충족시키는 과정에서 일어난다.179) 선진국의 입장에서 보면 자동화, 기계화 과정이 어려운

---

178) 설동훈, "국제노동력 이동과 한국 내 이주노동자," *한국의 지역문제와 노동계급* (서울: 한국사회사연구회, 1992), 233-234.
179) Katheine Gibson, "Julie Graham, Situating Migrants in Theory:

업종에 대하여 대규모의 노동력 저수지가 필요하기 때문에, 정치적, 법적 통제력이 용이하고 값싼 노동력으로서 이주노동자의 활용을 선호한다. 그러나 선진국가들은 정치적 통제를 가함으로써 단결권, 단체행동권, 단체교섭권에서 이주노동자들을 배제시킨다. 선진국 노동자의 임금 상승에 따른 생산원가 절감과 산업구조 조정에 따른 저임금 노동력 확보와 거세어진 자국의 노동시장을 통제하려는 국가와 자본의 공동 전략으로 이주가 이루어지는 것이다. 자본측은 노동의 유연화 전략으로서 자국민에 대하여는 비정규노동자의 확대와 국제적으로는 이주노동자의 확대를 꾀한다. 또한 자본의 재구조화는 노동력의 재구조화를 수반하는 현상으로 이해한다.

(2) 노동시장 구조이론

노동시장이란 '노동력 상품'의 공급과 수요에 관한 정보가 교환되고, 그 결과로 노동력이라는 상품이 매매되는 사회적 메커니즘이다. 180) 노동시장의 구조를 설명하는 데는 통합 노동시장 이론과 분단 노동시장 이론이 있다. 또한 통합 노동시장 이론에는 신고전파 경제학에181) 기초한 '경쟁적 단일 노동시장 이론'과 '인적 자본 이론'이 있다.

The Case of Filipino Migrant Contract Construction Workers," in *Capital and Class*, 29 (1986), 130-140.을 최영수, 이주노동자 유입이 수도권지역 노동시장에 미치는 영향에 관한 연구 (서울: 서울대학교환경대학원 석사논문, 1995), 24에서 재인용.

180) 노동력이란 일할 수 있는 능력과 힘과 기술을 총체적으로 말하는 것이고, 노동은 새로운 사용가치, 혹은 효용을 만들어내기 위하여 노동력을 사용하는 것을 말한다. 노동과정은 이러한 노동력을 지출하는 과정이다.

181) 신고전파 노동시장론은 노동시장을 다른 시장 즉 상품시장, 자본시장과 같은 측면에서 파악한다.

'경쟁적 단일 노동시장 이론'은 노동시장을 수요와 공급이 경쟁적이며 연속적인 시장으로 보는 입장이며 노동자에게는 기술 숙련, 지역 이외의 조건에서는 큰 차이가 없음을 전제한다. 노동자들은 직업 선택, 임금 결정에 아무런 제약도 받지 않는다고 본다.

'인적 자본 이론'은 노동시장을 다수의 자본가와 노동자 사이에 자유롭고 무제한적인 경쟁이 이루어지는 완전경쟁 시장으로 간주한다. 임금의 결정은 노동력의 수요와 공급에 의하여 결정되는 것으로 본다. 노동력의 질적 차이가 임금 차이의 반영으로 나타난다.

'분단 노동시장 이론'은 현실적으로 임금 시장보다는 직무 시장적 성격이 강하다. 따라서 인종, 민족, 사회계층, 성에 따라 직무 시장으로 들어가는 통로가 분단된다는 것이다.

분단 노동시장에서 자본가와 노동자의 타협에 의한 비경쟁 집단을 창출하는 내부 노동시장(Inner Labor Market)이 형성된다. 이러한 내부 노동시장의 형성은 기업별 노동시장을 계층화시키는 메커니즘이 된다. 그러나 내부 시장만 논의되어서는 안 되기 때문에, 외부 시장을 고려하면서 저임금 노동시장의 형태를 분석하기 위한 '이중 노동시장 이론'을 발전시켰다. [182]

이중 노동시장 이론은 한 국가의 경제구조를 이중 경제로 파악한다. 기업을 시장 지배력에 따라 독과점을 가진 핵심 기업(Core Firm)과 경쟁적 시장조건에 놓여있는 주변 기업(Periphery Firm)으로 구별한다. 일차적 노동시장은 주로 내부 노동시장을 중심으로 형성되어 있다. 내부 노동시장은 상대적으로 고임금, 안정적 고용

---

[182] Peter B. Doeringer & Michael J. Piore, *International Labor Markets and Manpower Analysis* (Lexington D.C.: Health Company, 1971), 1-2.

및 승진이 보장되며 좋은 근로조건과 경쟁으로부터의 보호가 보장된다.

반면 2차 노동시장은 여자, 청소년 노동자, 도시빈민, 이주노동자 등으로 구성된다. 쉽게 말해서 비정규직 노동자로 보면 된다. 특히 2차 비정규직 노동 시장은 주기적, 계절적 영향을 받는 부분과 일치하며, 저임금과 열악한 노동조건, 승진기회의 부족, 불안정한 고용 등으로 특징 지워진다. 이러한 이중 노동시장의 구조는 1차 노동시장에 고용된 노동자는 항상적으로 잉여가치를 생산할 수 있지만, 숙련이 필요 없는 단순 직무는 2차 노동시장의 미숙련 노동자를 이용하여 자유로이 채용, 배치, 해고함으로써 노동의 유연화를 꾀한다. 이러한 이론도 미숙련 노동자의 인력부족 현상을 설명하는 데는 한계가 있다.

기업이 노동력을 적절히 이용하는 과정에서 지역 특성 산업이 형성되고 지방 노동시장이 발달한다. 기업이 필요로 하는 노동력은 상품으로서의 특수성으로 인해 분절된 노동시장의 구조적 조건과 지역사회에 기반한 영역의 재생산과정을 통해 공급된다고 본다. 따라서 노동력의 공급은 지방에 따라 다르게 나타난다. 지방 노동시장은 분절된 노동시장을 차등적으로 받아들이게 되고 통합시켜 나간다. 즉 성, 학력, 인종 등으로 분절된 노동시장이 통근 가시권 내에서 지역적으로 특성화되는 것이다.

4) 가속화되는 국내 노동시장의 국제화

지난 1993년 말 한국은 우루과이 라운드(UR) 협상으로 더욱 개방화 국면에 놓이게 되었다. 미주권(NAFTA), 유럽권(EU), 아시아권(APEC, ASEAN) 등으로의 지역화 경향은 국제 이주노동을 더욱 부추긴다. 시장의 판도가 변하고 있는 것이다. 노동시장(Labor Market)은 '노동력 상품'의 공급과 수요에 관한 정보가 교환되고, 그 결과로 노동력183)이 다른 상품과 같이 거래되는 사회적 메커니즘이다. 그러나 노동은 일반 상품과는 달리, 노동력을 제공하는 노동자와 따로 뗄 수 없기 때문에 노동력의 지역 간 이동이 자유롭지 못한 특성이 있다.

(1) 기업의 경쟁력 강화와 산업의 재구조화

산업의 재구조화는 자본의 구조와 노동의 구조를 재편하면서 기업의 해외 이전 및 이주노동자의 국내 유입을 촉발시킨다. 좁은 의미에서 산업의 구조 조정(Restructuring)은184) 기업이 경쟁력을 확보하기 위하여 기업의 소유 및 통제에 변화를 가하는 것이다. 넓은 의미에서는 경제적 불안정기 또는 위기 때에 전체 자본주의 경제의 안정을 취하고자 하는 조치로서 경제적, 기술적, 사회적, 정치적 변동을 꾀하는 것으로 볼 수 있다. 특히 기업의 경쟁력 확보를 위한 산업구조 조정은 자본과 노동의 재편을 가져온다.

경쟁력을 상실한 기업은 노동의 유연화, 생산비 절감을 위한 값싼 노동력의 확보, 기술 변동 및 경영 조건의 재편, 하청을 통한 생산량의 유연화 확보, 기업의 해외 이전 혹은 공장 폐쇄 등의 전략을 구사한다.

노동의 유연화(Flexiblization)는 고용과 해고가 용이한 주변부 노동자(하청노동자, 비정규노동자, 이주노동자 등)를 통하여 고용수준

---

183) 노동력이란 일할 수 있는 능력과 힘과 기술의 총체이다.
184) 구조 조정의 개념은 산업구조 조정만 아니라 도시구조 조정(Urban Restructuring), 지역구조 조정(Regional Restructuring) 등 공간변화의 개념으로도 사용된다.

을 조절하여 기업이 필요로 하는 노동인력과 실제 고용된 노동인력의 수를 일치시키는 것을 말한다.

반면 생산량의 유연화는 모기업의 초과 능력 설비를 담당하는 설비 하청, 생산의 보완적 관계로서 전문 기술력을 요구하는 전문 하청, 모기업에 조립 및 부품 등을 공급하는 공급자 하청 등을 만들어서 자구책을 마련하는 것이다.

기업은 노동의 유연화의 측면에서 정치적 법적 통제력이 용이하고 값싼 노동력으로 활용이 가능한 이주노동자들을 선호한다. 선진국 노동자의 임금 상승에 따른 생산원가 증가 → 산업구조 조정에 따른 저임금 노동력 찾기 → 거세어진 자국의 노동 통제로 이해하면 된다. 노동력의 국제적 이동은 자본의 노동의 유연화 전략으로서, 자국민에 대하여는 비정규직 노동자의 확대와 국제적으로는 이주노동자의 확대가 이루어진다.

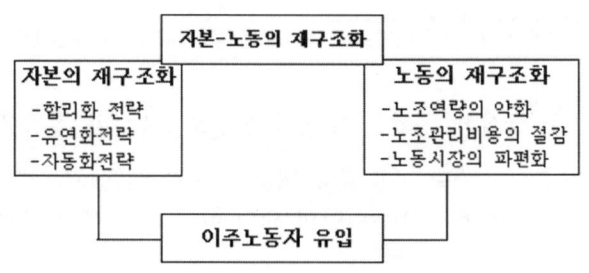

<그림 12> 자본-노동 시장의 재구조화 도표

국내 노동시장의 국제화는 세 가지 측면에서 이루어진다. 하나는 자본의 수출과 같은 방식이다. 자본의 해외 투자를 통하여 자본이 노동력이 있는 곳으로 이동하는 방식이다. 두 번째 방식은

자본이 필요한 노동력을 직접 외국으로부터 노동력을 수입하는 방식이다. 자본이 있는 곳으로 노동을 끌어오는 식이다. 세 번째 방식은 위 두 가지 방식이 동시에 이루어지는 형태이다. 한국의 경우 세 번째 방식에서 점차 첫 번째 방식으로 이전하는 과정에 있다.

(2) 국내 이주노동자 유입 영향

이주노동자가 국내에 유입됨으로써 미치는 영향에 대하여는 대체가설(Replacement Hypothesis)과 분단가설(Segmentation Hypothesis)의 두 가지 입장이 있다. 대체 가설은 [185] 이주노동자의 유입이 국내노동자들의 기회를 빼앗아 갈 뿐 아니라 이주노동자 고용이 국내 임금과 작업환경을 저하시켜 결국 내국인 노동자의 고용기회를 간접적으로 위축시킨다는 '대체 관계'의 입장을 취한다. 두 번째는 이주노동자가 국내 노동자와의 '보완 관계'에 있다는 분단 가설(Segmentation Hypothesis)이다.[186] 국내 노동자와 이주노동자는 노동의 질이 다르고 이주노동자는 국내 노동자가 기피하는 3D 단순노동에 집중되므로 국내노동자의 임금과 고용수준에 아무런 영향을 미치지 않는다는 것이다. 오히려 퇴출되는 3D 업종의 도산과 해외 이전을 막음으로써 오히려 국내노동자의 고용과 임금을 보장해 줄뿐 아니라 국내 노동자의 상승 이동에 도움

---

[185] Greenwood Micheal J, McDowell John M, "The Factor market consequence of U. S.", in *Immigration, Journal of Economic Literature*, 24 (1738~1772), 김성윤, *이주노동자 집단의 공간적 분포와 특성에 관한 연구* (서울: 성신여자대학교 석사논문, 1998), 9. 에서 재인용.

[186] 국내에서 박호환이 분단 가설을 처음으로 제기하였다. 박호환, "이주노동자 고용의 경제적 효과: 국내고용과 임금을 중심으로," *노사관계연구*, 제3권 (서울: 한국노동연구원, 1992).

이 된다는 입장이다. 이와 같은 상반된 견해는 이주노동자의 고용이 국내 노동시장에 미치는 영향이 복합적이며, 이주노동자의 특성과 종사 산업과 내국인의 특성에 따라 그 영향이 다르기 때문이다. 그러나 현실적으로는 이 두 입장은 업종이나 지역적 특성에 따라 중첩되어 나타나기도 한다. 건설 현장, 서비스 업종 등의 경우는 대체관계를 형성하기도 하나, 일반적인 3D 업종의 공장지대의 경우 보완관계의 형태로 나타나기도 한다.

중소기업의 인력 부족으로 인한 국내 이주노동자 유입은 내국인 노동자와 노동시장에서 경쟁을 하며 갈등을 일으키기도 한다. 산업구조 조정을 통한 기업의 경쟁력 확보를 위해서는 노동의 유연화 확보, 값싼 노동력 선호, 공장의 해외 이전, 직장 폐쇄 등으로 이어지면서 국내 실업을 증가시킨다. 때로는 국내노동자들과 일자리가 겹치는 부분에서는 노동의 대체효과가 발생하여 국내 노동자들의 실업 문제 해결에 걸림돌이 되기도 한다. 주로 건설현장에서 조선족과 겹치는 부분이 발생하면서, 건설현장에서 일하는 내국인의 조선족에 대한 반감은 매우 높다. 시장의 논리에서 실업문제를 걱정하는 '국내 노동시장 보완의 원칙'은 고려의 대상이 아니다. 노동시장의 보호는 정치 논리이지 경제 논리가 아닌 것이다.

<표 8> 산업화 단계별 인력난에 따른 외국인력 유입

산업화 단계	대규모 농림업	공업화 급진전	산업구조 조정기	탈공업화 진전기
단계별 특성	농, 임업 부분 계절적 인력난 발생	광업, 제조업 만성적 인력난 발생	2차산업 비중보다 3차산업 비중높다	2차산업 종사자수의 절대적 감소
유입 업종	농, 임업	광업, 제조업	제조업 일부, 건설업	서비스업, 비공식부분
사례	말레이시아 프랑스	1950년대, 60년대 독일, 프랑스	대만, 한국	독일, 프랑스, 미국

내국인 노동시장과 이주노동자의 인권을 보호하기 위하여 설동훈 교수는 '국내 노동시장 보완의 원칙' '산업구조 조정 저해 방지의 원칙', '균등 대우의 원칙' 3가지를 지키면서 이주노동자가 도입되어야 한다고 주장한다. 그러나 엄격한 시장 논리에 비추어 보면 산업구조 조정에 따른 충격을 완화하기 위한 임시방편에 지나지 않는다. 따라서 국내 실업문제보다는 시장의 논리에 따른 산업구조 조정과 이 과정에서 발생하는 기업의 인력부족의 논리가 결국 대세를 이루면서 이주노동자 도입 규모는 더욱 커져 나갈 전망이다. 노동의 유연성 확보의 차원에서 노동자의 권리는 지극히 제한적으로 적용되는 것을 관철해 나가고 있는 추세이다. 인권의 논리와 일자리 지키기 논리보다 기업의 경쟁력 확보를 위한 시장의 논리가 더 우선시되는 자본주의 사회이기 때문이다.

5) 문화적 사고로서 국경없는마을

우리는 지금 국경 없는 지구촌 사회를 살아가고 있다. 현대적 의미의 국경선은 1945년 2차 세계대전 이후 영토를 구분 짓는 선이었다. 그러나 1950년대의 다국적 기업의 발달, 1973년의 석유파동, 1989년의 동구권 몰락 그리고 운송과 커뮤니케이션의 발달은 국가 간의 장벽을 낮추고 자본의 세계화를 더욱 급속히 확대시켰다. 이 같은 신자유주의의 세계화(Globalization)는 국가주의와 국가 간의 경계인 국경의 의미를 퇴조시키고 있다.

다만 오늘날의 국경은 자본과 상품, 정보의 자유로운 이동을 허용하지만, 사람 특히 노동력의 이동만은 철저히 통제하고 있다. 그러나 이주노동자들의 국경을 넘는 노동은 곧 생존권의 의미로 받아들여져야 한다.

이주자들은 타국에서 소수자로서 법과 제도적으로 소외되고 차별받는 상황에 노출되고 있다.

소수자의 권리는 1948년 세계인권선언에서 시민권에 정치적, 경제적, 사회적, 문화적 권리가 포함되면서 본격화되었다. 당시에는 주로 전쟁 난민 및 정치적 이유 등으로 삶의 근거 자체를 다른 나라에서 옮겨 살아갈 수밖에 없는 사람에 대한 보호를 목적으로 하였다. 그러나 오늘날의 소수자 범주에는 이주노동자가 주요한 영역을 차지한다. 각 나라에서는 이주노동자들을 하나의 통제 대상으로 보고 법률적 제도적으로 차별대우를 하고 있는 것이 오늘의 현실이다. 따라서 법과 제도적인 측면에서의 개선이 강력히 요청된다.

이주노동자 문제를 다루는 국가의 정책은 크게 3가지로 나뉜다. 첫째, 유럽과 아시아 대부분의 국가에서 사용하는 정책으로 이것은 외국인들을 기존사회에 철저히 동화되도록 통합하는 정책(Integration Politick)이다.

둘째는 미국이 고수하는 정책으로 각각 다른 곳에서 온 외국인들을 뒤섞어 새로운 정체성을 창출하도록 하는 재창조 정책(Ein Topf Politick)이다.

셋째가 캐나다가 유지하는 정책으로 각자의 고유성을 유지하면서 한 사회의 구성원으로 조화롭게 살도록 하는 다자간 상호 존립의 정책(Mosaik Politick)이다.187) 어떻게 다양한 문화가 함께 공존하며 더불어 살아갈 수 있을까? 지역사회를 하나로 엮기 위해서는 차별적인 갈등 구조를 분석하고 통합하는 구조가 필요하다.

(1) 이주노동자의 문화 충격과 문화 적응
① 문화 충격

돈을 벌기 위하여 자신의 나라를 떠나 새로운 문화권에서 생활하게 되는 이주노동자들에게는 '문화 충격(Culture Shock)'이 있다. 문화 충격은 새로운 문화를 대할 때 일어나는 방향 상실 혹은 정서적 혼란이다. 이러한 문화 충격은 이주노동자뿐만 아니라 해외에 장기 체류하는 사람들도 경험하며, 때로는 내국인들도 이주노동자들의 낯선 문화를 접하고 경계심을 나타내고 배타적 태도를 보이기도 한다. 문화 충격은 새로운 문화에 대한 생소함에서 오는 현상으로 언어 충격으로 인한 자존감 상실, 일상생활 변화에서 오는 혼돈, 관계성의 변화에서 경험하는 자신의 정체성 상실, 이해력의 상실, 감정과 가치관의 혼돈을 수반한다.

이주노동자들이 새로운 문화권에서 접하는 충격은 다섯 가지로 요약된다.

첫 번째 충격은 의사소통의 불능이다. 국내 지역주민들도 답답

---
187) 서성환, "독일교회의 이주노동자 선교," *미간행 자료*, 3.

하기는 마찬가지다. 이주노동자는 한국에 들어오자마자 말이 통하지 않아 갑자기 다른 사람과 관계를 맺는 주된 수단을 잃어버린다. 가장 단순한 말을 할 때에도 어린아이 같이 사용해야 하고, 계속해서 실수를 하게 된다. 자신의 교육이나 지식 그리고 고향에서의 지위나 신분 안정을 나타내는 상징들을 늘어놓을 능력이 없다. 그래서 자신감을 잃고 나약한 존재로 전락한다.

두 번째 충격은 일상생활의 변화이다. 새로운 환경을 처음 만난 사람은 아주 단순한 일처리도 커다란 정신적 부담이 되고 많은 시간을 소모한다. 버스를 탈 때 언제 차비를 내는지, 뭘 갈아타야 하는지, 쇼핑은 어떻게 하는지, 단순한 일에도 적응하지 못하여 혼란을 겪는다.

세 번째 충격은 관계의 변화이다. 개인의 삶은 다른 사람과의 관계를 중심으로 이루어진다. 그러므로 자신의 자아 인식이 다른 사람이 나에 관해 가지고 있는 이미지와 상충될 때는 다른 사람의 생각을 변화시키려고 필사적으로 노력하게 된다. 본국에서는 직위, 학위 그리고 다양한 단체의 회원자격 등을 가지고 자신이 누구인지 알 수 있었고 또한 중요한 존재로 인정받았다. 그러나 한국에 온 이주노동자는 본국에서의 모든 정체성이 사라진다. 한국에서 인정받기 위해서는 모든 것을 처음부터 다시 시작해야 한다.

네 번째 충격은 이해력의 상실이다. 사람이 되어간다는 것은 문화를 배우고 상황을 이해하는 것이다. 자신의 삶 가운데 내가 기대하는 것과 남들이 내게 기대하는 것이 무엇인지 알아가는 것이다. 그러나 이주노동자 대부분은 한국에 오면 그 동안 본국에서 배운 지식의 대부분은 쓸모없는 것이 되어버릴 뿐 아니라 때로는 문화의 차이로 오해를 불러일으키기도 한다. 이주노동자 자신이 확실하다고 여기던 것이 한국에서는 혼동으로 다가온다. 이

때문에 삶의 의미 상실 및 현실감각의 상실로 파괴적이 되기도 한다.

다섯 번째 충격은 감정과 가치관의 혼란이다. 문화 충격은 지식의 측면도 있지만 감정과 평가의 방향 상실도 포함한다. 감정적인 차원에서는 상실감과 혼돈을 경험하게 된다. 시간이 지날수록 본국에서 즐기던 종류의 오락을 즐기고 싶은 갈망이 생긴다. 한국말을 알아듣는 듯하지만 같은 말에 대해서도 이중적인 의미를 내포하는 세밀한 감정적 뉘앙스는 이해하지 못한다. 그러므로 이주노동자는 자신이 기대하는 만큼 자신감을 갖고 살아가지 못하기 때문에 좌절감과 죄의식, 거부감을 갖는다.

이주노동자들이 국내에서 겪는 문화 충격에 따라 몇 가지 의료적, 심리적 증상이 나타난다.

첫 번째가 스트레스이다. 스트레스는 축적되며 또 다른 스트레스를 야기시킬 뿐 아니라 폭발하기도 한다. 이러한 스트레스의 폭발을 일부에서는 현상적으로 보고 '범죄'로 몰아가기도 한다.

두 번째는 신체의 질병으로 만성두통, 위궤양, 요통, 고혈압, 심장마비, 만성피로 등이다. 일반적으로 스트레스는 집중력을 떨어뜨려 산업재해 등에 쉽게 노출된다.

세 번째는 우울증이다. 스트레스의 가장 심각한 결과가 보통 우울증과 실패감으로 나타난다. 또한 새로운 문화와 생활양식을 배워야 한다는 강박관념은 심신을 긴장시키며 향수병으로 고생하기도 하고, 여가생활을 즐길 마음도 상실하게 된다.

② 문화적응

이주노동자가 새로운 문화 충격에 대하여 나타내는 네 가지 현상이 있다.

첫 번째는 배타 문화(Anti Stranger) 현상이다. 타문화를 피하여 주변에 작은 고향 문화(Home Culture)를 만든다.

두 번째는 타문화 몰입현상(Going Stranger)이다. 이것은 자신의 문화를 무차별적으로 무시하고 다른 문화를 무조건 수용하려 몰입하는 현상이다. 타문화를 수용하고 맹신(Accept-believe)하게 된다.

세 번째는 타문화를 수용하고 존경(Accept-respect)하고 동일시(Identification)하는 이중 문화(Biculture) 현상이다.

네 번째는 자신의 고유한 정체성(Identity)을 유지하며 살아가려는 경향이다.

이제 문화적응에 대하여 이론적으로는 어떻게 보아야 하는지 살펴보도록 하겠다.

❶ 동화이론

미국을 흔히 용광로(Melting Pot)라 부른다. 이는 20세기 전반까지 많은 이민자들이 자유를 찾아 무한한 가능성을 가지고 미국에 들어왔으며 이때 여러 민족이 협력하여 미국사회의 발전을 도모하였다는 것이다. 어떤 인종과 민족을 배경으로 하더라도 미국은 자유정신과 교육을 통해 하나의 미국인을 만든다는 낙관적인 견해이다. 이러한 낙관적 입장에서 민족 이론을 전개시킨 사람이 파크(Robert Park)라는 사회학자이다.[188] 파크는 인종 내지 민족의 동화(Assimilation)를 민족적 진화(Ethnic evolution)의 일종으로 파

---

[188] 파크 이론이 접촉에서 출발한다고 해서 '접촉설'(Contact Hypothesis)이라고도 하고 인종을 포함한 민족 집단이 관계를 형성하고 그 관계가 집단 내의 관계에서 개인 내의 관계로 순환한다는 의미에서 '인간관계 순환설(Race Relation Cycle)'이라고도 한다.

악하고 동화의 과정을 4단계로 설명하였다.

첫 단계는 접촉(Contact)이다. 각 민족은 주어진 생활공간을 독립적으로 점유하는 경향이 있으며 주어진 범위 내에서 생활을 영위할 때는 고유한 생활양식을 유지하고 동화의 필요성도 없다. 그러나 사회가 산업화하고 근대화하면서 민족 간의 접촉도 빈번해지고 또한 섞이게 되면서 경쟁을 하게 된다.

둘째 단계는 경쟁(Competition)이다. 경쟁은 보다 유리한 지위를 점유하려는 경쟁, 최대 이윤을 얻으려는 경쟁을 비롯하여 보다 인간적인 행동을 하고 보다 인격적인 사람이 되려는 도의적 경쟁까지를 포함한다.

세 번째 단계는 적응(Accommodation)이다. 상호간의 접촉과 경쟁을 하면서 사람들은 상대방을 이해하고 공생의 방법을 모색한다.

네 번째 단계는 최종적 동화(Eventual Assimilation)이다.

파크는 사회적 추세가 결국 인종적 협력을 촉진하여 하나의 문화를 이룰 것으로 보고 있다.

그러나 흑인의 경우 민족적 정체성의 중요한 요소인 언어와 종교가 미국사회에 대부분 동화되었는데도 불구하고 피부와 외형에 의해 백인으로부터 심한 차별과 편견을 받은 나머지 오히려 흑인의 정체성을 강조하는 현상으로 발전하였다. 흑인들은 민족적 정체성을 찾기 위하여 머리 모양, 옷차림, 걸음걸이, 언어행동 등에서 백인과 다른 특색을 나타내는 운동을 전개하기도 하였다. 동화이론은 주로 이주 1세대의 문제이다. 그러나 2, 3세대가 되면 언어문제, 종교문제, 문화문제 등이 해결된다. 경우에 따라서는 언어와 문화를 완전히 잊어버리기 때문에 자신들의 뿌리와 민족적 범위를 지키려는 경향을 갖기도 한다.[189]

❷ 복수론(Pluralism)

복수론자들은 민족적 진화가 이루어진다 하더라도 그것이 완전한 하나의 민족으로 동화하는 것이 아니라 몇 개의 하위문화 내지 하위사회로 존재한다고 본다. 복수는 두 가지를 의미한다. 하나는 문화적 복수(Cultural Pluralism)이고 또 하나는 구조적 복수(Structural Pluralism)이다. 문화적 복수는 민족에 따라 사고, 감정 내지 행위가 복수로 존재한다는 것이고 구조적 복수는 사회적 대인관계에서의 여러 유형을 말한다.[190] 또한 이 두 복수를 동화란 견지에서 설명할 때 문화적 동화와 구조적 동화로 나눈다. 문화적 동화는 언어를 포함한 생활양식 전반이 동화된 것을 말하고 구조적 동화란 사회적 생존조건이 차별 없이 동등해지는 것을 말한다.

고든(Gorden. M. M.)은 동화의 과정이 완전동화에 이르기까지 7단계를 거친다고 말한다. 첫 번째가 문화적 동화, 둘째가 구조적 동화, 셋째는 인종이나 민족이 서로 결혼하는 혼인 동화, 넷째 민족성(Ethnicity)이 없어지는 정체성 동화(Identification Assimilation). 다섯 번째가 차별이 전혀 없는 태도 수용적 동화, 여섯째가 편견이 없는 행위 수용적 동화, 최후 단계인 일곱째는 일상생활에 전혀 구별이 없는 이른바 시민적 동화(Civic Assimilation)이다.[191] 고든은 미국 내에 흑인, 유태인, 가톨릭, 백인 개신교의 하위문화나 하위사회가 존재한다고 말한다. 4개의 하위사회들은 각기 자

---

[189] 이광규, *재외한인의 인류학적 연구* (서울: 집문당, 1997), 105.
[190] Ibid., 106.
[191] Milton M. Gordon, *Assimilation it American Life* (New York: Oxford University, 1964), 71

기들의 조직을 갖고 무엇보다 사고나 정서적 반응이나 행위에 있어 하나의 문화적 특성을 유지한다는 것이다. 또한 고든은 인종과 종교를 민족적 경계의 지표라고 주장한다. 직장에서의 경쟁이나 정치적인 이권을 위한 경쟁에서 두드러지게 노출되는 것은 민족 단위의 경쟁이라는 것이다.

미국은 모자이크설로 동화를 지향하고 민족들의 특성을 장려한다. 이에 따라 민족들은 각기 자기의 종교적 특성을 유지하고 문화적 특성을 발전시키며 심지어 언어의 복수를 인정해 민족들의 모국어를 유지케 하는 정책을 취하고 있다. 그러나 고든은 이러한 입장에 대하여 미국사회가 민족 복수주의 이데올로기(Ideology of Ethnicity Pluralism)를 실현하려 한다고 비판한다. 그 때문에 오히려 소수민족 내에서 차별과 편견이 경쟁적으로 존재한다고 본다.[192]

❸ 갈등론(Conflict Theology)

갈등론은 민족문제를 노동 경쟁적 입장에서 분석하는 입장이다. 근대사회에 기회가 다양해지고 직업이 많아지면서 민족간의 경쟁도 심화되고 공격성도 강화되며 편견과 차별이 가중되는 경향을 말한다. 예를 들면 흑인이 본격적인 차별을 받는 것은 기계화 이후의 일이라고 보면 된다. 미국이 고도산업사회로 돌입하면서 흑인들은 기술 없는 단순노동자로 전락하였고 이에 따라 산업계에서 무용지물이 되었으며 심지어는 백인 노동자마저 흑인 노동자를 멸시하게 되었다는 것이다. 이런 이론으로 설명한 보나치

---

[192] 이광규, *재외한인의 인류학적 연구* (서울: 집문당, 1997), 106-107.

치(Edna Bonacichi)는 흑인 노동자가 실업자가 되고 불리하게 된 것은 인종주의로 인한 것이 아니라 외국에서 유입된 값싼 이민 노동자 때문이라고 본다. 이것은 자본주의 체제가 점차 분할 노동시장을 향하여 가기 때문이다. 분할 노동시장은 상층에 자본, 중층에 강한 민족 집단의 노동 그리고 하층에 약한 민족 집단의 노동 등 3개 층위로서 성립된 경제 체제를 말한다.193) 자본은 민족과 인종을 관여하지 않고 값싼 노동을 구하게 되는데 이것이 소수민 노동이다. 소수민 노동은 값비싼 노동자의 임금 상승을 견제하고 이들의 파업을 봉쇄할 수 있기 때문에 이러한 관계를 분할 노동시장(Split Labor Market)이라고 한다. 또한 소수민 노동자는 정보에 어둡고 값싼 임금으로도 일할 뿐만 아니라 노동분쟁을 피하기 때문에 노동조합에도 가입하지 않는다. 보나치치에 의하면 이러한 국가적 노동계층의 최저 수준에서 소수민들이 벗어날 수 있는 길이 이른바 중간 소수민이 되는 것이다.

중간 소수민이란 한국 내에서 보면 국제결혼을 한 코시안(Kosian) 가족이거나 어느 정도 경제적 기반을 가지고 장기체류 중인 이주노동자를 지칭한다고 보면 좋겠다. 이러한 측면에서 적응 과정설과 작업가설을 장기체류 이주노동자들의 상황과 비교해 보면 좋을 듯하다.

❹ 적응 과정설
허무원, 김혜주, 김광정 씨는 한국인들이 미국의 사회 문화에

---

193) Edna Bonacich, "Advanced Capitalism and Black/White Race Relation in the Unite Status," "A Split Labor Market Interpretation," in *American Sociological Review*, 41 (1976), 34-51.

적응해 가는 과정을 다섯 단계로 나누어 설명하였다. 이 이론은 국제결혼 이주노동자, 장기체류 이주노동자들이 국내에서 어떻게 자신들의 문화적 정체성을 획득해 나가는가를 설명하는데 매우 유익해 보인다. 이들은 만족도를 y, 체류 연한을 x축으로 한 위에 마치 v와 유사한 한 곡선으로 된 적응과정을 보여준다. 적응과정은 첫째, 흥분점(Excitement)에서 시작한다. 미국에 처음 도착해 받는 놀라움에 대한 인상이 바로 흥분점이다. 그러나 1년 내외에 최저상태인 미몽에서 깨어나는 시점(Disenchantment)이 온다. 그리고는 다시 상승하여 5년간 적응기(Adjustment)를 맞고 8~9년이 되면 최고 정점인 최적기(Optimum)에 이른다. 그리고 나서 11~12년이 되면 정체성 위기(Identity Crisis)를 맞게 된다. 이로부터 5~6년이 경과하면 주어진 상황에 만족하는 주변인적 만족기(Marginal Satisfaction)에 이른다고 보았다.

특히 허원무는 민족 정체성(Ethnic Identity)에 관한 곡선을 제시하였다. 적응 곡선의 모든 과정을 거꾸로 한 것이다. 민족 정체성이란 한국인으로서의 의식을 말하며 허원무에 의하면 이것이 적응 과정과 반대의 현상을 보인다는 것이다. 허원무는 한국계 미국인이 되는 과정을 4단계로 나누었다. 상호 작용하는 시기, 한정된 사회동화 시기, 부정적 동화성과 정체성 위기를 극복하고 긍정적인 정체성인 한국계 미국인이라는 한미 민족성이 형성된다는 것이다.[194]

---

[194] Ibid., 112.

❺ 작업가설

 허원무가 제시한 적응 과정과 민족정체성 변화과정 그리고 한미 민족성 형성과정의 세 과정을 적응과정과 정체성과 관련된 두 가지로 나누어 볼 수 있다. 다시 말하면 민족 정체성 변화과정과 한미 민족성 형성과정으로 나누어 설명한 것이다. 세밀히 분석하면 적응은 미국사회에서의 접촉에서 생기는 것이고 정체성은 개인의 내부에서 야기되는 것이다. 이러한 과정들은 미국 문화와 한국 문화의 대치 때문이라고 말하였고 문화의 대치는 문화동화를 이루어 가는 첫 단계에서 그리고 사회적 대치는 한정된 사회동화를 이루는 둘째 단계에서 제시하였다. 말하자면 미국문화의 흡수가 유리할수록 한국문화로부터의 이탈이 강해지고 역으로 미국문화에의 노출이 불리할수록 한국문화에의 집착이 강할 것이다.

 이러한 양분화 이론에 의하면 남녀에 따라 또는 세대에 따라 상징적 의미가 달라지며 상징적 의미의 불일치가 가족원 내의 갈등을 초래하고 이것이 개인적 심리에 영향을 준다고 본 것이다. 한국적인 특성을 상실하며 미국적 특성으로 향하는 1기, 한국적 특성에서 미국적 특성으로 완만하게 옮겨가는 2기, 한국적 특성을 계속 유지해 가는 3기로 나눈 것이다. 1기는 문화 충격이 심해 언어의 불편을 느끼며 부부간 역할의 재조정과 이에 따른 심리적 갈등이 따르며 수입원의 안정을 추구한다. 그러나 2기는 직업이 안정되는 시기이고 이 시기에는 한국계 미국인으로서 이중적 만족감이 형성된다. 3기는 대외적으로나 사회적으로나 문화적 동화에 한계를 느껴 동화를 단념하고 자국적인 것에 보다 많은 애착을 느끼고 자국민 모임에 보다 헌신적인 노력을 기울이게 된다.

(2) 국경없는마을에 대한 문화적 사고
① 지역사회에 대한 문화적 사고

　문화간의 접촉은 국경을 사이에 두고 나라 간에 일어난다. 그러나 오늘날과 같이 운송수단이 발달하여 국가 간의 접촉이 빈번해지고 동일국가 내에서도 다른 국적의 사람들과 자유롭게 왕래하는 현실에서는 동일 국가 내에서도 문화 간 접촉이 이루어진다. 특히 통신수단의 발달로 다양한 문화의 접촉에 따른 문화변화의 가능성은 더 높아져 가고 있다.

　특히 이주노동자의 국내 거주로 인하여 이주노동자들의 놀이문화, 종교문화, 생활문화가 우리 사회에 커다란 영향을 주고 있는 것이 사실이다. 다양한 문화간의 접촉은 때로는 배타적이거나 차별적인 모습으로 나타나기도 하고, 혹은 전통문화를 살찌우는 기회가 되기도 한다. 다른 문화가 열린 자세로 다가설 때 낯선 문화와의 접촉은 새로운 문화 창조의 기회가 되기도 하고, 공존을 모색하는 새로운 사회의 모습으로 자리 잡아가기도 한다.

　지역사회문화에 대한 문화적 사고라는 것은 '문화는 역사 속에서 형성되고 누군가에 의해 만들어진 것이며 끊임없이 변화해왔고 지금도 변화하고 있으며 앞으로도 변해갈 것이다.'는 비판적인 사고이다. 문화적 사고는 영원불변하는 자연의 원리인 것처럼 강요되는 문화를 거부하고 새로운 대안 문화를 추구하는 것이다.[195]

　국경없는마을 형성에 대한 문화적 사고 역시 이주노동자에 대한 배타적이고 차별적인 문화도 역시 사람이 만들어낸 것임을 인

---

195) 김창남, *대중문화의 이해* (서울: 한울 아카데미, 2000), 15-17.

식하는데서 출발한다. 이주노동자에 대한 차별문화는 우리가 어떻게 하느냐에 따라 얼마든지 공존의 문화로 변화 가능하다. 문화적 사고란 역사적 사고이고 비판적 사고이며 자유롭고 창조적인 사고이다. 문화를 커뮤니케이션, 혹은 그것의 기반이 되는 상징체계라 할 때 그것은 단순히 정신적 작용의 산물이 아니라 사회 내의 관습, 가치규범, 제도, 전통 등을 포괄하는 총체적인 생활양식을 의미하게 된다. 문화를 한 인간의 집단, 종족의 총체적인 생활양식으로 정의할 때 집단 간의 문화적인 차별성은 좋고 나쁨이나 위계의 문제가 아니라 차이의 문제로 인식된다. 그런 의미에서 지역사회에 대한 문화적 사고는 문화산업을 기반으로 하는 서구식 소비문화로서의 세계화 문화(Global Culture)의[196] 관점과는 너무도 다르다.

② 국경없는마을 형성을 위한 문화적 사고의 이론적 검토

국경없는마을은 다양한 인종과 국적의 사람들이 한국 사회에서 어떻게 다문화 사회를 형성하며 살아갈 것인가에 초점을 두고 있다. 국경없는마을은 독특한 정체성을 지닌 하위문화가 지배문화와 공존하는 헤게모니의 형성이다. 이주노동자에 대한 차별문화는 지배문화 이데올로기의 결과이다. 지배문화 이데올로기에 대한 이해를 기본 인식으로 하면서 국경없는마을의 가능성을 모색해 보고자 한다. 지배문화 이데올로기에 대하여는 마르크스주의적 관점, 프랑크푸르트 학파의 관점, 구조주의적 관점, 문화주

---

[196] '세계화 문화'라는 개념은 정치, 경제, 사회적 이념을 지칭하는 '다보스 문화(The Dabos Culture)'로서 전 세계의 정부관리, 은행가, 기업인, 정치인, 학자, 지식인, 언론인들이 모인 연례 세계경제포럼의 이름에서 따온 용어이다. Samuel Huntington, Globalization and Culture, 중앙일보 유민문화재단 주최, *유민 기념강연 자료* (1999), 2.

의 관점을 비롯한 헤게모니의 관점에서의 연구를 살펴봄으로써 국경없는마을의 문화이론적 접근을 모색해 보고자 한다.197)

첫째, 마르크스주의적 관점에서 문화를 보면 다음과 같다. '기존의 문화에 대한 비판과 부정 그리고 새로운 문화지향'의 측면에서 마르크스주의 문화론은 기본적으로 정치적이다. 사회를 이루는 두 요소 즉 경제적 기초(토대)와 사회적 의식의 모든 형태들인 상부구조의 관계를 어떻게 보는가에 따라 문화 해석은 달라진다. 반영이론의 시각에서 보면 모든 문화는 그것을 생산한 사회의 경제구조의 단순한 반영일 뿐이다. 이러한 시각에서는 문화예술의 창조적 가치나 미학성 같은 것은 그리 중요한 의미를 갖지 않는다. 단지 경제구조의 반영일 뿐인 문화예술이 취할 수 있는 방향이란 이념적 지향성을 명시적이고 구체적인 방식으로 표현하는 것뿐이다.198)

두 번째는 프랑크푸르트학파의 관점이다.199) 프랑크푸르트학파는 토대 - 상부구조의 '결정' 관계를 기계적 인과관계가 아니라 좀더 넓은 의미의 '조건 지움'이라는 개념으로 받아들였다. 의식의 상대적 자율성을 주장한 것이다. 이들은 현대 자본주의 체제를 보다 잘 이해하기 위해서는 정치경제 분석만으로는 부족하고

---

197) 문화인류학적 관점은 다양하여 문화인류학의 이론들은 문화진화론(Cultural Evolutionism), 문화 결정주의(Cultural Determinism), 문화기능주의(Cultural-Functionalism), 문화구조주의(Cultural Structuralism), 문화상징주의(Cultural Symbolism) 등이 있다. 그러나 여기에서는 문화와 지배 이데올로기라는 관점에서만 정리하도록 한다.
198) 김창남, *대중문화의 이해* (서울: 한울아카데미, 2000), 52-55.
199) 프랑크푸르트 학파는 1923년 독일 프랑크푸르트에 설립된 사회학과연구소와 관련을 맺고 연구했던 일군의 학자들을 지칭하며 수정 마르크스주의로 불린다.

보다 광범위하고 종합적인 분석이 필요하다고 생각하여 경제 분석 외에 사회학적, 문화적, 심리학적 분석을 도입했고, 관료주의, 가족구조, 의식구조, 문화패턴 등에 관해 분석함으로써 방대한 이론체계를 세웠다. 프랑크푸르트학파가 특히 주목했던 것은 시장기능 침투에 의한 사물화(Ratification)200) 현상이었다. 사물화 현상은 인간관계에도 일반화되면서 인간은 단지 기능을 가진, 대치될 수 있는 소모품으로 전락하고 인간의 자율성, 자발성, 비판의식 같은 것은 무시되고 숙명론과 무력감을 심어준다고 보았다. 대중문화 역시 이윤을 위해 조작된 허위적 욕구의 산물로서 '문화산업'에201) 지나지 않는다고 보았다. 위대한 거부(Great Refusal)202) 즉 이데올로기 비판이론(Critical Theory)은 은폐되어 있는 권력관계를 드러내고 비판적으로 통합함으로써 해방에 이르는 경험을 내포한다. 프랑크푸르트학파는 이러한 비판이론의 개념을 철학, 문학, 예술, 대중문화 등에 적용하여 그것들 속에 감추어진 현상유지의 이데올로기를 비판하고 그것의 극복을 통해 사회변혁의 가능성을 제시하였다. 프랑크푸르트학파의 문화론은 대중문화의 산업적 특성에 주목하면서 부르주아의 이데올로기 지배와 연관시킨 시각을 열어주었다는 점에서 의의를 가지지만 기본적으로 파시즘의 대두와 노동자 계급의 혁명성의 상실을

---

200) 사물화란 인간들 사이의 질적인 관계가 상품 사이의 양적인 관계로 바뀌는 현상을 지칭한다.
201) '문화산업'에서 산업의 의미는 글자 그대로의 산업, 그러니까 영화산업이나 음반 산업 자체를 의미하는 것이 아니라 배포기술의 합리화, 상품의 규격화, 상품 효과의 과학적 계산 등과 같은 도구적 합리성을 가리키는 의미로 볼 수 있다.
202) 프랑크푸르트 학파의 마르쿠제는 비판은 현실에 존재하는 모든 비합리적인 것에 대한 단호한 부정으로부터 비롯된다고 하였으며 이를 가리켜 위대한 거부(Great Refusal)라 하였다.

배경으로 함으로써 지나치게 비관적이고 엘리트주의적이라는 비판을 받기도 한다.203)

세 번째는 구조주의의 관점이다. 모든 문화적 의미의 근원은 구조에 의하여 결정되며, '문화는 지배 이데올로기의 도구이다.'라는 입장을 갖는다. 구조주의의 구조(Structure)란 간단히 말하면 겉으로 드러나는 표피적 현상의 밑바닥에 존재하면서 그 표피적 현상을 가능하게 하는 체계라고 할 수 있다. 어떤 것이든 현상적으로 드러나는 사건이나 행위 뒤에는 그것을 가능하게 하는 심층적인 원리나 체계가 존재하는데 그것이 바로 구조이다. 따라서 구조주의자들의 문화 분석은 겉으로 표현된 문화적 표상 속에 숨겨져 있는 구조를 드러내는 일로 모아진다. 초기 구조주의는 주로 텍스트상의 내적인 구조에204) 관심을 가졌었다. 주로 언어, 문화현상, 신화분석 등을 통해 어떻게 구조에 사회의 지배적 이데올로기를 담고 있는가에 초점이 모아졌다. 그러나 후기에는 외적인 구조, 이를테면 계급, 성별, 인종 같은 사회적 요소들이 어떻게 무의식에 작용하는가에 대한 관심이 높아졌다. 구조주의의 초점이 텍스트로부터 수용자의 주체성(Subjectivity)의 문제로 옮아간 것이다.

네 번째는 문화주의 관점이다. 지배 이데올로기의 때가 묻지 않은 순수한 노동자문화를 인정하면서 수동적 소비보다는 능동적 생산 즉 인간의 '실천'을 강조한다. 문화주의는 물질적 토대가 문화적 상부구조를 결정한다는 정통 마르크스주의에 대해서도 반대하며, 문화라는 영역이 물질적 토대에서 상대적인 자율성을 누리며 적극적으로 물질적 토대에 개입한다는 관점을 보여 준

---

203) 김창남, *대중문화의 이해* (서울: 한울 아카데미, 2000), 56.
204) 내적인 구조의 가장 전형적인 문화현상은 '언어'이다.

다.205) 문화주의에서는 계급의식과 문화의 관계를 규명하기 위해 '경험'이라는 개념을 도입한다.206) 경험이야말로 인간의 창조적 가능성의 원천이며 현실에 대한 이해를 획득하고 깨닫게 하는 근거가 된다고 본다.207) 즉, 문화란 고상한 것도 아니고 위대한 선각자들에 의해 만들어지는 것도 아니며, 평범한 사람들의 경험, 가치, 사상, 행동, 욕망 등이 포괄적으로 조립된 것으로 본다. 이러한 경험은 감정구조(Structure of feeling)에서도208) 나타난다. 감정구조란 특정한 집단이나 계급, 사회가 공유하는 가치들 혹은 특정 집단이 공유하는 특정 시기의 생활 철학으로 본다.

다섯 번째로 헤게모니 관점에서의 문화연구이다.209) 문화연구가 나중에 구조주의와 문화주의를 통합했다는 것은 두 시각을 모두 부정하면서 동시에 받아들인다는 뜻이 된다. 즉 문화는 일방적으로 지배적인 구조의 산물도 아니며 그렇다고 노동자 계급의 순수한 표현도 아니다. 문화는 그 두 가지 힘, 즉 지배적인 구조의 힘과 인간의 실천의 힘이 만나 경쟁하고 투쟁하고 타협하고 갈등하는 영역이라는 것이다. 여기서 근간이 되는 이론적 자원이 이탈리아의 사상가 안토니오 그람시(Antonio Gramsci)의 헤게모니(Hegemony)210) 개념이다. 헤게모니의 핵심은 그것이 일방적인

---

205) Ibid., 71.
206) R. Hoggartt는 노동자계급을 중심으로 한 삶의 문화(Lived Culture)를 E. P. Thompson은 '경험'의 개념을 도입하였다.
207) 이러한 입장은 알튀세로 대표되는 구조주의적 마르크스주의자들의 입장과 분명히 대립된다. 알튀세에게 있어 경험이란 '이데올로기에 의해 구성되는 환상의 세계'에 지나지 않는 것이다.
208) 감정구조의 문화 이해는 윌리엄즈가 대표적으로 주장하였다.
209) 문화연구(Cultural Studies)는 문화주의 전통에서 출발하였으며, 영국의 버밍햄 대학의 현대문화연구소를 중심으로 발전해 온 것으로서 구조주의의 시각과 문화주의의 시각을 통합한 것이다.
210) 원래 헤게모니 개념은 레닌에게서 등장한다. 레닌은 사회주의 혁명의 과

지배가 아니라 참여자들의 동의에 기반을 둔 지배 즉 타협을 통한 지배라는데 있다. 헤게모니는 지배계급이 사회를 단순히 강압적인 힘만으로 통치하는 것이 아니라 도덕적, 지적 리더십을 통해 이끌어 가는 상황을 지칭한다. 헤게모니의 관점에서 볼 때 문화는 대중의 실천에 의해서 생겨나는 것도 아니며, 구조와 실천의 접합에 의해 형성된다. 이는 피지배계층이 현재의 권력구조와 사회질서를 능동적, 자발적으로 지지하고 있음을 의미한다. 각 집단은 각기 다른 방식으로 주어진 문화를 수용하며 해독한다. 또 경우에 따라서는 특유의 문화를 만들어내기도 한다. 여기서 나오는 것이 하위문화의 개념(Subculture)이다.211) 각기 다른 집단들이 각기 다른 방식으로 주어진 문화를 해독하고 수용할 때 거기에는 각기 독특한 특성을 가진 문화 실천의 형태들이 만들어지게 된다. 그것이 하위문화이다. 하위문화로서 이주노동자 문화는 지역사회에서 차이의 인정과 정체성의 확보를 통해 지역주민들과 함께 얼마든지 공존하는 다문화를 형성해낼 수 있다. 국경없는마을 운동은 하위문화로써 이주노동자들이 차별 문화를 극복하는 문화 실천운동의 대안이다.

(3) 하위문화로서 국경없는마을 문화 형성
① 하위문화의 형성

문화는 라틴어의 '경작하다', '재배하다'는 뜻을 가진 단어에서 파생된 말로서 사람의 인위적 행동이 포함되는 개념이다. 그래서

정에서 프롤레타리아 계급이 헤게모니를 행사해야 한다고 했다. 여기서 헤게모니는 지도력, 리더십의 의미를 가진다.
211) 김창남, *하위문화집단의 대중문화실천에 대한 일 연구* (서울: 서울대학교 대학원 문학박사논문, 1994), 7-9.

농업이라든가 양식 진주(Cultured Pearl), 박테리아 배양(Bacteria Culture) 같은 데서 쓰는 것처럼 'Culture'에서 문화라는 개념이 나왔다.212) 즉 문화는 인간의 '경작' 혹은 '재배' 행위로부터 비롯된 말로서 자연에 대응하는 생산 활동과 밀접한 관련을 맺고 있다. 이미 16세기에 'Culture'는 '농작물 가꾸기' 뿐만 아니라 '정신(마음) 가꾸기'라는 의미로도 사용되었다. 18세기 독일에서는 프랑스어를 사용하는 독일 상류 귀족들의 지적 활동 즉 학문, 과학, 철학, 예술 등을 'Kultur'라고 불렀다. 18세기 후반과 19세기 전반에 와서는 개인이나 민족의 신체적, 정신적 질을 개선하고 높이는 과정으로서 정신적 의미로 바뀌어 사용되었다. 19세기 후반, 인류학이 형성 발전하면서 문화라는 개념은 모든 인간 활동을 총괄하는 크고 중립적인 뜻으로 쓰이게 되었다.213)

인간의 문화에는 정치나 경제, 법과 제도, 문학, 예술, 도덕, 종교, 풍속 등 모든 인간적 산물이 포함된다. 더 나아가 이러한 산물들의 관계와 산물을 둘러싼 소유와 분배의 권력 그리고 지적 헤게모니의 형태로 나타나고 있다. 사무엘 헌팅톤(Samuel P. Huntington)은 문화는 한 사회 내에서 우세하게 발현하는 가치, 태도, 신념, 지향점 그리고 전제조건이라 하였다.214) 아울러 문화가 사회의 경제발전과 정치적 민주화에 영향을 미치며, 경제발전과 정치가 문화를 바꾸어 놓기도 한다고 보고 있다. 문화를 바라

---

212) 김창남, *대중문화의 이해* (서울: 한울 아카데미, 2000), 9.
213) Jean-Pierre Warnier, *La mondialisation de la culture* (Paris:La Dcouvette et Syros, 1999), 주형일 역, *문화의 세계화* (서울: 한울, 2000), 157-162.
214) Samuel P. Huntington, *Culture Matters*, 이종인 역, *문화가 중요하다* (서울: 김영사, 2002), 11.

보는 관점은 다르더라도 문화는 자연 상태의 어떤 것에 인간적인 작용을 가하여 변화시키고 새로운 것을 창조해 내는 것으로서 얼마든지 변화 가능하다는 것에는 이의가 별로 없다.

② 하위문화로서 국경없는마을

다문화 공동체를 지향하는 국경없는마을은 하위문화이다. 한국사회에서 이주노동자들이 유입되면서 이주노동자들이 거주하는 지역사회마다 하나 이상의 다른 문화가 존재하고 있다. 지금까지는 한국사회의 이해를 반영하는 차별문화가 지배적인 사회문화적 질서가 되었다. 지역사회에서의 이주노동자가 한국사회 문화와 갈등을 일으키고 간혹 마찰이 있는 것도 사실이다. 그러나 이제 이주노동자들은 자신들의 종교와 언어, 문화, 공간 등을 마련하면서 서서히 자신들의 문화정체성을 찾아가려고 하고 있다. 이제 한국사회에서 한국 사람들의 문화만 일방적 지배의 형태로 유지되는 것이 아니다. 서로 다른 차이들이 오히려 지역사회에서 '움직이는 평형상태'(Moving Equilibrium)로서의 헤게모니가 형성되고 있다.

문화적 헤게모니 과정은 한국사회의 차별문화와 다양한 이주노동자들 간의 문화가 갈등 혹은 저항(Struggle)을 통하여 공존을 모색하는 것이다. 하위문화는 저항적 형태만 존재하는 것이 아니라 순응, 승인, 통합 형태에서 저항과 일탈에 이르기까지 다양한 형식으로 존재한다. 하위문화는 '보다 광범한 문화 내에 위치하면서 사회 역사적 구조 내에서 특정한 사회 집단이 직면한 특정한 입장과 특수한 갈등에 부합하는 타협적인 문화형태'이기도 하다. 특히 하위문화는 좀더 큰 범주의 계급문화의 요소들을 공유하지만 또한 그로부터 구별되는 특성을 가진다. 이를테면 미국사회에서도 흑인노동자 계급과 백인노동자 계급의 사회적 조건이 같을 수 없으며, 따라서 그 문화 역시 차이를 가질 수밖에 없다. 이주노동자 간의 문화적 차이도 존재함을 인식해야 하는 대목이다. 하위문화로서 국경없는마을은 국적과 인종, 계급이나 성, 세대 등으로 구분되는 커다란 범주에 속하면서 각기 다른 속성에 의해 구별되는 다양한 소집단들의 독특한 정체성을 반영하는 문화를 의미한다.

국경없는마을은 다국적 이주노동자들이 한국사회에서 살아가면서 각자의 조건에 따라 보여주는 문화적 실천의 차별성을 극복하는 계획공동체이다. 다문화 공동체로서 국경없는마을은 한국사회에서의 지배적인 문화에 대한 다양한 이주노동자의 하위집단의 의식적, 무의식적 대응이며 욕구의 반영이다. 국경없는마을은 한국인으로 대표되는 지역사회의 지배문화의 지배력과 이주노동자로 대표되는 하위집단의 저항력이 일정한 수준에서 만나 상호공존을 모색하는 셈이다. 이러한 의미에서 국경없는마을은 기존의 체제에 대한 도전과 저항의 의미를 지니면서 동시에 기존 체제를 안정화시키는 역할도 동시에 수행하는 문화 실천운동이다.

6) 지역사회 복지로서 국경없는마을

(1) 지역사회(Community)로서 국경없는마을

지역사회(Community)에 대한 개념 정의는 바라보는 시각과 강조점에 따라 다양하다. 지역사회라는 개념은 일반적으로 지역과는 다른 특수성(Uniqueness)과 분리성(Separateness)을 나타내는 물리적 지리성 및 지역적인 경계를 의미한다.215) 그러나 펠린(Fellin)은 공동의 장소, 이해, 정체감, 문화, 활동에 기반하고 있는 사람들이 구성한 사회 단일체(A Social Unity)216)로 규정하며 마테쉬(Mattessich)의 경우에는 일정한 지리적 공간 안에서 같은 사회적, 심리적 인연을 가지고 있는 사람들217)로 정의하면서 사람 혹은 사람의 집단에 강조점을 두기도 한다. 스트로우프(Stroup)는 "지역사회란 자신들이 관련되어 있다는 의식을 갖는 비교적 많은 사람들에 의해 구성되어 있다고 말할 수 있는데, 이들 구성원은 공동의 생활공간에 서로 의존하고, 제한된 정치적 자율성을 가지며, 복잡하고 변천하는 사회구조 속에서 기본적인 만족을 추구한다."218)라고 하면서 성원 간의 상호 관련성을 강조하고 있다. 브루너와 할렌벡은 "지역사회란 주어진 지역 내에서 서로 관련을 맺고 상호작용을 하는 사람들이며, 이들은 상호작용을 통해서 단합된 지역의식을 갖게 되고, 협력적인 행동을 위한 수단을 찾아내며, 자신들의 자연적인 문화에 수정을 가하고 이에 적응을 하는 것"이라고 말하고 "역동적인 지역사회는 이익과 욕구의 인식에서, 또 이 욕구를 충족하기 위해 마련된 제도 속에서 나타나는 것"이라고 하면서 욕구적 행동과 문화를 강조하였다.219)

---

215) 최일섭, 류진석, *지역사회복지론* (서울: 서울대학교출판부, 2000), 4
216) Phillip Fellin, *Understanding American Communities in Strategic of Community Intervention*, ed. by Jack Rothman et al (Illinois: F.E. Peacock Publishers, 1995), 114.
217) Paul Mattessich, Barbara Monsey, *Community Building: What Makes It work* (Minesota: Amherst H. Wilder Foundation, 1997), 6.
218) Herbert Hewitt Stroup, *Community Welfare Organization* (New York: Haper&Brothers, 1952), 9.
219) 최일섭, 류진석, *지역사회복지론* (서울: 서울대학교출판부, 2000), 6-7.

지역사회(Community)라는 용어의 모호함을 피하기 위해 근린지역, 이웃(Neighborhood)이라는 용어를 사용하기도 한다. 즉 헨더슨과 토마스는 'Neighborhood Work'에 대하여 "지역 내의 주민들에게 서비스를 제공하고 그들이 확인한 욕구 혹은 문제에 개입하기 위해 집단 혹은 연결망(Networks)을 형성하고 있는 지역주민(Local People)과 함께 일하는 것"이라고 주장한다.220) 워렌(Warren)은 급격한 도시화와 산업화 등을 고려하면서 심리적인 면에서 지역사회는 이익집단(Community of Interest)으로서 공동의 이익을 추구하는 연합(Association)을 의미하고, 지리적인 면에서는 사람들이 함께 모여 사는 특정 지역을 가리키며, 사회적으로는 이 두 가지 면을 결합시킨 점이라고 말했다.221) 이러한 견해는 동일한 지리적 위치에 사는 사람들 또는 동질적인 문화와 이해관계, 생활 활동에 기초한 사람들의 집단으로 구성된 사회적 단위로 본 장인협의 견해와 일치한다.222) 최근에는 "지역사회가 지역성 뿐 아니라 기능성과 목적성을 갖는 공동체의 의미를 띠기 때문에 노인 인권 옹호단체, 사회복지사 협회, 시민운동 단체 등의 활동도 포함해야 한다."223)고 주장하기도 한다. 특히 요즘과 같이 정보화가 발달한 상황에서는 지리적 지역성뿐만 아니라 가상공간의 지역성도 포함되어야 한다고 본다.

지역사회로서 국경없는마을에 대한 설명은 무엇인가? 지금까

---

220) Paul Henderson, David Tomas, *Skill in Neighbourhood Work* (London:Allen&Unwin, 1987), 21.
221) Roland L. Warren, *The Community in America* (Chicago: Rand McNally&Co. 1963), 6.
222) 장인협 외, *사회복지학* (서울: 서울대학교출판부, 1999), 293.
223) 황성철, "지역사회복지와 전문적 사회복지실천," *한국사회복지학회 추계 학술대회 자료집* (1977), 5-6.

지 위에서 소개한 다양한 지역사회(Community)에 대한 개념을 살펴본 결과 지역사회란 어느 하나로 규정할 수 없으며, 어느 특성을 강조하는가에 따라 지역사회에 대한 이해는 얼마든지 달라질 수 있다. 그럼에도 불구하고 위에서 소개한 다양한 개념 이해를 기초로 '국경없는마을'에 대한 지역사회성의 문제에 대하여 살펴보면 다음과 같은 몇 가지 특성을 지닌다.

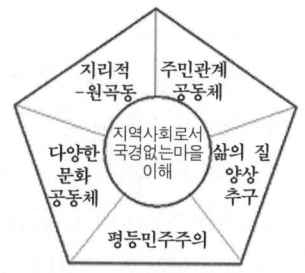

<그림 13> 지역사회로서 국경없는마을 이해

첫째, 지리적 지역성이 있다. '국경없는마을 원곡동'은 지리적으로 안산시 원곡동을 의미한다. 그러나 '국경없는마을'은 인종과 국적이 다른 사람들이 더불어 살아가는 변화된 사회를 지향하는 지역을 총칭하기도 한다.

둘째, 국적주민과 이주민224) 등 다양한 주민들의 상호관계망이다. 지역사회에서 인종과 국적을 넘어 다양한 지역사회 구성원 상호간의 관계 성민이 아니라 홈페이지를 통한 '사이버 국경없는

---

224) 한국사회에서는 지역사회의 주민이라 할 때 일반적으로 한국국적 소유자를 의미한다. 그러나 국경없는마을에서는 다양한 나라 출신의 여러 국적의 사람들이 어울려 살아간다. 결혼이민자, 이주노동자, 난민, 이주노동자 가족, 입양자 등 외국인 출신자로서 국내 거주자를 이주민이라 부르자.

마을 원곡동'이라는 가상에서의 참여를 통해 자유로운 의사를
표현할 수 있는 열린 관계망이다.

셋째, 다양한 문화가 공존하는 공동체이자 삶터이다. 국경없는
마을은 국경을 넘어선 다양한 문화와 가치관 및 행동양식이 허용
되고 공존하며, 공동의 관심사와 욕구가 서로의 필요를 채워주는
공동체성을 지향한다.

넷째, 지역주민의 삶의 질 향상을 추구한다. 생명과 재산의 안전
및 생산수단과 이윤을 둘러싼 소득과 분배, 복지서비스, 생활환경
개선 및 민주적 참여의 보장을 추구하는 행동양식을 포함한다.

다섯째, 더불어 살아가는 지역사회 형성을 위한 대안 공동체
운동이다. '대안적'이라는 것은 의도적이고 계획적인 변화를 추
구한다는 것을 의미한다. 이러한 변화는 폐쇄적, 일방적, 차별적
인 사회제도와 주민의식과 지역사회 문화에 대한 변화이다. 열린
다양성과 평등과 민주적 참여가 보장되는 지역사회를 추구하며,
지역사회 주민이 상호 협력적인 태도를 갖고 사회적 통합을 이루
어내는 것을 골자로 하는 변화이다. 지역사회에서 국경을 넘어선
다양한 사람들이 서로의 이익과 필요를 채워주기 때문에 대안적
인 것이다.

(2) 지역사회로서 국경없는마을을 바라보는 관점

지역사회의 기능은 바라보는 관점에 따라 얼마든지 달라질 수
있다. 최요섭은 지역사회를 바라보는 관점을 기능주의 관점과 갈
등주의 관점으로 구분하여 설명해 주고 있다.[225]

기능주의는 일반적으로 사회가 상호 연관적이고 의존적인 부

---

[225] 최일섭, 류진석, *지역사회복지론* (서울: 서울대학교출판부, 2000), 21-24.

분들 즉 경제, 종교, 가족 등으로 구성되면서 동시에 각 부분들은 전체가 성공적인 기능을 발휘할 수 있도록 기여한다는 관점이다.

① 기능주의 관점

기능주의적 관점은 지역사회를 하나의 사회체계(Social System)로 간주한다. 지역사회가 공통적으로 수행하는 주요 기능(Major Functions)에 대해서 길버트(Gilbert)와 스펙트(Specht)는 다음의 다섯 가지로 설명하였다.[226]

❶ 생산·분배·소비의 기능

지역사회 주민들이 일상생활을 영위하는데 필요한 재화와 서비스를 생산하고 분배하고 소비하는 과정과 관련된 기능을 말한다. 현대사회에 있어서 재화와 서비스를 생산하고 분배하는 기능은 주로 기업을 통해서 이루어지고 있으나 정부를 위시한 각종 전문기관, 종교단체, 교육기관 등도 이러한 경제적 기능을 담당하고 있다.

❷ 사회화(Socialization)의 기능

사회가 향유하고 있는 일반적인 지식, 사회적 가치 그리고 행동 양태를 그 사회 구성원들에게 전달하는 과정을 말한다. 이러한 과정을 통해서 사회 구성원들은 다른 사회의 구성원들과 구별되는 생활양식을 터득하게 된다.

❸ 사회통제(Social Control)

지역사회가 구성원들에게 사회의 규범에 순응하게 하는 것을

---

[226] Ibid., 10-13.

말한다. 모든 사회는 그 구성원들이 지켜야 할 법, 도덕, 규칙 등의 규범을 갖는데, 만일 이러한 규범을 준수하게 하는 강제력이 결여될 경우, 사회질서가 파괴되어 비행과 범죄가 만연되는 사회해체현상을 경험하게 된다 사회통제를 담당하는 일차적인 기관은 정부로서, 경찰력과 사법권을 가지고 보편적으로 적용될 수 있는 법을 집행하는 강제력을 발휘한다. 그러나 다른 여러 사회조직인 가정, 학교, 종교기관과 사회기관들도 이러한 기능을 부분적으로 수행한다.

❹ 사회통합(Social Integration)의 기능

사회체계를 구성하는 사회단위 조직들 간의 관계와 연관된 기능을 말한다. 구성원들은 상호간에 충성하여야 하며, 사회체계가 정상적인 기능을 하기 위해서 어느 정도의 결속력과 사기를 갖지 않으면 안 된다. 워렌(Warren)은 사회통합이라는 용어 대신에 사회참여란 용어를 사용하는데, 이는 지역사회가 제공하는 제반 활동에 그 구성원들이 자발적으로 참여하게 하는 것으로서, 이러한 기능을 수행하는 가장 대표적인 제도로 종교를 들고 있다. 그러나 다른 사회적 기능에서와 마찬가지로 사회적 통합에 필요한 사회적 가치와 규범을 만들어내는 사회조직으로서는 가정, 학교, 사회단체 등을 들 수 있다.

❺ 상부상조(Mutual Support)의 기능

개인과 가정은 누구나 질병, 사망, 실업, 사고 등의 개인적인 이유로, 또 경제 제도의 부적절한 운용 때문에 자립할 수 없는 형편에 처할 수 있는데, 이럴 때는 외부의 도움을 받지 않을 수 없다. 과거의 전통적인 사회나 오늘날의 후진사회에서 상부상조의

기능은 가족과 친척, 동네 사람들, 친목단체나 자선단체와 같은 일차적인 집단에 의해서 수행되고 있으나, 현대의 산업사회에서는 이러한 기능이 정부, 민간 사회복지단체, 종교단체 등으로 옮겨지고 있다.

② 갈등주의적 관점

기능주의적 관점은 지역사회의 유지와 균형에 주로 관심을 가지기 때문에 지역사회의 변화나 지역사회에서의 자원, 권력을 둘러싼 집단간 갈등을 설명하는 데는 다소 취약한 것으로 평가된다. 왜냐하면 지역사회를 하나의 사회체계로 파악하고, 각 하위 체계들 간에 조절, 조정, 통합이 잘 이루어진다고 파악하지만, 실제로 체계 단위들 간에는 상당한 갈등이 존재할 수 있기 때문이다. 갈등주의적 관점은 지역사회 내의 구성원들 간에 경제 자원, 권력, 권위 등의 불평등한 배분 때문에 갈등이 발생하고, 이러한 갈등을 통해 지역사회가 변하는데 관심을 갖는다.

지역사회의 갈등에 대해 코울먼(Coleman)은 다음과 같이 설명하고 있다.

첫째, 지역사회 갈등은 주로 경제 문제로 인한 갈등, 권력이나 권위로 인한 갈등, 문화적 가치 및 신념의 차이로 인한 갈등에서 나온다.

둘째, 지역사회 갈등을 역동성 측면에서 보면, 예컨대 쓰레기 수거문제와 같은 주민과 정부 간의 특정 쟁점에서 일반적인 쟁점이 제기되거나, 특정 쟁점에 대한 반대에서부터 반대자에 대한 직접적인 적대감으로 비화되는 경향이 있다.

셋째, 지역사회 구조에 대한 갈등으로 지역사회에 존재하는 사회조직 간에 변동이 일어난다.

  넷째, 영향력이 있는 지역사회 지도자들 및 지역사회 조직들은 갈등에 많은 영향을 미칠 수 있다.

  이상에서 살펴본 바와 같이 갈등주의적 관점에 입각할 경우 지역사회 문제나 주민의 욕구를 해결하기 위해서는 갈등의 주요 소재인 권력, 경제 자원, 권위 등의 재분배를 요구하게 되고 이러한 결과가 사회 행동으로 표출된다는 점을 강조하고 있다.

③ 국경없는마을의 통합적 관점

  국경없는마을 운동의 관점에서 바라보는 지역사회는 기능 구조적인 면만도 아니고 갈등구조적인 면만도 아니다. 지역사회를 바라보는 관점은 다양할 수 있지만 그 중심은 언제나 사람이다. 기능주의적 관점은 지역사회를 하나의 사회체계로 간주하고 있다. 사회체계라는 것은 사람을 전제로 하지 않으면 성립될 수 없다. 사회체계 역시 사람이 만들어낸 구조이기 때문이다. 갈등주의적 관점 역시 사람 관계에 중심이 있다. 즉 지역사회에 대한 이해는 그 지역사회를 구성하고 살아가는 사람들에 대한 이해가 전제되어야 한다.

  국경없는마을은 지역사회의 갈등 구조를 상호협력 구조로 전환하여 다양성과 평등, 민주적 참여가 보장되는 지역사회를 추구한다. 상호협력이 전제되기 때문에 기능 구조적인 측면과 갈등 구조적인 측면의 통합성을 모두 가지고 있다. 기능주의적 관점과 갈등주의적 관점의 단순 결합이 아닌 상호성을 살려 나갈 수 있다면 이것이 곧 실천적 대안으로 자리 잡을 수 있다.

5. 국경없는마을 형성의 교육, 심리적 접근

1) 국경없는마을 형성의 교육적 접근

교육에서 프락시스(Praxis) 개념은 아리스토텔레스를 중심으로 하는 '프로네시스'(Phronesis)와 해방신학과 수정주의 신학, 해방교육과 해석학적 교육론 등에서 다양하게 사용되고 있다. 특히 프레이리(P. Freire)의 교육방법은 문맹을 퇴치하여 책을 읽게 하고 좀더 좋은 일자리를 얻게 하는 수단이 결코 아니다. 가난한 사람들로 하여금 자기 자신의 본래적인 모습을 발견하게 하고, 그리하여 완전한 인간으로 발전하게끔 도와주는 교육이다.227) 프레이리는 철학과 법을 공부하였고, 브라질 북동 빈민 지역의 노동조합 변호사로 일하면서 문화 교육에 관심을 갖는다. 그는 권위주의와 온정주의로 가득 찬 전통문화 교육 방법에 불만을 가지고, 1947년 레치페 지역에서 문맹퇴치 교육을 벌임으로써 세상에 알려지게 된다. 60년 초의 대중문화 운동(Popular Culture Movement)을 통해서 프레이리의 방법은 브라질에서 성공을 거둔다. 안기코스(Angicos) 시에서 300여 명의 노동자를 45일 만에 읽고 쓸 수 있게 만듦으로써 그의 문화 교육 프로그램은 전국으로 확산되었다. 64년에는 2천만 명의 문맹자를 위해 2만 개의 토론 그룹이 형성되었다.

(1) 파울로 프레이리의 의식화 교육모델

프레이리의 사상은 한마디로 "교육은 의식화다"로 요약할 수

---

227) Paulo Freire, *Pedagogy of the Oppressed*, 성찬성 역, *페다고지* (서울: 한마당, 1997), 36.

있다. 교사와 학생이 더불어 현실 문제를 공동으로 대처하는 교육 즉, '교사-학생', '학생-교사' 모두가 현실을 비판적으로 인식하고, 지식을 새로이 창조한다. 다시 말해서 지식을 받아들이는 그릇으로서의 인간이 아닌, 의식화의 주체로서의 인간의 교육이다. 그들 스스로, 그들의 삶을 규정하는 사회, 문화, 정치적 현실을 인식하고, 그 현실에 대한 날카로운 문제를 제기하고, 그를 변화시킬 수 있는 능력과 자각을 성취하는 과정, 활동, 결과가 바로 의식화이다.

① 차별 받는 자들의 주체 의식

프레이리는 억눌린 자가 '새로운 인간'이 되려면 억압이 해방으로 그리고 모순이 해결되어야만 가능하다고 주장한다. 억눌린 자들은 그들 자신을 억누르는 자와 동일시하기 때문에 개인으로서의 자아의식과 억눌린 계급의 일원이라는 의식을 갖지 못한다.[228] 억압 상황을 변혁시키려면 먼저 그 원인을 비판적으로 의식하지 않으면 안 된다. 스스로를 해방함으로써, 자기네 억누르는 자들을 해방시킬 수 있는 자들은 오직 억눌린 자들뿐이다. 그래야만 변혁활동을 통해 보다 완전한 인간성을 추구할 수 있는 새로운 상황을 창조하는 일이 가능해진다.[229] 프레이리는 진정한 사고는 행동으로 이어진다고 본다. 행동이 요구되는 상황에서는 그 행동이 진정한 실천이 되려면 반드시 그 결과들이 비판적인 사고의 대상이 되어야 한다. 이런 의미에서, 실천(Praxis)은 억눌린 자들의 새로운 '존재 이유'다.[230] 인간은 자기 자신을 객관화

---

[228] Paulo Freire, *Pedagogy of the Oppressed*, 성찬성 역, *페다고지* (서울: 한마당, 1997), 36.
[229] Ibid., 38-39.

할 수 있기 때문에 자신의 행동을 사고할 수 있으며, 그들이 스스로 실존에 대해 비판적으로 반사하며 행동할수록 더욱 더 창조적인 주체자가 된다.

② 문제 제기식 방법론

프레이리에 있어서 교육행위는 억압과 통제의 수단이냐, 아니면 자유의 실천을 위한 매개냐? 하는 두 가지 선택이 있을 뿐이다. 억압의 수단으로서의 교육이 사용하는 것은 '은행예금식 교육'이지만 자유를 실천하는 해방교육이 사용하는 방법은 '문제 제기식 교육'이다. 은행 예금식 교육이란 주입식 교육에서 학생과 교사가 각각 수탁자와 예금자처럼 행세하는 것을 말한다. 교사는 대화하는 대신 정보나 지식을 내어놓고 학생은 그것을 받아들여 암기, 보관한다. 이것이 예금의 개념으로서 은행 예금식 교육방법을 통해 교육된 학생들은 주체로서의 학생의 권리와 위치를 무시당한 채 즉 학생들의 창의력을 극도로 축소시키거나 무력하게 만들고 교사만이 주체가 되는 것을 말한다.[231] 은행예금식 개념 속에는 인간과 세계 사이를 갈라놓는 분열이 있다. 이러한 관점에서 보면 인간은 외부세계로부터 오는 현실의 예탁금을 받아들이도록 피동적으로 개방되어 있는 '텅 빈 정신'이 된다.

문제 제기식 교육을 실시하려면 무엇보다도 교사와 학생의 모순(은행예금식의 주체자로서의 교사와 객체로서의 학생의 개념)을 해소해야 할 필요가 있다. 문제제기식 교육은 교사와 학생의 활동을 이분하지 않기 때문에 여기서 교사는 학생들의 사고 속에서 본인의

---

[230] Ibid., 68.
[231] Ibid., 80-82.

사고를 부단히 변형시켜나간다. 그리고 학생들은 교사와의 대화 속에서 비판력을 가진 공동 탐구자가 된다. 문제 제기식 교육은 현실을 끊임없이 벗겨내는 작업을 한다. 즉, 의식의 출현과, 현실에의 비판적 개입을 위해 노력하는 교육이다. 따라서 사람들은 문제 제기식 교육으로 인해 그들이 존재하는 방식을 비판적으로 인식할 수 있게 된다.232)

③ 대화식 방법

의식화를 위한 반사-행동의 교육방법은 그 자체만으로는 위험에 빠지기가 쉽다. 이것을 극복하기 위한 방법으로 프레이리는 대화(Dialogue)의 방법을 이야기한다. 대화는 비판적 사고를 요구한다. 비판적 사고는 세계와 인간을 이분법으로 나누는 것을 인정하지 않고 그 결합의 모습을 식별하게 하며, 현실을 변혁의 개념으로 파악하게 한다. 교육은 지식의 전달이 아니라 대화 속에서 지식과 지식의 대상이 된 객체의 의미를 탐구하는 과정이다.233) '대화'를 분석해 보면 대화의 본질이 '말'이라는 것을 알 수 있다. 이 말은 대화의 도구 이상이며 여기에는 두 가지 영역 즉 사고와 행동의 영역이 있다. 따라서 진정한 말을 한다는 것은 실천이 따르는 것으로 곧 세계를 변혁시키는 일이다.234)

④ 편찬(Coding)— 해석(Decoding)

프레이리의 교육방법론에 편찬-해석의 방법이 있다. 편찬 교육이란 실존적인 상황을 문제화하여 묘사한 것으로서 이미지를 편

---

232) Ibid., 93-97.
233) Ibid., 107-126.
234) Ibid., 103-106.

집한 모든 재료들을 말하며, 해석 교육이란 편집된 실존적 상황에 대해 비판적으로 분석하고 그 속에서 자신을 인식하며 그 상황으로서의 객체를 인식하는 것이다. 즉, 편찬된 것을 해석(Coding)하는 것은 추상에서 구체로 이동하는 것으로 주체가 객체(편찬된 구체적이고 실존적인 상황) 속에서 자기 자신을 인식하고 다른 주체들과 함께 자신을 발견하는 상황으로서의 객체를 인식하는 것이다. 그래서 해독자는 그 표현에서부터 그 속에서 그리고 그것과 더불어서 자아를 발견하게 되는 상황으로 움직이려고 한다. 이러한 편찬단계에서 인간은 자신을 인식하고 다른 주체들과 함께 자신을 발견하는 상황으로서의 객체를 인식하는 것이다. 그리고 그것은 학습자와 교육자들의 대화를 매개로 하여 이루어진다.

⑤ 문화 침해와 문화 행동

문화 침해는 한편으로는 지배의 '도구'이면서도 또 한편으로는 지배의 '결과'이기도 하다. 프레이리는 억압하는 힘을 '통제하는 문화'라고 했다. 이익이 보장되어온 사회의 현상을 그대로 유지하기 위하여 어떤 종류의 근본적인 변화도 용납하지 않고 가장 작고 피상적인 변화만을 허락하는 모든 힘이 통제 문화이다. 통제 문화는 정치, 국제관계, 경제, 사회관계 그리고 교육자와 피교육자 사이에서 일어나는 현상이며, 이때의 통제자를 엘리트라 하였다. 의존사회는 자립할 수도 자존할 수도 없을 뿐 아니라 엘리트와 통제 문화에 의존하도록 소상하는 사회를 뜻한나. 억압하는 자와 억압당하는 자 사이의 구조적 관계에 의하여 형성되는 새로운 문화가 있는데 이를 침묵의 문화라 한다. 침묵의 문화는 통제자와의 관계에 있어서 피압박자를 의존적으로 만들며, 그것은 침묵의 문화 속에 있는 인간들의 사고, 표현 그리고 행동까지도 의존의 의식구조로 변하게 만든다. 문화 침해 속에서 침해당하는 자들은 필연적으로 현실을 자기네 눈으로보다는 침해자들의 안목으로 보게 된다.

이때 교육은 침묵의 문화를 깨트리고 사람이 사람다운 주체가 되는데 그 목적을 둔다. 이 과정의 참여가 인간 해방이고 인간화이다. 인간은 바로 세계 속에서 행동하고 또 이를 변화시키는 주체가 되는 "본체론적 사명(Ontological Vocation)"을 수행함으로써 비로소 인간일 수 있다. 침묵의 문화를 깨트리는 문화 행동은, 사회 구조를 보존하거나 아니면 변혁시키려는 목적으로, 그 구조에 작용하는 하나의 체계적이고 계획적인 행동이 된다. 이 과정의 참여가 인간 해방이고 인간화이다.

⑥ 의식화 교육으로서 프락시스(Praxis)

프레이리는 기존 교육을 극복할 대안으로 소위 의식화 교육(Education for Consciousness)을 제안한다. 여기서 의식화란 잘못된 의식 즉 반자동적인 상태와 진부한 자율성의 상태를 극복하는 한편 의식화된 인간의 비판적인 개입을 의미한다.[235] 의식화란 자유를 위한 문화적 행위로서 주체와 객체와의 관계 즉 주체가 자아와 객체 간의 변증법적 통일성을 파악하는 능력을 발견하는 과정이다.

프레이리의 교육을 이해하는 구체적인 방법은 프락시스(Praxis)이다. 프레이리가 말하는 프락시스는 행동(Action)과 성찰(Reflection)의 연결이며 반복이다. 자신이 처한 상황을 철저히 분석하고 성찰

---

[235] Paulo Freire, "Cultural Action for Freedom," in *Harvard Educational Review* (1970), 46.

한 뒤에 그대로 살아보고, 또 그것을 다시 성찰하고 그 결과를 가지고 다시 행동하는 동안에 의식은 심화되고 세계를 변혁해 간다. 이런 과정을 거쳐 인간은 세계를 변혁하는 역사의 주체가 된다.236)

프레이리의 교육의 목표는 자유로운 인간과 자유로운 사회이다. 프레이리는 인간을 역사적, 의식적, 되어가는 그리고 의사소통적인 존재로 전제했다. 비판적 개입과 비판적 사고를 통하여 '기대되는 주체'를 '주체'로 변형시키는 것이다. 의식화의 결과는 억눌린 자들이 자신의 해방을 위하여 투쟁해야 한다는 확신을 갖게 만든다. 그 방법론이 대화적 교육이며, 협력, 일치, 조직화와 문화적 통합 등과 같은 문화적 행동으로 요약된다.

(2) 프락시스 교육 방법론

프락시스 접근 방식의 교육은 문서나 계획으로 정의하는 전통주의적 교육 접근이나 객관적 실재의 효율적 산출로 이해하는 개념-경험주의적 접근을 비판한다. 프락시스 접근 방식은 교육과정의 개념을 교육 참여자 사이의 실천적인 삶과 관계있는 프락시스로 이해한다. 프락시스 개념을 중시하는 교육의 접근 방법은 해방적 프락시스 접근 방법(Emancipators Praxis)과 해석학적 프락시스 접근 방법(Hermeneutics Praxis)으로 나눌 수 있다.

① 해방적 프락시스 방법

해방적 프락시스 접근 방법에 따른 교육과정 이론은 다음 세 가지 특징이 있다.237) 첫째, 프락시스의 개념을 '행동'과 '비판적

---

236) Paulo Freire, *Pedagogy of the Oppressed*, 성찬성 역, 페다고지 (서울: 한마당, 1997), 75.
237) 프락시스 개념이 신학적으로는 해방신학에 도입되었다. 프락시스 개념은

성찰' 사이의 변증법적 관계로 설명한다. 맥도널드(Macdonald)는 '행동 없는 성찰'은 지성주의로, '성찰 없는 행동'은 행동주의로 왜곡될 수 있다고 비판하였다.238)

그룬디(Grundy)는 해방을 위한 프락시스의 개념은 윤리적 판단으로서 '프로네시스(Phronesis)'239)가 아닌 해방적 관심에 중점을 두어야 한다고 주장한다. 그룬디는 하버마스의 '해방적 관심'과 프레이리의 '프락시스' 개념을 연결시켜 프락시스 접근을 해방적 관심을 지향하는 이데올로기 비판과 해방의 과정으로 진술하고 있다.240) 해방적 프락시스의 방법은 비판적 성찰의 대상으로서 사회-정치적 구조와 현실을 전제하고 비판적 성찰을 정치적 행위로 이해한다. 이러한 비판적 성찰은 그 동안 당연시 되었던 '정당성'에 대한 문제 제기를 통하여 합리적 과정보다는 해방적 지향을 부각시켰다. 그룬디는 프락시스의 세계가 자연적으로 주어진 세계가 아니라 구성된 세계이기 때문에 지식이라는 것은 사회적 구성물이라고 하였다. 따라서 학습자들은 학습행위를 통하여 자신의 지식을 비판적으로 구성하고 또 그 과정 속에 능동적으로 참여해야 하기 때문에 정치적일 수밖에 없다고 주장하였다.241)

제1세대 해방신학자인 구티에레즈(Gustavo Gutierrez)와 제2세대 해방신학자인 고이주에타(Roberto Goizueta)에 의해 발전 되었다.
238) James B. Macdonald, & F. Clack, "A Radical Conception of Role of Values in Curriculum:Praxis," in *Paper Presented at the Association for Supervision and Curriculum Development Meeting* (Minneapolis, Minn. March 19, 1973), 157.
239) 아리스토텔레스의 프락시스는 프로네시스로서 해방적 관점에 무관심하고, 실제에 관심한다.
240) Shirley Grundy, *Curriculum:Product or Praxis?* (London, New York and Philadelphia: The Falmer Press, 1987), 108-113.
241) Ibid., 114-116.

콘브레드(Catherine Cornbleth)는 그룬디의 이론이 '실제적인 학습상황' 내에서 구성되는 측면만을 중시했다고 비판하고 교육과정을 '상황화된 사회적 과정'(Conceptualized Social Process)으로 재정의한다. 콘브레드는 프락시스의 개념을 '행동과 성찰' 사이의 상호작용을 넘어서, 프락시스 개념의 제3의 요소로서 '사회적 상황(Setting)'을 추가한다. 이러한 시도는 사회문화적 상황 즉 사회적-정치적-경제적 조건, 이데올로기 그리고 교육에 잠재적으로 영향을 미치는 사건들을 비판적으로 성찰하는 것을 의미한다.242) 콘브레드의 프락시스는 비판적 성찰의 범위를 학습자의 행동에 국한시키지 않으며 우리가 처한 다양한 상황에도 강조점을 둔다. 해방적 프락시스의 교육 방법은 현실 세계를 강조함으로써 사회비판적 기능을 넘어 '대안적 기능'을 지향하고 있다. 인간이 주체가 된 사회구조를 변혁시키기 위한 해방적 프락시스는 프락시스의 주체에 대한 이데올로기 성을 비판적으로 성찰하지 못하는 약점이 있다.

② 해석학적 프락시스 접근

해석학적 프락시스는 아리스토텔레스의 철학과 현대 해석학자들의 주장에 근거해 '프로네시스'(Phronesis) 인식 방식에 따른 프락시스를 강조한다.243)

---

242) Catherine Cornbleth, *Curriculum in Context* (New York: The Palmer Press, 1990), 6-7.
243) 수정주의신학은 소위 제1세계인 북미를 중심으로 논의되고 있는 신학 유형이다. 이 신학은 기독교 전통과 인간의 경험을 어떻게 비판적으로 상호 연결시켜 해석할 것인지를 탐구하려는 해석학적인 시도에서 시작되었다. 특히 이 신학은 미국의 경우, 트레시(David Tracy)와 호지슨(Peter Hodgson)을 중심으로 연구되고 있으며, 그 배경에는 독일의 해석학적 전통, 특히 가다머(Hans-Gerog Gadamer)와 하버마스(Jurgen

아키오는 프락시스의 개념을 '교육학적 숙고'의 차원에서 이해한다. 실제(Practice)에 대한 가장 바람직한 이해란 그것을 프락시스로 이해하는 것이라고 보았다.244) 실존적인 관점에서 프락시스의 개념은 '행동 속에 완전히 존재하는 사고'(Thought-full-of-Action)와 '사고 속에 완전히 존재하는 행동'(Action-full-of-Thought)으로 이해한다. 따라서 아오키에 있어서 성찰은 언어와 행동 이면에 있는 동기와 전제들을 탐구하는 것이다. 즉, 무의식을 의식으로 표현할 뿐 아니라, 새롭게 획득된 의식과 비판적 앎에 의하여 지도되는 행동을 지향하는 것이다.245) 스탠리의 경우도 '프로네시우스'의 개념을 중요시하면서 프락시스를 '기본적 윤리적인 차원과 인간의 선의 문제를 포함한 인간 사고 그리고 그것을 둘러싼 인간의 근본적인 관심'으로 정의한다.246) 스탠리의 프로네시우스는 실천적 판단 능력으로서, 정치적-사회적 실천 뿐만 아니라 언어적 해석을 위해 필요한 능력을 의미한다. 이러한 실천적 능력을 지향하는 교육을 비판적 교육학이라 불렀다.

해석학적 프락시스는 교육적 숙고와 실천의 목적을 정치적 해방보다는 인간존재 지평의 확대에 두고 있다. 여기에서는 교육을 받는 자를 '타자와의 관계성 속에 존재하는 자로서 우리와 관계된

Habermas)의 해석학이 중요한 학문의 틀로 사용되고 있다.
244) 프락시스는 네오-마르크스주의 비판사회이론의 관점과 하이데거와 가다머의 실존적인 관점이 있다.
245) T. Tetsuo Aoki, "Interests, Knowledge, and Evaluation:Alternative Approaches to Curriculum Evaluation," in *Journal of Curriculum Thoerizing*, vol. 6. No 4 (1996).
246) William B. Stanley, *Curriculum for Utopia:Social Reconstructionism and Critical Pedagogy on the Postmodern Era* (New York: SUNY Press, 1992), 215.

상황적 연결성을 인식하며 타자와 의미 있는 삶을 공유하는 자'라고 정의한다.247) 교사는 계획과 생활 경험을 가지고 교육과정 사이에서 갈등하며 협상하는 존재인 동시에 긴장을 통해 학생으로 하여금 창조적 활동을 가능케 하도록 돕는 자라고 주장한다.

해석학적 프락시스 교육은 개념주의가 안고 있는 비판과 비판 이후의 대안적 기능을 함께 가지고 있다. 교육의 '사이성'과 '긴장성', '사회과학적 엄밀성'을 중시하는 개념-경험주의적 교육 이론을 견지하면서도 교육의 목적인 참 인간성의 구현이라는 가치와 조화를 시도하고 있다. 특히 전통과 문화를 미래라는 '유토피아'의 빛 아래서 재해석하고 재형성함으로써 지배 이데올로기를 극복하고 새로운 사회를 구성하려는 시도를 하고 있다. 그러나 해석학적 프락시스 이론은 인간해방의 맥락이 취약하다. 교육에서 비판적 측면이 약화되고 주로 교육을 기술적인 차원으로 다루고 있기 때문이다.

(3) 그룸의 기독교 종교 교육의 프락시스

그룸은 구체적인 교육목회의 방법으로 공유된 기독교 프락시스(Shared Christian Praxis)를 제시한다. 그는 이를 참여적이고 대화적인 교육(Pedagogy)이라고 개념화했다. 여기서 참여적이고 대화적인 교육이란 사람들로 하여금 시공간 속에서의 자신의 역사적 행동과 사회 문화적 실재를 비판적으로 성찰하게 해주고, 기독교 이야기/ 비전(Story/Vision)에 함께 다가가게 해주는 것을 말

---

247) T. Tetsuo Aoki, *Themes of Teaching Curriculum, Teaching and Thinking about Curriculum:Critical Inquiries*, ed. by J. T. Sear & J. D. Marshall (New York: Teachers College Press, 1990), 114.

한다. 그리고 공동체 안에서 개인적으로 이 기독교 이야기/ 비전을 수용하도록 해 주는 것을 그룸은 기독교 종교 교육(Christian Religious Education)이라 불렀다.248)

① 그룸의 프락시스

그룸은 프락시스를 세 가지 측면에서 보아야 한다고 했다.249) 첫째, 능동적인 측면이다. 이는 프락시스의 유형적, 정신적 그리고 의지적 활동들을 포함하는 것을 말하는데 이로써 우리는 시간과 공간 속에서 행위자요 주체로서 우리 자신을 의도적으로 실현할 수 있게 된다. 둘째, 성찰적 측면이다. 이는 개인 자신의 행동들과 사회의 역사적 행동들에 관한 비판적 성찰을 말한다. 셋째, 창조적 측면이다. 이는 인간 존재의 창의적 측면을 말한다. 창의성은 이 행동과 성찰을 중개한다. 그는 이 세 가지 측면이 사람들의 현재의 프락시스 안에서 통일을 이룬다고 보았다.

그룸의 프락시스는 현재적 변증법적 해석학(Present Dialectical Hermeneutics)이라는 방법을 통해서 구현된다. 변증법적인 관계란 현재와 과거, 현재와 미래와의 관계이다. 결국 현재적 변증법적 해석은 다음의 세 차원 또는 세 순간의 변증법적 통합으로 구성된다.250) 첫째는 시간과 장소 안에서 행위적 주체의 모든 의도적이고 역사적 활동을 포함하는 행동적 차원이고, 둘째는 이 행동을 분석하고 비판적으로 성찰하는 성찰적 차원이고 그리고 셋째

---

248) Thomas H. Groome, *Sharing Faith:A Comprehensive Approach to Religious Education and Pastoral Ministry* (New York: Harper Collins, 1991), 135.
249) Ibid., 137.
250) Ibid., 148-54.

는 보다 옳은 행동으로 이끌어주는 창조적 차원이다.

② 그룹의 비판적 성찰을 통한 하나님 나라 전망

그룹은 "공유된 기독교 프락시스에 의한 기독교 교육은 기독교 공동체의 대화를 통해서 현재의 행동을 신자의 이야기와 미래의 비전의 빛 아래서 비판적으로 성찰하는 것"으로 보았다. 그것은 1) 현재의 행동 2) 비판적 성찰 3) 대화 4) 이야기 5) 이야기에서 일어나는 비전으로 구성된다.251) 현재적 행동(Present Action)이란 지금 이 순간에 행해지고 있는 행동이라는 뜻 이상의 것으로 개인적이고 사회적인 관계에서 살고 있는 존재로서 육체적으로 정서적으로 지적으로 영적으로 우리 모두에게 약속된 인간 행동을 일컫는다. 현재적 행동은 현재적인 현재, 미래적인 현재, 과거적인 현재로서 우리의 과거와 미래를 만드는 비판적인 성찰의 객체가 된다.252) 비판적 성찰(Critical Reflection)은 현재를 평가하기 위한 비판적 이성, 현재에서 과거를 폭로하기 위한 비판적 기억 그리고 현재에서 미래를 전망하기 위한 창조적 상상으로 구분된다. 비판적 성찰을 식별할 수 있는 것은 우리 자신의 이성, 기억, 상상력으로서가 아니다. 인간의 노력과 함께 과제를 식별할 수 있는 성령의 은혜에서만이 하나님의 행동의 빛 아래서 하나님의 의지에 따라 변화시킬 수 있는 실재를 알 수 있게 된다.

대화(Dialogue)는 인간을 인간답게 공동체 안에서 하나님을 향할 수 있도록 돕기 위해서 필수적이다. 대화한다는 것은 참여자들

---

251) Groome, Thomas H. *Christian Religious Education* (San Francisco: Harper & Row, 1980), 184-201.
252) Ibid., 8.

이 끊임없이 주거니 받거니 하는 이야기를 의미하는 것이 아니라 부버(Martin Buber)가 말하는 나와 너의 관계 속에서 형성되는 것이다.253) 그래서 대화는 주체 대 주체가 만나는 것이며, 세상을 향해 공통된 의식을 가지고, 이 세상을 변화시키는 창조적인 의식이라고 할 수 있다. 이야기(The Story)는 하나님의 백성 전체와 그들의 신앙 전통이 표현되고 구체화된 것을 의미한다. 하나님은 그들의 삶 속에서 역사하며, 역사를 통해 그들은 순례의 길을 간다. 하나님의 행동과 초대에 응답해 온 기독교 공동체는 여러 가지 예전 속에서 삶의 양식을 부각시키는데 이러한 신앙 전승의 표현들은 기독교 공동체 이야기의 뼈대를 이루고 있다.

비전이란 창조를 향한 하나님의 비전이며 하나님의 통치권에 대한 신실함에 응답하도록 초대하는 것이다. 창조를 향한 하나님의 의지, 의도와 약속은 하나님의 나라이다. 하나님 나라의 창조는 인간의 노력만으로는 이루어질 수 없으나 인간의 공헌이 잊혀지지 않을 것임으로 그리스도인은 하나님 나라의 실질적인 요소가 된다. 비전은 현재의 정치적, 경제적, 사회적 현실을 비판적으로 평가하여 기독교 공동체의 이야기와 비전으로 대화를 함으로써 나누어야 한다. 이야기는 하나님의 나라 이야기이며 비전은 하나님 나라의 비전이다. 예수 그리스도 안에서의 새 세계는 확실히 약속되었고 실현된다. 그러나 실재가 미리 예정된 것이 아니라 현 세계에서 신앙 행동의 역사적 과정에 참여함으로써 이루어진다.

---

253) Ibid., 189.

그룹의 기독교 교육의 구체적인 방법론은 비판적 상관관계라는 실천신학 방법에 기초를 두고 있다. 즉 현재의 경험에 대한 성찰을 통해 참석자들의 이야기와 비전을 찾아내고, 기독교 전통에 대한 성찰을 통해 기독교 이야기와 비전을 찾아내고, 이들 사이의 비판적 상관관계를 통하여 구체적인 프락시스를 다루어 간다. 결국 그룹은 교육목회를 프락시스라는 관점에서 이해하고 또 프락시스라는 측면에서 전개해 간다고 할 수 있다. 그는 교육을 가르치는 행위라든지 구성원 사이의 공동체 형성이라는 틀로 보지 않고, 프락시스를 실행해 가면서 보다 나은 프락시스를 실행해 가도록 이끌어주는 작업이라고 보고 있다.

2) 국경없는마을 형성의 심리적 접근

(1) 이주노동자의 소속의 욕구

매슬로우(Abraham Maslow)는 인간의 욕구를 5단계로 구분하였다.[254] 매슬로는 다섯 욕구를 크게 묶어 결핍의 욕구(생리적 욕구, 안전 욕구, 소속 욕구)와 성장욕구(자존 욕구, 자아실현 욕구)로 구분했다. 매슬로우의 욕구 5단계 이론은 다음의 원칙에 의하여 작동된다. 첫째, 개인마다 다섯 가지 욕구가 저 차원에서 고차원으로 순서대로 나타난다. 단계를 건너뛰는 경우는 없다. 둘째, 욕구의 출현과 소멸은 결핍과 충족의 원리에 의하여 이루어진다. 즉 순서에 의해 어느 특정 욕구가 결핍되어 있으면 그 욕구가 개인의 의식을 지배한다. 이러한 결핍-지배-충족-새로운 욕구 출현의 과정은 자기 실현욕구가 출현할 때까지 계속된다. 셋째, 개인의

---

254) 백기복, *조직행동* (서울: 조직행동연구, 2004), 131.

행동에 동기를 부여하는 것은 결핍이다. 넷째, 자기실현 욕구는 다른 욕구와 달리 충족되면 될수록 욕구의 크기가 더 커진다. 그러나 메슬로우의 5단계 욕구는 실증적 검증이 어렵다는 한계를 가지고 있다. 특히 욕구의 계층의 존재 여부, 결핍의 욕구가 개인의 의식을 지배한다는 가설, 한 욕구가 다른 욕구로 전이되는가 등이 의문시된다.

알더퍼(Clayton Alderfer)는 욕구를 ERG(Existence, Relatedness, Growth, 존재욕구, 관계욕구, 성장욕구) 세 가지로 나누었다.[255] ERG 이론에서는 개인이 세 가지 욕구를 동시에 다 경험할 수 있으며, 욕구들과의 계층구조가 욕구계층 이론보다 약하다. 메슬로우의 욕구이론은 욕구출현의 방향이 상향 일변도이지만, ERG 이론에서는 쌍방 통행이다. ERG 이론이 작동되는 기본 원칙은 만족진행의 원리와 좌절-퇴행의 원리이다.

맥클리랜드(David McCelland)는 성취동기 이론을 전개하였다.[256] 성취동기는 성취욕구 즉 친화욕구, 권력욕구, 자율욕구 등 세 가지 욕구가 있다. 성취동기 이론의 가장 핵심적인 사항은 문화공동체에 의해 욕구가 학습된다는 점이다. 각 욕구들에 대한 개인의 욕구 수준은 성장 초기의 사회화 과정에서 남과 어울리고 공동생활을 하면서 경험을 통하여 학습된다. 학습과정은 강화이론으로 설명하고 있다. 즉 보상 행위는 학습되고, 그렇지 않은 행

---

[255] Ibid., 134. Alderfer. C. P., "An Empirical Test of a New Theory of Human Needs," in *Organizational Behavior and Human Performance*, 4, 142-175.에서 재인용.
[256] Ibid., 137-142.

위는 소멸된다고 본다.

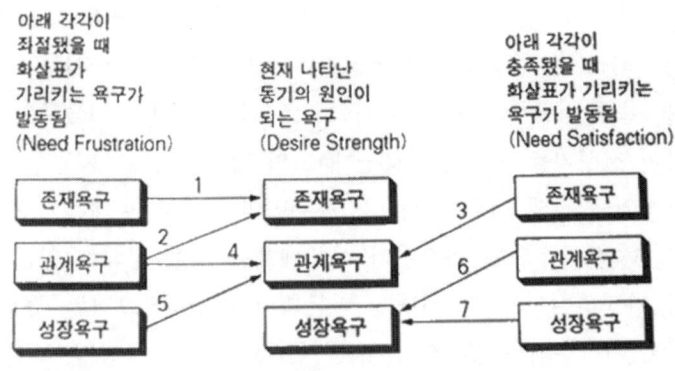

<그림 14> EPR 이론적 작동원리

이주노동자는 심리적 성장 욕구 중 소속의 욕구가 강하다. 메슬로우의 이론에 따르면 이주노동자는 생리적 욕구인 경제적 동기에 의해 한국에 왔으나, 시간이 지남에 따라 법과 제도로부터 인권을 보호받고 싶은 안전의 욕구, 외국인이지만 한 지역사회의 일원으로 소속되어 인정받고 싶은 욕구가 있다. 알더퍼의 ERG 이론을 보더라도, 물질의 욕구인 존재의 욕구만이 아니라, 주변 사람들과 의미 있는 인간관계를 형성하고 싶은 욕구가 있다. 맥클리랜드(David McCelland)의 성취동기 이론에서도 친화욕구는 다른 사람이 자신을 한 인간으로서 받아들여 주기를 바라는 욕구이다. 이상을 종합해 볼 때 모든 이주노동사들은 비록 국적은 나르지만 한 지역사회에 소속되어 공동체의 일원으로서 배척되거나 차별받지 않고 살아가고자 하는 기본적인 욕구가 있다.

(2) 차별 문화와 집단 갈등

현대의 갈등이론은 맑스(Marx)와 심멜(Simmel)의 사상으로부터 유산을 받았다. 갈등주의적 시각 자체는 마키아벨리(Machiavelli)와 홉스(Hobbs)까지 거슬러 올라갈 수 있으므로 그 역사는 매우 깊다. 갈등 이론이 새로운 사회학으로 인식된 것은 기능주의 사회학이 전성기를 구가하던 60년대 초의 일이다. 특히 기능주의에 비판적인 입장의 사회학자들이, 파슨즈의 도식에 반대하기 시작했다. 56년 록우드는 파슨즈가 사회체제를 평형 상태에 있는 것처럼 가정하여 허구적 개념을 만든다고 하였다. 그러한 주장의 핵심은 기능주의가 질서와 균형을 강조한 나머지 불안정, 무질서, 갈등과 같은 현재적 현상들을 너무 쉽게 일탈적, 비정상적, 병리적 현상으로 매도했다는 것이다. 결국 기능주의가 등한시했던 갈등과 변동을 재발견하려고 노력했던 시도가 갈등이론을 대두시켰던 배경이며, 유명한 유기체론자들과 동시대의 사람인 두 독일 학자 맑스와 심멜의 사상들이 현대 갈등주의 이론에 많은 영향을 주었다.

갈등에 관한 심리학의 최근 연구는 과학적 관리를 주장했던 테일러(Frederick W. Taylor)이다. 테일러는 모든 갈등은 기존의 권위를 위협하는 것이기 때문에 가능하면 피해야 하며, 갈등의 상황이 전개되면 이를 곧 해결해야 한다고 보았다. 그 이후 인간 관계론자들은 갈등이란 피할 수 없으므로 갈등의 존재를 인정하고, 갈등과 더불어 사는 방법을 터득해야 한다고 주장하였다. 1970년대 들어서, 갈등이란 그 근원과 강도에 따라 긍정적인 결과를 낳을 수도 있고, 부정적인 결과를 낳을 수도 있음이 밝혀졌다.[257]

---

[257] Ibid., 306.

갈등이 분쟁의 원인이 되기도 하지만, 새로운 자극과 도전의 기회를 부여하는 긍정적인 측면도 있다는 것이다. 따라서 긍정적인 측면은 북돋우고, 부정적인 측면은 억제하는 게 중요하다.

<표 9> 심리적 갈등의 분열과 통합

	Marx - 갈등의 분열성	Simmel - 갈등의 통합적 결과 강조
조 건	폭력적 갈등이 가속화되는 조건	갈등의 정도가 변화할 수 있는 조건
원 인	갈등의 사회구조적 원인에 관심(자원의 분배와 불공정한 분배에 내재하는 이익의 갈등)	갈등의 발생 후, 갈등의 형태와 결과에 관심

갈등은 문화 충격에서도 온다. 색다른 문화를 가진 사회를 접했을 때 개인이 경험하는 부적응감을 문화 충격이라 한다. 문화에 적응하지 못하는 사람은 스트레스 혹은 신체상의 이상 증세를 보이기도 하며, 경우에 따라 상대국의 이질 문화로부터 적대적 공격 대상이 되기도 한다. 심리학에서는 이질 문화의 적응이 곤란한 부적응 타입으로 6가지의 성격을 들고 있다. 내향적인 사람, 자폐적인 사람, 소극적인 사람, 의존적인 사람, 고착성이 강한 사람, 독선적인 사람이다. 브린스린은 이질 문화 적응훈련 프로그램을 개발하여 다음 6가지 특성을 장악하는 것이 이질 문화 적응에 쉽게 성공할 수 있는 방법이라고 하였다. 첫째 자기와 다른 다양한 사고방식을 화가 나도 인정하겠다는 허용성, 둘째 자신에 대한 긍정적 견해, 자신이 인격적으로 강하다는 인식, 셋째 대인관계에서의 공감성, 연대감, 역할 교대의 능력, 넷째 전통적인 지능이 아닌 다원적이고 사회적 판단을 포함한 지적 능력, 다섯째 목표를 달성하기 위한 면밀함, 난관에 대한 인내력, 과제 수행의 신뢰감, 여섯째, 변화에 대

한 개방성, 이질문화를 배우려는 적극적인 태도 등이다.258)

집단간의 갈등을 유발하는 원인으로는 이해(利害)와 인식의 차이를 들 수 있다.259) 첫째, 집단 이해의 차이는 자원이 제한적일수록 집단간의 의존성은 높아지고 경쟁이 심화된다. 자금, 공간, 노동력 그리고 자재 등이 무제한으로 공급될 수 있다면 조직 내의 갈등은 없을 것이다. 그러나 제한된 자원으로 말미암아 각기 자기 집단의 이해를 먼저 실현하려는 과정에서 갈등이 발생한다. 둘째, 구성원 간의 인식의 차이도 집단 갈등의 원인이 된다. 조직 내 집단들이 현실에 대한 인식을 달리하게 되는 요인이 많다. 주요 요인으로는 목표의 차이, 시간 인식의 차이, 지위의 차이 그리고 부정확한 지각 등을 들 수 있다. 특히 한 지역사회에서 내국인과 외국인 간의 차이가 적음에도 불구하고 편견으로 말미암아 차이가 큰 것으로 과장되어 이주노동자를 열등하게 바라보는 차별적 시각을 갖게 된다. 이러한 차별적 시각은 시간이 지남에 따라 차별 문화로 정착되어 학습되어 전수된다. 이는 집단사고로 나타난다.260)

(3) 갈등의 해결 방안
① 인간관계 회복을 통한 갈등 해결 방안

---

258) Hiroshi Minami, *Shinrigaku Ga Wakaru Jiten* (Nipon:Jitsugyo, 1994) 류한평 감수, *마음을 여는 심리학 이야기* (서울:갑진출판사, 1997), 164-165.
259) Ibid., 316-317.
260) I. L. Janis, *Victims of Groupthinking* (Boston : Houghton-Mifflin, 1972), 박원우, 집단의사 결정상의 문제점과 그 개선책에 관련된 용어, *인재개발*, 12호 (서울: 인화원, 1992), 78-85.

레이힘(M. A. Rahim)은 갈등관리 유형을 자기 자신에 대한 관심의 정도와 타인에 대한 관심의 정도에 따라 다섯 가지로 구분하고 있다. 종합형, 배려형, 지배형, 회피형 그리고 타협형이다. 이들 중 최선의 방법은 없고 각 유형은 나름대로의 장점과 단점을 가진다. 특히 종합형은 자신과 상대방의 관심과 이해관계를 정확히 파악하여 문제 해결을 위한 통합적 대안을 도출해 낸다.261)

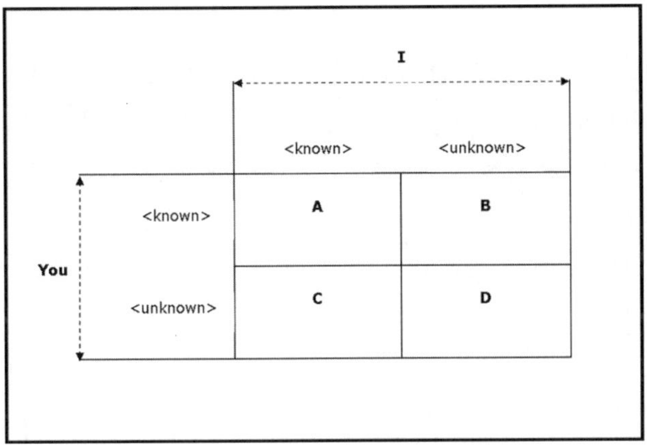

	<known>	<unknown>
<known>	A	B
<unknown>	C	D

<그림 15> 요하리의 마음의 창

일반적으로 인간관계 회복을 통한 갈등 해결 방법에 대하여는 '마음의 창문(Joharri's window)' 논리를 이해할 필요가 있다.262) 요하리의 창은 '나와 니의 인간관계'에서 가장 기본적인 형태이다.

---

261) 백기복, 조직행동 (서울: 조직행동연구, 2004), 312.
262) J. Luft, "The Johari Window," in *Human Relation Training News*, Vol.5, No.1 (1961), 6-7.을 이원구, *인간화를 위한 체험학습 프로그램* (서울: 교학사, 1997), 21.에서 재인용.

A는 나도 알고 너도 아는 영역 즉 개방 영역이다. B는 나는 상대방을 모르지만 상대방은 나를 알고 있는 영역 즉 장님 영역(Blind Area)이다. C는 나는 상대를 알고 있으나 상대는 자신을 비밀로 하고 있는 영역 즉 은폐 영역(Hidden Area)이다. D는 자기도 모르고 상대방도 모르는 상호 무지의 영역(Unknown Area) 즉 비밀 영역(Secret Area)이다.

네 개의 창문이 인간 관계에서 다음과 같은 역학 구조를 형성한다.

첫째, 나도 긍정, 상대방도 긍정인 합일의 관계이다. 'I am OK. You are OK.' 결국 두 사람이 서로 찬성하고 있기 때문에 의사의 합일과 함께 정서적인 안정이 도모되어 생산적인 의사 소통이 이루어진다. 이때에는 한 쪽의 문제를 서로의 문제로 동일시하고 그 해결을 위하여 공동의 노력을 경주한다. 학습도 매우 민활해지고 적극적이다.

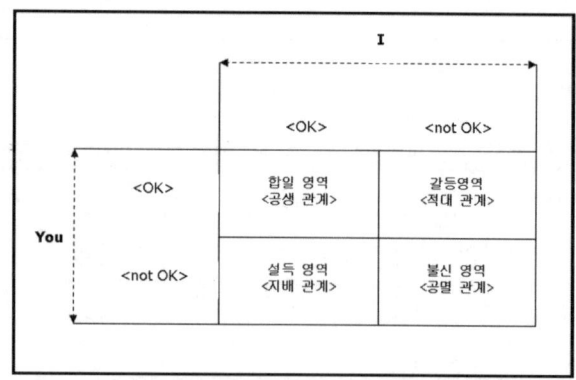

<그림 16> 요하리의 마음의 창 역학관계

둘째, 나는 부정이나 상대는 긍정인 관계이다. 'I am not OK. You are OK.' 상대 쪽에서는 주장이 제기되고 자기 쪽에서는 이에 대한 반론이 전개되어 정신적인 갈등이 일어난다. 두 사람이 의견의 합일을 이루기 위해서는 일정한 형식과 절차에 따른 토론이나 협의 과정을 거치지 않으면 안 된다. 가능하면 상대 쪽에서는 설득하는 방향으로 나오고 자기 쪽에서는 어떤 공통점을 발견하도록 수용적인 노력을 경주해야만 한다.

셋째, 나는 긍정이나 상대는 부정인 관계이다. 'I am OK, You are not OK.' 자기 쪽에서는 주장을 내세우고 상대 쪽에서는 반론을 전개하여 갈등이 일어난다. 두 사람이 서로의 주장을 고집하면 인간관계는 붕괴된다. 그러므로 가능하면 자기 쪽에서는 상대의 의사에서 접근점이나 유사점을 발견하도록 노력하여야 하고 주장하기보다는 양해되도록 설득하여야 한다.

넷째, 나도 부정이고 상대도 부정인 불신, 배반의 관계이다. 'I am not OK. You are not OK.' 인간관계에서 최악의 상태이다. 두 사람이 팽팽한 손익 관계를 형성하고 있기 때문에 타협하기 어려워진다. 이 같은 상태가 지속되면 두 사람의 인간관계는 손상을 입고 불행한 결과로 끝나게 된다. 이 경우에는 적절한 중재자가 필요하다. 이 도형을 이해(利害)의 관계로 바꾸어 생각해 볼 수도 있다.

② 행동변화를 통한 집단갈등 해결

집단갈등의 해결 방안에는 여덟 가지 방법이 있다. 집단 갈등은 원인과 관리 방법에 따라 긍정적 또는 부정적 영향을 미친다.

첫째, 직접 대면의 방법이다. 갈등을 겪고 있는 집단을 직접적으로 대면시킴으로써 서로의 입장을 밝히고, 갈등의 원인을 규명하여 갈등을 해소하고자 하는 것이다. 서로에 관련된 정보를 교환하고 의견 차이의 폭을 줄여나가는 방법이다.

두 번째는 공동목표 설정의 방법이다. 집단 간의 갈등을 해소하기 위하여 집단 간 공동의 목표를 설정하여 주는 것이다. 단독적인 집단 목표보다는 집단 간에 주어진 공동의 목표가 보다 중요한 경우, 집단 간에 갈등이 있다 하더라도 공동의 목표를 위해 서로 의논하고 교류하게 됨으로써 갈등이 해소되는 수가 있다.

셋째는 자원 확충의 방법이다. 조직 내에서 한 집단에 대한 자원 분배는 다른 집단의 손실의 대가로 이루어지기 때문에 갈등이 빚어진다. 이러한 경우 자원 자체의 규모를 늘림으로써 갈등을 해결할 수 있다.

넷째는 갈등 회피이다. 때로는 단기적인 갈등 해소의 전략으로서 갈등을 회피하는 방법도 효과적이다.

다섯째는 공동 관심사의 강조이다. 갈등을 겪고 있는 집단 간의 차이점은 무시하고, 공동 관심사를 강조함으로써 공동의 목표를 함께 달성할 수 있는 계기를 만든다.

여섯째는 협상이다. 문제 해결을 위해, 어떤 절차로 협상할 것인지를 쌍방 간에 명백히 해야 한다.

일곱 번째는 권력을 이용한 갈등 해결이다. 권한을 사용하여 집단 갈등을 해결하는 방법은 가장 오래 되고 흔히 쓰는 방법이다. 힘에 의한 갈등해소 방법은 갈등 원인보다는 갈등 결과에 초점을 두기 때문에 집단 간 갈등의 여지가 남아 있게 되며, 갈등의 재발 가능성 또한 높다.

여덟 번째는, 행동 변화 유도이다. 집단 구성원들의 행위나 태도에 변화를 줌으로써 갈등을 해소하고자 하는 방법이다. 집단 구성원들의 행동 변화를 유도하는 방법은 우선적으로 갈등의 원인을 규명해야 하고, 그에 따른 집단 구성원들의 태도를 직시하여야 한다.

기타, 집단 간 조직 갈등 조정자를 두는 방법, 외부 압력에 의한 연합 방어, 외부 인력의 영입, 경쟁 심리의 자극 등의 방법이 있다. 그러나 이 가운데, 행동 변화의 유보 방법은 다른 갈등관리의 방법들보다 전개되는 속도는 매우 느리지만, 장기적인 안목에서 볼 때는 가장 착실한 갈등 관리 방안이다.

③ 문화 설계를 통한 국경없는마을 형성
❶ 문화심리의 이론적 연구

미드(Magaret Mead)는 실증적이고 비교 관찰적 접근을 통해 개인의 발달 단계를 인류문화사적으로 다루고 있다. 종래의 이론 중심이었던 프로이드나 홀의 연구방법과는 다르게 문화의 발전에는 어떤 중요한 원형이 내재해 있으며 인류의 행위 간에도 어떤 보편성이 작용한다고 보고 있다.

발달단계를 민족문화적인 측면에서 다루는 연구 방법은 몇 가지가 있다.

문화적 접근법(Cultural Approach)은 크로버(A. L. Kroeber)에 의한 방법으로서 개인과 사회는 차원을 달리하는 문화의 관점에서 현상을 규명하게 된다. 심리학은 개체를, 사회학은 사회를, 문화인류학은 문화를 연구하게 된다고 본다.

전체 문화적 접근법(Culture as A whole)은 문화의 제 부분과 제 요소가 상호연관 되면서 체계화된 문화현상을 연구하려는 입장이다.

비교법(Comparative Method)은 제 문화를 상호 비교하는데서 그 차이와 동질성을 연구하는 방법이다. 여기에는 휘팅(J. W. M. Whiting)을 비롯한 교차 문화적 방법(Cross-Cultural Method)이 있다.

공시적 및 통시적 접근(Synchronic & Diachronic Approach)은 문화 내용과 구조에 관한 연구를 위한 수단으로서 어떤 한 개의 문화가 변화함에 있어서 그 변화의 규칙성을 살피고, 동시에 문화의 내용과 구조관계를 연구하는 방법이다.

표집법(Sampling)은 양적인 접근보다는 질적인 표집에 의하여 집중적으로 치밀하게 연구하는 방법이다. 그러나 이 이론은 사회학적 문화적 환경요인을 너무 중요시한다고 비판받는다.

그러나 미드는 사모아(Samoa) 처녀들의 생리와 성격을 현장연구의 방법에서 비교법적으로 접근한다. 사모아의 아이들이 미국의 현지인들과 어떻게 다르게 자라는지를 문화적 비교를 통하여 연구하였다. 민족문화를 중시하는 연구진은 생리적인 변화도 문명의 형태에 의하여 여러 가지로 해석된다고 말한다.[263]

베네딕트(Ruth Benedict)는 문화의 동인, 문화의 유형, 문화와 인생 등의 관계를 연구한 문화인류학자이다. 미드의 실험적인 연구를 베네딕트는 좀더 이론화하였다. 그는 문화의 발달과정에 있어서 문화 상대주의(Cultural Relativism)를 주장하였다. 베네딕트는 인간이란 동물과 달리 상당한 변화 가능성과 융통성이 있으므로 인종 간에 차별이 나타난다. 개체간의 생리적인 구조가 곧 태도의 특수성을 형성한다고 볼 수 없다는 것이다. 그래서 인류의 공유적 특성이란 거의 없다고 본다. 공유적 특성이 있다면, 생후에 습득된 것이지 생래의 요인은 아니라는 입장을 견지함으로써 미드의 입장과는 견해를 달리하고 있다.

---

[263] 미드는 'Coming of age in Samoa'와 'Male and Female'의 두 책에서 발달과정을 민족 문화적으로 연구하였다.

베네딕트의 발달심리학은 문화를 개체의 성장에 점진적이고, 계속적인 발달 과정으로 본다. "신생아가 어른에게 매달리는 것은 자기 생존 욕구이다. 이러한 보호받는 위치에서 점차 성장과 함께 보호하는 위치로 바뀌어 후손들을 돌보게 된다."라고 주장한다.264) 베네딕트는 문화심리학을 연속과 불연속으로 설명한다. 연속과 불연속의 관계를 책임과 무책임의 자기 역할, 지배와 복종, 대조적인 성의 역할로 구분한다. 책임과 무책임은 "'도시의 아이들은 일과 놀이를 구별하나, 농촌의 아이들은 일과 놀이를 동일시하여 별개로 보지 않는다."고 설명한다. 지배와 복종을 설명하면서 "억압의 분위기에서 자란 아이는 성인이 되어서 지배의 위치에 서게 되면 폭군으로 군림하고, 복종의 습관이 있는 아이는 성인이 되면 공처가로 변해 버리는 양면성이 있다."고 했다.

베네딕트는 단절적인 가치구조를 가진 사회에서 아이를 기르면 정서적인 긴장과 갈등을 반드시 수반하지만, 반대로 연속적인 문화내용의 사회에서는 아동들의 성장과 성숙이 부드럽고 모가 나지 않으며 적응력이 높은 인성을 낳게 된다고 주장했다. 단절적인 사회란 장유유서의 사회이고, 부부유별의 사회로 각 발달단계에 따르는 과업이 뚜렷이 생기는 사회를 말한다.265)

심리학에서 문화인류학적 접근의 중요성은 이주노동자에 대한 차별적 상황이 문화적 심리기제의 작용과 뚜렷한 관계가 있기 때문이다. 즉 이주노동자에 대한 차별문화는 폐쇄적이고도 차별적

---

264) 참조, Benedict, R. "*Continuances and Discontinuities in Cultural Conditioning*," in *Readings in Child Development* (New York: Harcourt, Brace, 1954)
265) 김동규, *발달 단계론의 제 학설* (서울: 형설출판사, 1981), 101.

인 환경에서 자란 아이들이 자연스럽게 획득한 학습의 결과로 보여진다. 역으로 교육 심리적 측면에서 아이들이 문화적 상대성과 차이를 수용하는 다문화 교육을 받는다면 서로 다른 문화권의 사람들과 어울려 살아갈 수 있는 다문화 공동체 사회 형성이 얼마든지 가능하다고 볼 수 있다. 이는 문화인류학의 '문화적 사고' 이론과 일맥상통한다.

❷ 스키너와 문화 설계 공동체

스키너는 문화를 평가하는 기준에 관하여 처음으로 분명하게 말한 사람이다. 스키너는 문화의 생존 가치에 주목했다. 그는 "어떤 문화적 관행은 생존적 가치를 가지지만, 어떤 것들은 유전적 의미에서 치명적이다."라고 하였다.266) 문화가 살아남는 것은 반드시 그 민족 또는 국가가 살아남는다는 것을 의미하지 않는다. 스키너는 이 점에 대하여는 그리 분명히 말하지 않는다. 그러나 문화가 생존한다는 것은 그 문화를 소유하고 지키는 사람들의 생존을 전제로 한다. 스키너가 관심을 갖는 점은 어떤 문화의 존속은 그것을 담고 있는 사회나 국가의 존속을 조장한다는 사실이다.267)

스키너는 문화를 하나의 실험으로 본다. 그는 "특정한 한 문화는 간단히 말해서 행동의 실험이다. 한 문화란 다수의 사람들이 생장하고 생활하는 특정한 상황이다. 이 상황은 행동의 행태 또

---

266) B. F. Skinner, *Science and Human behavior* (New York: The Free Press, 1953), 430.의 내용을 차재호, *문화설계의 심리학* (서울: 서울대학교출판부, 1999), 87에서 재인용.
267) Ibid., 88.

는 양상 즉 문화적 성격을 만들어 낸다."268)고 하였다. 이는 문화는 주어진 것이 아니라, 창조된다는 입장을 확인시켜 준다. 스키너는 공동의 선(善)이란 말 대신에 '문화의 선'이란 말을 쓴다. 스키너가 문화의 선이란 개념을 처음 사용한 것은 <자유와 존엄을 넘어서>이다. 단순히 너와 나의 선이 아니라 문화의 선이다. 사람은 자신의 이익을 위해서 행동한다. 개인의 입장에서는 개인의 선을 위해 살면 그만이다. 그러나 사회는 개인으로 하여금 단체나 조직을 위해 일하도록 통제를 가한다. 스키너는 "타인으로 하여금 타인의 선을 위해서 일하도록 유도하는 관행은 필연코 타인의 생존과 아울러 타인이 지닌 문화의 존속을 증진시키는 역할을 한다."라고 말하였다.269)

'문화의 선(善)'이 문화 설계 이유이다. 스키너가 이야기하는 문화의 생존은 문화가 아니라 집단, 즉 사회이다. 스키너의 문화 설계관은 문화 속의 부분 문화, 문화적 관행을 단위로 생각한다. 습관, 예절, 다스리는 도구 및 방식 등이다. 이런 것들이 사회 구성원들의 행동을 바꾸어 나간다고 본다. 문화적 관행은 전체 문화가 아니라 한 사회가 지닌 부분 문화이다. 스키너는 문화의 평가 기준을 문화의 전통적 가치로 삼는다. 문화의 전통 가치로는 행복, 자유, 지식 및 건강을 꼽고 있다. 다시 말해서 사람을 행복하게 하는 문화이어야 하고, 사람에게 자유를 보장해 주는 문화이어야 하며, 지식을 장려하는 문화이어야 하고, 사람을 건강하게 만드는 문화이어야 한다고 주장한다.270)

---

268) Ibid., 89.
269) B. F. Skinner, *Beyond Freedom and Dignity*, 차재호 역, *자유와 존엄을 넘어서* (서울:탐구당, 1971), 128-129.

제 2 절
국경없는마을 형성에 따른 문제분석

1. 성서적 분석

<내가 죽어서라도>

여성 노동자가 알몸으로 4층 창문으로 투신하려던 사건이 있었다. 원동메이(40세, 여)를 비롯한 8명의 중국 노동자들은 서울 구로공단 섬유업체인 J사에서 근무한 여성들이다. 이 회사는 중국 청도에도 공장을 두고 있는 대규모 기업이다. 지난 2000년 말부터 2년 가까이 이들 노동자들은 잔업을 포함하여 한 달 45만원 정도의 최저임금에도 미달하는 봉급을 받고 근로를 제공했다. 이 회사는 지나치게 노동자들을 통제하여 일과가 끝난 후나 휴일에도 외출하지 못하도록 기숙사 현관문을 쇠사슬로 잠가 놓기도 하였다. 저임금과 지나친 통제에 반발한 노동자들이 회사 측에 시정을 요구하자 오히려 회사는 말썽을 일으킨다며 강제 귀국조치 결정을 내렸다.

어느 날 새벽 건장한 남자 20여 명이 중국 여성노동자 여덟 명이 잠을 자고 있는 기숙사 문을 부수고 들어와 이들을 강제로 끌어내려 했다. 속옷만 입고 있던 8명 중 4명이 브래지어까지 벗어 던지며 알몸으로 저항하였다. 더구나 원동메이는 아래옷까지 벗은 알몸으로 저항하였으나 건장한 회사 측 깡패들은 무지막지하

---
270) Ibid., 94-95.

게 여성들을 잡아끌었다. 그러자 원동메이는 "내가 죽어서라도 이 사실을 세상에 알려야 한다!"며 4층 기숙사 창문으로 올라가 투신자살을 기도하였다. 다행히 동료들이 원동메이를 창문에서 끌어 내림으로 치명적인 불상사는 막을 수 있었다. 그런데 이 회사 사장은 기독교인이었다.

한국 교회는 "내가 죽어서라도 이 사실을 세상에 알려야 한다!"며 알몸으로 저항한 여성 노동자 원동메이의 목소리에 귀를 기울여야 한다. 이주노동자 원동메이는 우리와 같은 한 인간이다. 출애굽의 역사는 원동메이와 같은 처지에 있던 "히브리 민중의 고통 소리를 하나님이 들으셨다!"는 것으로 시작한다.

성서는 히브리 인들에게 과거에 이집트에서 당한 고난과 학대를 거울삼아 자기 나라 안에 살고 있는 이주자에게 괴로움을 주지 말아야 한다고 가르치고 있다. 그래서 이들은 가나안에 정착하자마자 노예 보호법(출 21:2-11), 사회적 약자 보호법규(출 21:21-27), 정의로운 재판 행정에 관한 법규(출 23:1-9), 희년법(레 25:10-39) 등을 만들어 평등사회 실현에 노력하였다. 안식년법, 희년법 등은 사회적 불평등을 정기적으로 극복하기 위해 제정된 것이었다(출 22:24-25). 이주노동자는 사유재산권이 없고 그를 보호해 주는 법적 후견인도 없다. 이주노동자는 국경을 넘어 노동하여 생계를 유지하는 사람들이다. 또한 그들은 자기 부족을 떠나 있기 때문에 혈연관계도 없는 타국에서 차별받으며 살아갔던 히브리 인과 같은 처지이다. 계약 법전은 이주자를 괴롭히거나 학대하는 것을 금하지 않았던가.

"너는 이방 나그네를 압제하지 말며 그들을 학대하지 말라.
너희도 애굽 땅에서 나그네이었음이니라."(출 22:21)

그러나 성서 속의 이스라엘은 나그네를 압제하지 말라는 엘로힘의 명령을 거역하고 자신들의 이주자를 차별하기 시작하였다. 사사 시대와 왕정을 거치면서 나그네와 이방인을 공동체 구성원에서 배제하고 평등주의 공동체성을 잃어버렸다. 오늘의 레위기에 전승된 희년법이 성문화된 것도 포로기 이후의 레위인에 의한 것이다. 희년법은 포로기 이후의 이스라엘의 사회상, 곧 노예와 농노의 반란과 채무자들의 극에 달한 곤궁과 권력자와 부자의 횡포가 극대화되었던 시대상을 반영하면서, 분열된 이스라엘 공동체를 개혁하려는 제사장 레위인들, 곧 민중 사제들의 의도를 반영한 것이라고 하겠다. 원동메이가 알몸으로 저항하던 차별적 상황이 사람들 사이의 관계를 단절시킨 사건의 극단이다. 특히 우리에게 충격적인 것은 기독교인이 경영하는 회사에서 이 사건이 일어났다는 것이다.

성서의 주된 관심은 '소외된 자들의 해방'이며, '깨어진 관계의 회복'과 '평등 공동체'의 실현에 있다. 고트발트는 '이스라엘'의 기원을 민족의 개념이 아니라[271] 사회계층의 개념으로 이해하였다.[272] 이스라엘 종족은 이집트의 절대 권력으로부터 해방되어 가나안 땅에 들어온 '국외자들'(Outsiders)과 가나안 도시국가의 지배로부터 벗어나기를 원하는 가나안에 살던 '내부인들'(Insiders)이 가나안 땅을 차지한 후에 이들이 '이스라엘', '야훼의 부족들', '백성

---

[271] 우리는 여기서 이스라엘을 민족과 민족의 결합으로 보는 마틴 노트(Martin Noth)의 입장을 논외로 한다.
[272] Norman K. Gottwald, *The Hebrew Bible: A Socio-Literary Introduction* (Philadelphia: Fortress Press, 1985), 288.

들'로 불리는 '부족 간 공동체'(Intertribal Community)로 연합하였다는 것이다. 이 사회는 약자들이 투쟁을 통해 얻은 공평한 분배와 연대의식으로 모인 공동체이었다. 고트발트는 이집트를 탈출하여 야훼를 신봉하는 사람들을 '원 이스라엘'(Yahwistic Proto-Israelites)이라 하였다.273) 원 이스라엘은 가나안 땅에 살면서 빼앗기고 착취당하고 소외된 집단들이 가나안의 통치자들에 대항하기 시작하면서 그들과 결속하였다. 이러한 초기 연합을 고트발트는 '엘로힘을 중심으로 결속된 이스라엘'(Elohistic Israel)이라 부른다. 그리고 좀더 후기에 이집트의 억압과 착취를 거부하고 탈출한 야훼 숭배자들이 가나안에 있던 집단들과 결합하여 새롭게 확대된 결속 동맹체를 '야훼를 중심으로 결속된 이스라엘' (Yahwistic Israel)이라 한다. 이 공동체는 가나안 군주들이 군림하는 도시국가들과 이집트의 절대 권력과는 대조되는 '대안적 평등주의 공동체'이다. 이러한 공동체의 회복이 우리 사회에 필요하다.

예수의 오심은 '대안적 평등주의 공동체'인 하나님 나라 운동이다. 예수운동의 중심지였던 갈릴리는 정치, 경제, 문화, 종교적으로 볼 때 소외된 지역이었다. 갈릴리 주민들 가운데는 이방인이 많이 섞여 살았다(마 4:15-18; 26:69-75). 예수는 그의 고향 나자렛의 회당에서 이사야의 말씀을 통하여 자신의 선교를 처음 시작하였다. 주님의 은총의 해를 선포하는 것, 곧 희년을 선포하는 것이 예수의 선교적 사명이다.

---

273) Norman K. Gottwald, *The Tribes of Yahweh:A Sociology of the Religion of Liberated Israel, 1250~1050 B. C. E* (Maryknoll, New York:Orbis, 1979), 489-497.

"주님의 성령이 나에게 내리셨다. 주께서 나에게 기름을 부으시어 가난한 이들에게 복음을 전하게 하셨다. 주께서 나를 보내시어 묶인 사람들에게는 해방을 알려주고, 눈먼 사람들은 보게 하고, 억눌린 사람들에게는 자유를 주며, 주님의 은총의 해를 선포하게 하셨다."(눅 4:18)

2. 신학적 분석

<인간다운 대접을 받고 싶다.>

정말 믿고 싶지 않습니다. 일하다가 산재를 당해도 보상도 안 해주고 월급도 안줍니다. 심지어 칼로 찌르기도 합니다. 저는 시화공단 NY 화학 도금공장에서 일하다가 양손을 다쳤습니다. 그러나 "네 돈 내고 네가 치료해라"하며 사장님은 치료도 안 해줍니다. 병원비를 달라 하자 "당장 그만 둬!" 합니다. 실컷 일 부려먹고 다친 사람을 이렇듯 내버립니다. "사장님, 월급 주세요." "지금 돈 없으니 다음에 와!" 다음에 또 갔더니 역시 "다음에 와!" 사장님은 거짓말을 밥 먹듯 합니다. 이번엔 공장장을 찾았습니다. "공장장님, 월급 좀 받게 해 주세요." 했더니 오히려 때립니다. 무서워 기숙사 문 닫고 숨었습니다. 이번엔 쇠꼬챙이로 문 때려 부수고 들어와 또 때립니다. 친구가 그만 때리라고 말리자 이번엔 칼로 찌르며 달려듭니다. 저는 칼에 찔려 기숙사 문 밖으로 떨어졌습니다. 팔꿈치가 부러지고, 무릎과 발바닥이 찢어져 피를 많이 흘려 병원에 실려 갔습니다. 이날은 6월 29일 한국이 월드컵 4강으로 축구 하던 날입니다. 우리는 짐승이 아닙니다. 대~한민국이 싫습니다.

이 사건은 이주노동자를 향한 폭력과 인권유린의 악순환이 연속적으로 일어나고 있는 상황을 말해주고 있다. 2002년 7월 12일 오후 4시 시화공단 ○○화학 앞에서 안산외국인노동자센터와 이주노동자들이 연대한 항의 집회에서 이주노동자 자한길의 증언이다. 공장에서 일하던 이주노동자가 산재를 당하였으나 회사 측에서는 제대로 치료도 해 주지 않았다. 나아가 정당하게 일한 사람이 월급도 받지 못하였을 뿐 아니라 오히려 쇠꼬챙이로 맞고 칼부림을 당하고 뼈까지 부러지는 사건을 만난 것이다. 이 일은 사람과 사람의 관계에 선을 그은 단적인 예이다. 억압하는 자는 사람이었고, 억압당하는 자는 짐승이었다. 인간 이하의 대접을 받고 살아가는 이주노동자들에겐 아무런 희망이 없다. 다만 인간다운 대접을 받고 싶은 것뿐이다.

내국인이건 이주노동자이건 어떤 이유에서든 폭력과 억압으로 인한 관계의 단절, 공동체의 파괴는 존재 근원의 파괴이며, 강자에 의한 약자의 차별일 수밖에 없다. 에르하르트는 존재하는 모든 것의 본질은 관계라고 하였다.274) 마테오 폭스(Mattew Fox) 역시 선함이란 근본적으로 관계적이며, 모든 존재의 상호연관성으로 이해한다. 따라서 악이란 이러한 상호 연관성의 부정이라고 하였다.275) 몰트만(J. Moltman)은 인간의 삶에는 죽음의 악순환이 있다고 설명한다. 경제적 삶의 차원에서는 '가난의 악순환'이, 가난의 악순환 속에는 동시적으로 정치적 삶의 차원에서 '폭력의 악

---

274) Mattew Fox, *Creation Spirituality:Liberating Gifts For The Peoples of The Earth* (New York: Haper San Frasico, 1991), 9.
275) Mattew Fox, *Original Blessing* (Santa Fe, NM:Bear and Co., 1983), 46.

순환'이, 가난과 정치적 악순환 속에서 '인종적, 문화적인 소외의 악순환'이, 가난, 권력 및 소외의 악순환 속에는 오늘날 더 큰 악순환 즉, '산업적인 자연 파괴의 악순환'이 그리고 위의 모든 악순환 속에는 더 포괄적인 억압 즉 '무의미와 하나님으로부터 버림받는 악순환'이 숨어 있다고 지적하였다.276)

한국 교회는 이제 이주노동자를 차별하는 상황과 인간관계의 단절을 종식시키는 평등 공동체 세우기 운동에 나서야 한다. 더 이상 이주노동자가 손님이나 나그네로서가 아니라 한국 사회의 공동체 일원으로 받아들이는 평등 공동체 세우기 운동이 필요하다. 아프리카 신학자 존(John Mbiti)은 "공동체라는 말 자체에 이미 하나님의 형상을 입은 사람들이 공존하고 있다는 사실이 암시되어 있다."고 말하였다. 그는 "교회는 자신만을 위한 폐쇄된 단체가 아니라 타자를 위해 열린 공동체이어야 한다. 빈곤과 이에 따른 비인간화로부터 해방을 경험하는 공동체가 되어야 한다."고 주장하였다.277) 민영진 역시 "하나님은 비인간화 상태에 있는 공동체를 인간화시키고 그들과 계약을 맺는 자리에서 그들은 나의 백성이라고 부른다. 야훼가 한 공동체를 향해 '나의 백성(암미)'이라고 부른 최초의 경우가 바로 이스라엘 백성이 이집트에서 종살이 할 때 즉 비인간화 되었을 때에 그들을 불러 인간화시키며 한 공동체로 부르신 사건이다."라고 했다.278) 도널드 메서(Donald

---

276) Jürgen. Moltmann, *The Crucified God* (New York: Harper & Row, 1974), 김균진, *십자가에 달리신 하나님*(서울:한국신학연구소, 1972), 335~341.
277) Mbiti S. John. ed., *African and Asian Contributions to Contemporary Theology:Report* (Geneva Bossey, 1976), 79.
278) 민영진, "하나님 백성의 인간화," *공동체신학 모색* (서울: 전망사,

E. Messer)도 "사람들은 계속해서 울타리를 만들어 다른 사람을 제재함으로써 자신의 이득을 보호하고 자신들의 특권을 보호하려 한다. 교회는 이러한 '차별과 분리의 울타리를 제거하는 자들의 공동체(Fellowship of Fence Movers)'가 되어야 한다."는279) 말을 통하여 공동체의 중요성을 강조하였다. 보프는 공동체의 중요성을 강조하면서 "공동체는 하나의 인격체로서 서로 밀접하게 연결되어 있는 혈육과 같은 존재이다(고전 2:10)"라고 했다. 인격체란 '타자를 위한 존재'(Being-for-Others)보다는 '타자와 더불어 있는 존재'(Being-with-Others)라고 정의하고 있다.280) 교회는 타자와 더불어 있는 존재로서 차별문화 극복과 서로 다른 사람들의 단절된 관계를 만남을 통하여 연결시켜 주는 매개자로서의 역할을 하는 공동체가 되어야 한다.

공동체 형성 운동에는 두 가지 중요한 점이 있다. 첫째는 이주노동자가 주체자의 입장에 서도록 협력하는 일이다. 제임스 콘은 자신의 책 <눌린 자의 하나님> 서문에서 "문제 제기는 문제 해결의 주체자의 입장에서 새롭게 보아야 하며, 이 새로운 신학은 흑인의 역사와 문화와의 대화에서 우러나와야 한다."고281) 주장했는데 이 주장은 매우 중요하다고 본다. 특히 한국교회는 이주노

1992), 16-40.
279) 참조, Donald E. Messer. "A Community of Fence Movers," in *A Conspiracy of Goodness:Contemporary Image of Christian Mission* (Nashville: Abing don Press, 1992)
280) Leonardo Boff, Robert Fath. *God's Witnesses in the Heart of the World* (1989), 성염 역, *세상 한 가운데서 하나님을 증언하는 사람들* (왜관: 분도출판사,1990), 270.
281) James. H. Cone, *God of the Oppressed*, 현영학 역, *눌린 자의 하나님* (서울: 이화여자대학 출판부, 1994), 20.

동자를 언제나 대상으로만 바라보는 지난날의 잘못을 회개해야 한다. 두 번째, 공동체 형성 운동은 관계 회복을 위하여 항상 모든 사람에게 열려있어야 한다. 과거 이주노동자를 차별하던 사람이라도 공동체를 형성하는 주체에서 제외시키는 일이 있어서는 안 되며 만일 그런 일이 벌어진다면 또 다른 편견과 차별이 될 수 있다.

크로아티아 신학자 미로스로 볼프(Miroslav Volf)는 <포용의 신학>(A Theology of Embrace)을 통해서, 인간의 참된 화해와 공동체 의식의 지평을 새롭게 하는 것은 포용으로 보았다.282) 그러므로 이념이나 종교, 언어로 묶기보다는 '있는 그대로의 정체성을 존중하며 상호 간 차이를 인정'하는 일이 차별을 중단시키는 초석이 된다.

이러한 의견에 대하여 보프(L. Boff)도 "인간은 누구나 하나님 안에서 변화의 가능성이 있으며, 자신의 내부에 존재하는 진정한 능력과, 타인에게 자신을 열 수 있고 스스로 모든 것을 남김없이 줄 수 있는 능력이 있다."고 말한다.283) 따라서 세상은 비록 지난 날 억압자이었거나 차별의 반열에 있었다 하더라도 과거의 잘못을 회개하면 새 역사의 변화의 주체자로 나서도록 받아들여야 한다. 바로 여기에 몰트만이 이야기하는 '희망'이 있다.

---

282) 김기대, "발칸사태의 종교적 포용 배경과 포용의 신학,"『기독교사상』, 1988년 7월호 (서울: 대한기독교서회, 1999), 218-233.
283) Leonardo Boff, Liberating Grace, 김정수 역, 『해방하는 은총』(서울: 한국신학연구소, 1988), 258.

3. 정치 경제적 분석

원곡동 주민자치 위원회가 열렸을 때 위원회는 아주 중요한 결정을 내렸다. 이주노동자를 명예 주민자치 위원으로 받아들인 것이다. 그 결과 주민자치 위원회에 이주노동자들이 참여하여 자신들의 의견을 주민 대표자들에게 전달하였다. 또한 안산 시장이 원곡동을 방문하여 시정 설명회를 갖는 동안, 이주노동자 대표가 그 자리에 참석하여 안산시 원곡동에 살면서 경험하고 느낀 불편한 점과 개선할 점을 토로하였다. 최근에는 원곡동에서 주민 체육대회가 열렸을 때 이주노동자들도 당당히 주민의 한 팀으로 참여하였다. 동네엔 글자 펼침 막이 걸렸다.

"우리 마을엔 외국인이 없어요. 정다운 이웃만 있습니다."

국경을 초월한 이주노동은 생존권에 관한 문제이며, 이주노동자는 신자유주의적 세계화의 희생자들이다.[284] 시장이란 경쟁과 지배의 메커니즘이며 다른 말로 풀어보면 해체, 파괴, 배제, 지배의 과정이다. 즉 시장 메커니즘은 (1) 경쟁을 위해 가격을 결정할 수 있는 행위자를 해체하여 가격 수용자로 만들고 (2) 경쟁은 경쟁력이 약한 행위자에 대한 파괴 과정이며 (3) 파괴된 부분을 시장이라는 공간에 재배치하고 (4) 새로운 강자가 추후 이 과정 전체를 지배하는 메커니즘이다.

유엔개발협회의 1999년 보고서에 따르면 세계 60억 인구 가운

---

[284] 신자유주의는 오늘날 경제적 세계화를 떠받치고 있는 지배이념이며, 시장근본주의(Market Fundamentalism)와 동의어이다. '워싱턴 콘센서스'라 불리는 신자유의는 자유시장은 결코 실패하지 않는다는 종교적 신념을 가지고 있다.

데 50%인 30억이 하루 2달러(2천원) 이하의 생활비로 살아간다. 세계화가 급속히 진행되면서 세계 부의 82.7%를 상위 부자 20%의 사람들이 소유하고 있으며, 최극빈자 20%는 고작 1.4%를 차지하고 있을 뿐이다(유엔개발협회 1992년 보고서). 이러한 빈익빈 부익부의 세계 경제 구조 속에서 세계의 가난한 사람들은 자신들의 생존을 위하여 국경을 넘어선 노동의 상황으로 내몰리고 있다.

이주노동자의 국내 유입은 시장경제의 활성화를 위한 구조 조정과[285] 기업이 경쟁력을 확보하기 위한 기업의 소유 및 통제의 변화에 따른 귀결이다. 경쟁력을 상실한 기업은 노동의 유연화, 생산비 절감을 위한 값싼 노동력 확보, 기술 변동 및 경영 조건의 재편, 하청을 통한 생산량의 유연화 확보, 기업의 해외 이전 혹은 공장 폐쇄 등의 전략을 구사한다. 노동력의 유연화는[286] 고용과 해고가 용이한 이주노동자를 비롯한 주변부 노동자(하청노동자, 비정규노동자 등)를 통하여 고용수준을 조절하는 것이다.

---

[285] 구조 조정의 개념은 산업구조 조정만 아니라 도시구조 조정(Urban Restructuring), 지역구조 조정(Regional Restructuring) 등 공간변화의 개념으로도 사용된다.

[286] 노동유연화 전략은 각 나라의 노자관계와 자본의 축적전략에 따라 달라진다. 예컨대, 적대적인 노자관계와 대량생산이 지배해온 미국에서는 외적, 양적인 노동시장 유연성을 도입해 노조를 약화시키고 노동비용을 절감하는 전략이 구사된다. 반면, 이미 노동이 자본 측에 대해 수세적 입장에 있거나 또는 노동과정에서 노동이 유연하게 사용되고 있는 일본의 대기업과 스웨덴의 경우에는 주로 내적, 질적인 노동과정의 유연성이 추구되어졌다고 본다. 노동 유연화 전략은 이러한 노동력 활용전략 중 특히 수량적 노동시장 유연화 전략을 의미한다. 그것은 우리나라에서는 유연화 제고 전략이 근로자수의 증감, 하청이나 외주 가공 등 작업의 외부화를 통한 수량적 유연화 전략이 선호되기 때문이다. 참조, D. Harvey, "Flexibility: Threat or Opportunity?," *Socialist Review*, vol. 21, no.1 (1991), 권혜자, *비정규노동자의 실태와 노동운동* (서울: 한국노총 중앙연구원, 1996).

한국 정부는 이주노동자의 정주화 권리를 제한하는 정책을 취하고 있다. 한국 정부의 권리 제한 정책에 따라 이주노동자는 지역공동체의 구성원으로부터도 제외당하고 있다. 이러한 통제로 이주노동자는 노동자로서의 권리를 부정당하고, 사업장을 제한당하고 고용주와의 재계약의 권리를 배제 당하였다. 이런 정책은 사실상 이주노동자를 노동 통제와 차별 대상으로 전락시키고 있다. 이것이 한국사회에서 이주노동자들이 근로자와 주민으로 인정받지 못하는 현실이다. 따라서 장기체류 불법체류자 이주노동자들에게 국적 부여는 국민 여론을 감안하여 우선 보류하더라도 '일할 수 있는 권리인 영주권'을 부여함으로써 합법 체류의 길을 열어 주어야 한다.

4. 사회, 문화적 분석

한국사회의 문화적 편견과 차별문화는 경제적이며 민족주의적이며 인종주의적인 경향을 가지고 있다.

한국사회는 부자나라의 문화는 추종하지만, 가난한 나라의 문화는 차별하는 이중 잣대를 가지고 있다. 똑같은 흑인일지라도 가난한 나라 출신에게는 매우 배타적이다.

차별문화는 민족주의적 성격도 갖는다. 한국사회의 단일 민족의 신화는 타민족에 대하여 배타적이게 만들었다. 과격한 민족주의는 세속 종교적 신념을 가지기도 한다. 그래서 폴 틸리히는 민족주의, 파쇼주의, 나치즘, 공산주의, 자본주의를 의사 종교(Quasi-Religions)라고 정의하는데, 의사 종교란 본래 종교를 의도하지 않았지만, 결과적으로 종교 혹은 하나의 신앙의 형태를 취하고 있

다는 뜻이다.287)

　차별문화는 인종주의적 형태를 취하기도 한다. 오드레 롤데는 "인종주의는 한 종족이 다른 모든 인종들보다 본래부터 우월하다는 신념이어서 지배 권리도 갖는 것으로 믿는다."라고 하였다.288) 차별문화는 이주노동자들에 대하여 사회적 불평등을 만들어낸다. 사회적 불평등은 사람들로 하여금 불평등한 자원들, 서비스, 지위들로 나가게 하는 발판으로서의 조건이다. 사회 계층은 사회적 관계들의 체제 안에 있는 불평등을 굳히거나 제도화한 것인데 역사적으로 노예, 카스트, 지주 그리고 계급과 같이 여러 양상을 지닌다.289) 차별문화는 우리 사회의 불평등을 만들어내고, 사람과 사람의 관계는 물론 공동체성을 훼손하는 암적인 사회적 기제이다.

　차별문화는 지배의 결과로서 사회적 불평등을 만들어내고 문화적으로 억압받는 자들이 이를 모방하기도 한다. 파울로 프레이리(Paulo Freire)는 억압하는 힘을 '지배문화'(Dominant Culture)라 불렀다. 이 지배문화에 대해서는 필연적으로 '의존문화'(Dependent Culture) 혹은 소외문화가 나타난다고 하였다. 소외문화는 억압의 소산으로서 소외문화, 의존적인 사회를 만들며 의존적인 사회는 자립할 수도 자존할 수도 없도록 만들어진다. 결국 의존사회는 엘리트 계급에 의해 형성되고 조작된 폐쇄사회(Closed Society)가 된다. 차별 받는 문화 안에서 피억압자들로 구성되는 의존사회는

---

287) Paul Tillich, *Christianity and the Encounter of the World Religions* (New York: Columbia University Press, 1963), 5.
288) Audre Lorde, *Sister Outsider: Essays and Speeches* (New York: Crossing Press, 1984), 115.
289) Horold R. Kerbo, *Social stratification and inequality* (New York: Mcgraw-Hill, 1983), 10-24.

자율적이기를 희망하면서도 지배문화를 모방할 수밖에 없는 갈등에 놓여 있다. 이러한 역관계를 통하여 파울로 프레이리(Paulo Freire)는 침묵의 문화(Culture of Silence)가 형성된다고 보았다.

<무슬림이 찾아온 교회>
'이주노동자가 인간 이하의 취급을 받는 산업연수제도는 폐지되어야 한다.'
이런 슬로건을 내걸고 5일째 단식을 하던 밤이었다. 밤이 늦었는데 외국인 노동자 여러 명과 이슬람 종교지도자 이맘들이 단식농성장을 찾아왔다. 무슬림이 기독교 목사를 찾아온 것이다. 이때 일행을 따라온 양 손이 잘린 외국인 노동자 하나가 목마르실 때 드시라며 생수 두 병을 내놓는다.
"목사님이 단식하는데, 손 잘린 이주노동자가 생수 두 병 사왔습니다. 저희가 해야 할 일인데 밥도 못 먹고 고생입니다."
정작 목마른 자는 우리가 아니라 사막과 같은 세상에서 저만 살겠다고 날뛰는 그런 사람들 아니겠는가? 생수 한 병으로 네가 살고 또 한 병으로 내가 살고, 차별 없는 행복한 세상을 우리는 이미 살고 있었다. 나도 모르게 눈물이 핑 돈다. 그것 참….

성탄절 전야 행사를 한참 진행하고 있었다. 행사장 앞쪽에 수염이 긴 점잖은 이주노동자 한 사람이 앉아 있었다. 행사가 끝나자 그 사람이 다가와 인사를 했다.
"목사님, 전 이슬람 모스크 이맘입니다. 크리스마스라 찾아왔습니다."
홈페이지에 성탄절 행사를 소개하는 사진을 올리다가 보니 그 이맘의 얼굴이 크게 나온 사진도 있다. 혹시 이슬람교 측 내부에서 무슨 일이 있지 않을까 염려스러워 이맘의 얼굴을 희미하게 흐려서 사진을 올렸다. 찾아온 사람은 자연스러운데, 괜히 우리가 호들갑을 떠는 거나 아닌지 모르겠다. 그것 참….

　대안문화란 지금까지 당연하게 받아들여져 왔던 지배적인 삶의 방식들에 근본적인 의문을 제기하면서 새롭게 만들어진 또 하나의 삶의 방식이다. 그것은 차별문화의 갈등을 넘어 차이를 인정하는 통합의 문화이다. 대안문화 운동이란 기존의 사회체계가 제시하는 삶의 방식에 동의하지 않는 사람들이 집합적으로 새로운 삶의 양식을 실천하는 운동이다. 기존사회에서의 일탈 행동이 단순히 기존 삶의 양식에 동의하지 않고 그것을 벗어나는 몸부림이라면, 대안 문화 운동은 옛 삶의 양식을 대신할 수 있는 새로운 삶의 양식을 모색하고 실천하는 것이다.

　대안문화 운동은 정치적 성격을 취하면서도 기존 가치체계의 변화가 삶의 현장에서 일어나게 하는 운동이라 할 수 있다. 대안문화운동은 한 사회의 차별적 하위문화에 대한 문제를 인식하고 차별적 상황을 제거하기 위한 운동의 사회화이다. 대안문화 운동은 기존의 지배문화에 대하여 갈등 및 도전을 줌과 동시에 인간관계의 재정립을 통하여 더불어 살아가는 공동체를 형성해 나가는 일이다. 이러한 대안문화는 하나의 축제가 중심을 이룬다. 인간은 도구를 사용하는 존재(Homo Feber)인 동시에 축제하는 존재(Homo Festives)이다.[290] 축제하는 인간은 없어지고 도구적 인간으로서 책임의식만 강조하면 인간은 황폐화된다. 인간에게 주어

---

[290] Jürgen, Moltmann. *The Open Church:Invitation to a Messianic-Style* (London: SCM Press, 1978), 72.

진 무한한 과제와 유한한 능력을 창조적으로 중개시키는 것이 축제이다. 슈나이더는 참된 코이노니아의 삶과 교회의 본질은 '축제'(Konvivenz)에서 발견되며, 민중은 잔치를 통하여 다른 세계를 건설한다고 보았다. 이 잔치는 일상생활을 초월하지만 인간을 인간답게 만든다. 이 축제(Konvivenz)는 공동체적이고 '해방된 인류의 잔치'이다.291) 차별문화 극복을 위한 대안 공동체는 지역주민과 이주노동자 간의 관계 회복을 위한 만남이며, 이러한 관계 회복은 해방의 축제가 되어야 한다.

5. 교육, 심리학적 분석

<자살을 꿈꾸는 이주노동자>

2003년 11월 안산센터 사무실로 스리랑카 노동자 자얀타가 찾아왔다. 자얀타는 안산시 팔곡 지구 도금업체에서 석 달을 근무한 일이 있는 사람이다. 미등록 이주노동자 단속이 강화되면서 쉼터를 찾아온 것이다. 1주일을 지내는 동안 얼굴빛이 매우 우울해 보였다. 쉼터에 함께 있는 다른 이주노동자들과 함께 그림 심리 테스트를 해 보았다. 자얀타는 한국에 온지 석 달 만에 도금물에 의해 손이 산재를 당하였으나 회사에서 제대로 치료도 해주지 않고 일만 시키는 것에 불만을 품고 회사를 이탈했다. 한국에 올 때 많은 빚을 진 그는 단속반에 적발되면 강제 출국해야 하는

---

291) Theo Sundermeier, *Konvivenz und Differenz:Studien zu einer Missionswissenschaft anl Lich seines 60*, Geburtstages, Erlangen, Verlag der Ev.-Luth, Mission, 1995. 채수일 편역, *선교신학의 유형과 과제* (서울: 대한기독교서회, 1999), 26.

위기에 놓여 있었다. 한국말도 모르고, 한국 문화에도 전혀 적응할 수 없는 상황이었다. 말이 없던 자얀타는 심한 우울증에 시달렸다.

자얀타의 그림에 나타난 자신의 모습은 이랬다. 두 손은 몸 뒤로 숨기고 머리는 몸집에 비하여 상당히 컸다. 그림에서 두 손을 감춘 것은 산재 당한 손 때문에 스트레스가 많음을 보여준다. 머리를 크게 그린 것은 생각이 많다는 뜻이다. 스리랑카 글씨로 자기 얼굴 옆에 자신의 고민을 적었다.
"돈이 없다. 일자리도 없다. 죽고 싶다."
자살 충동에 시달리는 자얀타가 미등록 이주노동자가 된 것은 회사의 부당대우에서 비롯하였다. 이 회사에 스리랑카 출신은 자얀타 혼자였다. 말이 통하지 않아 말벗이 없었다는 것과, 체구에 비해 무거운 물건을 날라야 했던 노동으로 인한 스트레스 또한 적지 않았던 것 같다.

메슬로는 인간의 미래는 꿈, 의무, 계획, 목적 등의 형태 속에 현존함으로써 끊임없는 자기실현이 가능하다고 보았다. 메슬로에 따르면 자아 실현자가 초월적 동기에 의하여 행동할 때, 그는 결핍의 영역(D-Realm)이 아닌 존재의 영역(B-Realm)에서 산다. 자아 실현은 절정의 경험 속에서 경외감, 강렬한 행복감, 황홀감 등을 느끼며 자아 중심을 초월하는 경험을 갖게 된다. 그러나 자얀타는 우울증과 자살까지 생각하는 부정적 자아가 형성된 상태이다. 에일 에릭슨은 긍정적인 자아 통합이 발달하지 못하면 절망의 태도가 형성된다는 주장을 폈는데 이 이론대로 자얀타는 절망의 상황을 만난 것이다.

차별적 상황은 실천(Praxis) 없이는 변하지 않는다. 일하는 현장과 생활현장에서 차별과 부당 대우를 당한 이주노동자들은 공격적인 모습을 보이며 한국 사람과 갈등을 일으킨다. 이 과정에서 이주노동자는 범죄자와 추방해서 내쫓아야 할 존재로 취급받게 된다. 파울로 프레이리는 페다고지에서 "스스로를 해방함으로써 자기네 억누르는 자들을 해방시킬 수 있는 자들은 오직 억눌린 자들뿐이다. 억압 계급에 속하는 억누르는 자들은 다른 사람들은 고사하고 그들 자신도 해방시키지 못한다. 따라서 억눌린 자들은 필연적으로 스스로를 얽매어 놓은 모순을 해결하기 위해서 투쟁하지 않으면 안 된다. 이 모순은 억누르는 자도 억눌린 자도 아닌 그러면서도 해방 과정 속에 있는 인간 즉 신인간이 출현함으로써 해소될 것이다."라고 말하고 있다. 차별문화는 실천적인 문화적 사고를 통해서만 변화될 수 있다.

그러나 차별문화 극복에는 문화적 비전이 필요하다. 차별문화는 단순히 피억압자가 막연히 저항한다고 해결되는 것이 아니다. 저항을 통하여 차별과 억압을 제도적으로 막을 수는 있다. 이미 형성된 차별문화 자체는 문화적 사고에 의하여 의식적으로 바꾸어내지 않으면 안 된다. 파울로 프레이리가 교육은 '피억압자를 피억압자 되지 않게 하고 억압자가 억압자이기를 그치게 하는 것이다.'라고 하는 것처럼 이주노동자들에 대한 차별문화의 생산과 문화적 침해를 중단시키려면 교육이 필요하다. 진정한 의미에서의 교육은 '침묵의 문화'를 깨트리는 '대화의 만남' '이중성의 의식구조의 변형' 즉 '의식화'로서의 해방교육이어야 한다.

따라서 차별문화를 극복하려면 차별자와 비차별자 간의 '만남' (Encounter)을[292] 통하여 갈등을 해결해 나가야 한다. 만남은 갈등 원인을 돌아보게 하고 조정을 모색하게 한다. 나아가 만남은 인간과 세계에 대한 비전과 대화적 응용(Dialogical Praxis)으로 표현되는 과학적이고도 인간주의적 개념을 설정해 준다. 만남을 통한 갈등의 조정은 문화차별 극복을 위한 공동체에 대한 비전을 찾도록 한다. 이러한 비전 제시는 한국사회의 배타적 단일민족 신화와 차별문화 신화를 제거하는(De-Mystifying Work) 다문화 공동체 형성의 디딤돌이 될 것이다. 이러한 의미에서 국경없는마을은 매우 가치 있는 운동이다.

---

292) Martin Buber는 인간이 참된 만남의 관계를 이루지 못하는 것은 너(You)가 아니라 물건으로서 그것(It)으로 보기 때문으로 보았으며, 참된 공동체성은 나와 너의 만남으로 보았다. Lewis J. Sherrill은 코이노니아 즉 하나님과 사람의 만남을 발전시켜 코이노니아를 기독교 교육의 중심으로 삼았다.

제 3 절
국경없는마을 형성에 따른 추정
- 차별극복/ 관계회복/ 공동체 형성 -

우리는 지금까지 이주노동자의 상황 분석 작업을 통하여 문제의 원인과 해결 방안에 대하여 성서적, 신학적, 정치 경제적, 사회 문화적, 교육 심리학적으로 살펴보았다. 문제 분석에서 주어진 이론적 주요 개념들을 재구성하여 차별문화 극복과 관계 회복을 통한 공동체 형성의 성격과 방향성을 추정해 보자.

1. 차별극복

① 국경없는마을 운동은 의식화와 문화교육 운동을 통해 차별극복의 인식을 확산시켜 나가는 일이다. 국경없는마을에서 벌어지는 차별 상황 자체가 이미 내국인과 이주노동자 모두에게 교육(Pedagogy)의 기회가 된다. 지역사회 내에서의 차별 상황은 내국인과 이주노동자들의 '사회적 정치적 책임에 근거를 둔 대화적 교육 프로그램을 통해 성취된 비판 의식의 개발'(Education for Critical Consciousness) 과정으로 형성될 것이다. 이러한 교육 자체가 새로운 사회를 꿈꾸는 문화적 종합(Cultural Syntheses)이자 문화 혁명(Cultural Evolution)이 될 것이다. 문화적 종합은 무원칙한 나열이 아니라 차별을 넘어 차이를 인정하는 이주노동자들의 헤게모니(Hegemony)적 하위문화(Subculture) 형성에 두어야 한다.

② 국경없는마을 운동은 '문화적 사고'(Cultural Thinking)로서 차별문화를 극복하고 대안을 마련해 나가는 일이다. 이 같은 움직임은 대안문화 운동으로 표현된다. 대안문화 운동이란 기존의 사회체계가 제시하는 삶의 방식에 동의하지 않는 사람들이 집합적으로 새로운 삶의 양식을 실천하는 운동이다. 이주노동자에 대한 차별문화는 사회적 약자의 권리 침해를 정당화시키는 지배문화(Dominant Culture)이다. 이러한 차별문화는 지배의 도구로서 폐쇄사회(Closed Society)를 강제한다. 폐쇄사회는 피차별자 등에 대하여 또 다른 차별을 강요하는 침묵의 문화(Culture of Silence)를 양산해낼 뿐이다. 국경 없는 문화는 '차별적 의존문화를 거부하는 문화 창조 행동'이어야 한다.

2. 관계회복

① 국경없는마을 운동은 사회 통합과 심리적 통전성을 형성하는 노력이 있어야 한다. 이주노동자와 지역사회 주민과의 관계 회복은 사회 통합의 출발점이다. 국경없는마을은 이주노동자 집단 거주지(Ethnicity)여서 내국인과의 문화적 갈등이 극대화될 소지가 많다. 차별문화의 극복은 이주노동자들의 지역사회 참여가 이루어져야 가능하다. 사회참여로 지역사회 주민들과 공동문제를 해결해 가는 과정에서 협동성과 연대를 배양해 나갈 수 있다. 협동성의 배양은 갈등을 넘어 관계 회복의 중요 요소가 될 것이다. 내국인과 이주노동자의 만남으로 관계 회복이 이루어지고 소외 의식과 절망을 극복하고 자아 통합(Ego Integrity vs. Despair)에 조력하게 될 것이다.

② 국경없는마을 운동은 다문화를 주요 매개로 축제와 잔치를 통해 관계 회복의 장을 마련한다. 인간은 축제하는 존재(Homo Festives)이다. 국경없는마을은 여러 나라 사람들이 한데 어우러지는 다문화 공동체이다. 축제와 잔치의 문화는 낯선 사람(Stranger)과의 경계도 사라지게 한다. 축제는 낯선 이웃에 대한 환대의 자리이다. 환대(Hospitality)는 주인(Host)과 손님(Guest)이 하나(Oneness)가 되는 뜻을 가지고 있다. 다양한 문화를 가진 사람들이 자신의 문화적 정체성을 간직하면서도 서로를 받아들이는 환대는 다양성의 공존을 가능케 할 것이다. '환대의 축제'는 차별문화의 환경에서 함께 즐거워하는 '축제'(Konvivenz)가 될 것이다. 이러한 국경없는마을 운동은 세계화에 맞서는 지역운동이며, 지역사회에서 이주노동자가 '늘 새로운 주체'로 설 수 있는 '행복 나눔 운동'의 자리가 될 것이다.

3. 공동체 형성

① 국경없는마을 운동은 공동체 형성 운동이어야 한다. 국경없는마을 자체가 주민과 이주노동자 간의 만남을 통한 대화적 응용(Dialogical Praxis)이 일어나는 공간이자 관계이다. 이러한 의미에서 국경없는마을 사람들은 상호 만남을 통하여 단절된 관계를 회복하게 될 것이다. 국경없는 사람들의 만남은 자기중심적 관계를 '타자를 위한 존재'(Being-For-Others)로서의 관계로 바꾸고 '타자와 더불어 있는 존재'(Being-With-Others)로 다시 서게 하는 접촉점이 되기 때문이다. 접촉점이 넓어지다 보면 국경없는마을은 '차별과 분리의 울타리를 제거하는 자들의 공동체'(Fellowship of

Fence Movers)로 발전해 나갈 것이다.

② 국경없는마을 운동은 이주노동자들의 지역사회 참여 확대를 통한 관계 회복 운동이다. 이주노동자가 지역사회의 일원이 될 뿐 아니라, 지역사회 의사결정 구조에 참여하는 기회를 넓혀 나가야 한다. 이 과정에서 이주노동자의 시민권이 지역사회에서 현실화되도록 한다. 이주노동자(Migrants)는 세계화(Globalization)에 따른 지구적 차원의 구조 조정과 노동력의 유연화의 희생자들이다. 다시 말해서 자국에서건 이주한 나라에서건 시민으로서의 권리를 행사하지 못하는 지구적 약자이자 희생자들이다. 국경없는 마을 운동은 이주노동자들이 체류와 정주지역에서 정치, 경제, 사회, 문화적으로 공동체의 일원으로서 살아갈 수 있는 '지구시민 사회의 시민권'을 갖도록 해야 한다.

③ 국경없는마을운동은 하나님 나라 공동체 형성을 위한 신앙고백 운동이어야 한다. '눌린 자의 하나님'께서 아피루/아비루('Apiru/'Abiru)와 같은 이주노동자들의 소리를 들으시며, 새로운 희년 세상을 열어갈 것을 믿는다. 희년 세상은 뜻이 하늘에서 이루어진 것같이 땅에서도 이루어지는 '대안 공동체'를 형성하기 위한 신앙 실천(Praxis)이다. 이러한 의미에서 국경없는마을 운동은 대안공동체 형성을 위한 신앙 실천으로서 차별의 문제로 인한 이 땅의 '죽음의 악순환의 고리'를 단절시키는 예언자적 신앙고백운동이 되어야 한다.

제3장
국경없는마을 형성을 위한 목회전략 개발

제 1 절
국경없는마을 형성의 사상적 기초

1. 국경없는마을과 하나님 나라 사상

다문화 공동체 형성의 사상적 기초는 역사적 하나님 나라에 있다. 역사와 함께 하시는 하나님을 통하여 이주노동자에 대하여 차별적이고, 억압과 착취적인 상황을 변화시켜 나갈 하나님 나라의 신앙은 매우 중요하다. 성서적 하나님의 나라가 가난한 사람들과 이주노동자들에게 분명 기쁜 소식이 되어야 한다.

1) 하나님 나라 사상의 흐름

하나님 나라에 관한 '성서적 개념'이란 존재하지 않는다. 다만, 독어권의 대표적인 신학 백과사전에서는 구약성서의 '바실레이아 투 테우'(Basileia Tou Qeou)를 아예 '하나님의 다스림'(Herrschaft Gottes)으로 번역한다. 하나님 혹은 어떤 신이 세상을 다스린다는 생각은 매우 보편화된 개념일 뿐 아니라, 성서에 국한시킬 수 있는 것만은 아니다. 그러나 성서에서 하나님의 나라는 핵심적이다[293]. 특히 하나님 나라 연구가 특수한 역사적 상황을 배제힌 채 추상적인 면으로만 전개된다면, 우리는 근본적으로 잘못을 범하는 셈이다. 그러므로 하나님 나라 사상을 통하여 모든 사람이 더불어 살아갈 수 있는 보다 더 나은 세계에 이르는

---

[293] Georg Pixley, *God's Kingdom* (Maryknoll, New York: Orbis Books, 1981), 전호진 역, *하나님 나라* (서울: 한국신학연구소, 1989), 15.

길로 안내되기를 원한다.

2) 가나안 땅에서의 야훼 하나님 나라

야훼 하나님 나라의 역사를 알려면 이스라엘 형성 초기를 이해하는 것이 중요하다. 야훼의 나라는 가나안 도시국가들의 지배를 벗어나기 위하여 조직된 부족들의 구체적인 역사적 반영이다. 이스라엘에서의 야훼의 왕권이란 정치적으로 모든 인간적 지배를 거부하는 것으로부터 출발하였다.294) 이스라엘에서 왕을 세우는 것은 노예가 되는 것을 의미하였다. 그 사회가 무정부 상태인 것이 아니라 야훼와의 계약 속에 일종의 헌법을 가지고 있었다.295) 고대 근동의 모든 계약들은 왕에게 충성할 것을 요구하였으나, 야훼와의 계약은 왕권이 아닌, 야훼에 대한 전적인 충성을 요구하였다. 이러한 야훼의 신앙은 모세가 노예적인 생활을 거부하고 이집트로부터 인도해낸 백성들의 경험으로부터 자라난 것이다. 즉 이스라엘 형성 초기의 하나님 나라의 기본 사상은 평등과 정의의 기반 위에 성립된 것이다.

3) 다윗 왕조와 이스라엘 국가 이데올로기

야훼 하나님 나라 사상은 다윗 시대에 이르러 국가 이념으로 변질되었고 예언자들에 의하여 계승되었다. 초기 야훼의 나라는 고지대에 위치하면서 블레셋의 공격으로부터도 2세기 정도 자신을 지킬 수 있었다. 그러나 가나안이 청동기 시대로부터 철기 시

---

294) Ibid., 36.
295) 이스라엘이 하나님과 맺었던 계약 및 고대 근동의 왕들 간에 맺어졌던 협정들에 대한 문헌 가운데 학문적 관점에서는 Dennis J. McCarthy, *Old Testment Covenant:A Survey of Current Opinions* (Oxford: Blackwell, 1972)를 참조.

대로 전환되고, 블레셋의 지배력이 강화되면서 이스라엘의 군주체제에 대한 욕구가 증대되었다. 이스라엘 군주체제의 확립은 다윗 시기에 이루어졌다.296) 야훼 왕좌의 상징인 계약궤가 화려하게 장식되고, 다윗 성에 위치하면서 야훼의 왕권이 다윗의 왕권으로 전환되었다. 다윗의 군대는 백성들의 재산과 노동력을 강요하였다. 특히 예루살렘의 사제들과 서기관들은 이데올로기 작업을 통하여 다윗과 그의 왕조가 야훼의 나라에 더 충실한 것으로 묘사되게 만들었다. 이러한 사상은 후세에 전달되었고 '하나님 나라'를 기다리는 사람들은 이스라엘의 국가적 강성함을 기대하였다. 그러나 실상 야훼의 나라는 다윗 시대에 와서 철저히 변질된 것이다. 그러다가 이사야는 유토피아적 이상과 대조적인 비참한 현실을 목격하고 정의로운 왕, 곧 메시아가 올 것이라는 희망을 세운다.297) 그 후 야훼의 나라에 대한 사상은 예언자들의 전통으로 이어지게 되었다.

4) 사제 관료제 사회로서의 하나님 나라

하나님 나라 사상은 포로기를 거치면서 메시아 사상으로 발전하였다. 다윗 왕조는 포로기를 통하여 사제 중심 체제로 재편된다. 기원전 6세기 다윗 왕조의 멸망과 더불어 그것을 지탱해 주던 왕조 이데올로기도 막을 내렸다. 요시아 시대(640~609 B.C.)를 거치면서 성전은 종교 지배 이데올로기의 중심이 되었고, 사독 계열만이 유일하게 이스라엘에서 합법적인 종교적 제의를 독점하였다. 레위 지파는 성전 예배에 참여할 수는 있었으나 성소에

---

296) Georg Pixley, *God's Kingdom* (Maryknoll, New York: Orbis Books, 1981), 전호진 역, *하나님 나라* (서울: 한국신학연구소, 1989), 58-78.
297) 이사야 9:1-6; 32:1-5, 15-20; 2:1-5

봉사할 권리는 없었다. 사제 관료들은 계약보다는 예배의식에 집중하였다. 계약의식은 할례가 중심이 되는 제사장적 유형으로만 국한시켰다(출 26-31장; 35-40장).

에스겔의 사제 문서들은 성전을 중심으로 하는 신정 통치, 제사장 집단의 권한을 강화시키는 사회를 구상하였다.298) 그러나 제2 이사야를 중심으로 하는 예언자들은 노예적으로 살아가는 사람들에게 야훼의 나라에 대한 새로운 비전을 제시하였다. 제2 이사야는 다윗 계약의 신학을 반영하면서도 다윗 왕조의 회복을 기대하지 않는다. '다윗에 대한 확고한 약속인 영원한 계약'이 세상 모든 민족들의 지도자가 될 이스라엘 백성에게서 이루어질 것을 고지한다. 제2 이사야를 통하여 하나님 나라의 사상이 회복되었다(사 56-66장). 하나님 나라는 사람을 노예화하거나 착취하는 사회 혹은 사제 중심적 사회는 아니었다. 적어도 하나님은 만인을 위한 우주의 창조자로 묘사되었다. '하나님 나라'는 국가적인 도래가 아니라, 개인적인 의로 말미암아 참여할 수 있다. 그러므로 구원도 국가적인 구원이 아니라 개인의 의에 의한 것임을 밝히고 있다.

5) 예수의 하나님 나라 실천 운동 299)

예수 시대에는 정치적, 종교적, 경제적인 혼란기와 함께 '하나님 나라'에 대한 사상도 혼란을 거듭했다. 전통적인 국가 이념으로서의 '하나님 나라'를 기다리는가 하면(요 7:26-27) 묵시 문학에

---

298) Georg Pixley, *God's Kingdom* (Maryknoll, New York:: Orbis Books, 1981), 전호진 역, *하나님 나라* (서울: 한국신학연구소, 1989), 79-89.
299) Ibid., 90-117.

서 새롭게 등장한 개인적인 '하나님 나라'를 기다리는 무리들도 있었다(마 2:5, 21:9, 22:4, 요 7:40-42). 당시의 하나님 나라는 예언자적 약속에 따른 흐름과 팔레스타인 밖의 그리스-로마 세계에 흩어져 있던 그리스도인의 공동체에 의하여 다르게 전개되었다. 로마는 팔레스타인을 지배하였고, 노예제 사회를 근거로 유지되었다. 예루살렘 성전은 로마 군사력의 지배를 받았고, 사제 계급은 백성들의 지배계급으로 군림하며 성전세와 매매 행위를 통해 농민들의 잉여 노동을 착취하였다.

이때 예수는 도래하는 하나님의 나라에서는 가난한 사람은 높아지고, 부자는 낮아질 것이라고 선포하였다(눅 6:20-26). 아울러 하나님의 나라에 들어가기를 원하는 부자에게는 소유를 팔아 가난한 자들에게 나누어주고, 형제의 한 사람으로 하나님 나라 운동에 가입할 것을 요구했다(막 10:17-22). 이러한 주문을 거절한 부자에게 예수는 부자가 하나님의 나라에 들어가는 것보다 낙타가 바늘귀로 들어가는 것이 더 쉽다(막 10:23-29)고 하였다.

예수 당시의 '성전'은 하나님 나라 실현에 장애가 되는 지배자들의 구조물의 상징이었다. 예수의 하나님 나라 선포만으로도 성전 지배 체제의 경제적 토대에 대한 도전이 되었다. 아울러 예수는 그를 따르는 사람들과의 공동생활을 통하여 하나님 나라의 평등주의적 원리를 구현하였다.

> "그러나 너희는 선생이라는 칭호를 듣지 말아라. 너희의 선생은 한 분뿐이요, 너희는 모두 형제다. 또 너희는 땅에서 아무도 너희의 아버지라고 부르지 말아라. 너희의 아버지는

하늘에 계신 분, 한 분 뿐이다. 또 너희는 지도자라는 칭호를 듣지 말아라. 너희의 지도자는 그리스도 한 분 뿐이시다. 너희 가운데서 으뜸가는 사람은 너희를 섬기는 사람이 되어야 한다. 자기를 높이는 사람은 낮아지고, 자기를 낮추는 사람은 높아질 것이다."(마 23:8-12)

예수의 하나님 나라는 열심당과도 차이가 있었다. 열심당은 로마의 주둔이 팔레스타인 주민에 대한 억압의 주된 원인으로 보았다. 그러나 예수는 로마보다는 성전의 지배를 억압의 주요한 원인으로 보았다. 또한 사제 집단의 억압을 제거하는데 있어서 군사 전술을 택하지 않았다. 하나님 나라 운동은 평화적 방법으로 해야 하고(마 5:21-25; 43-45) 로마의 군사 개입을 유발하지 말아야 할 것이었다. 예수를 따르는 사람들은 예수 이후에 평등주의 공동체를 설립하여 유지해 나갔다.(행 2:44-45; 4:34-35)

6) 바울 이후의 하나님 나라

하나님 나라는 역사적으로 유대 민족주의를 넘어선 복음으로 되었다. 팔레스타인의 역사적 문제를 해결하기 위하여 '좋은 소식'을 약속했던 하나님 나라 운동이 로마제국의 각 도시에 섞여 살던 사람들의 영적인 문제를 해결하는 광범위한 운동으로 변했다. 로마제국에 살던 많은 유다인들은 노예노동자로 끌려온 사람, 자유농민이었다가 땅에서 쫓겨난 사람들, 생계를 찾아 떠돌던 사람 등이었고 이들은 이질적인 문화 환경에서 살아가야만 했다. 이들은 일치된 사회구조나 공동의 목적을 설정하기가 어려웠다. 특히 팔레스타인 내부에서 독립운동이 종식되자, 하나님의 복음은 더 이상 유다인의 공동체적 희망으로 간주될 수 없었다. 따라서 하나님 나라는 영적 실재들 가운데 사적인 형태인 영혼에 구원을 가져다주는 개인적 희망으로 되어갔다.300)

바울에게 와서 이 복음은 더욱 확대되었다. '가난한 자'들에게 초점을 두었던 복음은 '죄인들'에게 중심을 두기 시작하였다. 특히 복음은 모든 인류의 각 개인에게 차별 없이 전해져야 하는 것으로 이해되었다. 개인 지향적인 메시지는 예수운동에서 중심이 되었던 '나라'라는 용어를 점차 사라지게 만들었다. 그 결과 복음은 집단들 사이에 존재하는 역사적 차이를 넘어서게 되었다. 하나님 앞에서의 개인은 국가나 계급으로부터 분리되어 있었다.301) 따라서 바울의 복음은 사회적 구조의 문제로까지 발전하진 못했다. 즉 바울이 빌레몬에게 보낸 편지를 보면 도망한 노예인 오네시모를 영적인 형제로는 받아들였으나, 사회적 신분과 육체적 자유에 대한 요구는 하지 않았다.

"거기에는 그리스인도 유대인도, 할례자도 무 할례자도, 야만인도 스구디아인도, 종도 자유인도 없습니다. 오직 그리스도만이 모든 것이요, 모든 것 안에 계십니다."(갈 3:11)

"주인이 되신 여러분, 정당하고 공정하게 종들을 대우하십시오. 여러분도 하늘에 주인을 모시고 있다는 사실을 아시기 바랍니다."(골 4:1)

바울의 하나님 나라는 그리스도 공동체들 안에서의 역사적인

---

300) Ibid., 120.
301) Ibid., 124.

것보다는 '영적인 실재'로의 변형을 의미하였다. 하나님 나라에 들어갈 수 있는 조건은 집단의 일부로서가 아니라, 개인에게 주어지는 것이며 정치적 상황에서 개인적인 가치를 확증해 주는 형태로 변해 버렸다. 하나님 나라는 역사적인 것이 아니라 정결함을 입은 사람들이 종말론적으로 들어가게 될 어떤 것으로 본 것이다(고전 6:9-10). 아울러 예수의 부활도 헬라 철학과 결합하여 영혼불멸 사상으로 변모하게 되었다.

제4 복음서를 기록한 요한에게 와서 '하나님 나라'는 '영생'이라는 용어로 대체되었다. 바울의 구원론이 그렇듯이 요한의 영생도 개인적인 목표가 되었으며 하나님 나라에 들어가는 사람들도 바뀌게 된다. 요한복음에서 예수는 빌라도에게 그의 나라는 이 땅에 속한 것이 아니라고 말한다(요 18:6). 또 그의 나라가 역사적인 나라가 될 수 있다고 생각하는 것은 영으로 나지 않았기 때문에 영적인 진리를 깨닫지 못하는 자들의 잘못이라고 말하였다(요 3:3-12).

> "하나님이 세상을 이처럼 사랑하사 독생자를 주셨으니, 누구든지 그를 믿으면 멸망하지 않고 영생을 얻을 것이다."
> (요 3:16)

> 예수께서 대답하였다. "내가 진정으로 진정으로 너에게 말한다. 누구든지 다시 나지 않으면 하나님 나라를 볼 수 없다."(요 3:3)

지금까지 우리는 하나님 나라의 사상적 흐름을 보았으며 야훼의 나라가 이스라엘에서 어떤 식으로 억압구조를 정당화시켜 주는 이데올로기로 사용되었는지, 야훼의 성전과 종교가 어떻게 해서 야훼의 나라에 대한 주된 걸림돌이 되었는지, 또한 역사적이고 집단적인 하나님 나라의 메시지가 어떻게 하여 개인적이고 영적이며 비역사적인 메시지로 바뀌게 되었는지 살펴보았다. 하나님 나라는 신자가 아니더라도 해방에 참여하는 사람들과 더불어 이룩되어야 한다. 하나님 나라 사상이 이주노동자들도 한 인간으로 살아가는 세상을 위한 사상이 될 수 있는 근거는 무엇인가?

(1) 하나님 나라는 하나님 통치의 회복이다.

하나님 나라는 민중들 편에서 민중의 권익을 보호하고 권리를 회복시켜 주는 하나님의 통치, 하나님의 공의로운 재판이다. 그물의 비유(마 13:47-50)와 최후의 심판(마 25:31)에서 하나님 나라는 민중들의 편에 서서 선악 간의 재판을 하는 현실이다. 특히 과부와 재판관의 비유(눅 18:1-8)는 민중의 한 맺힌 부르짖음에서 반드시 정당한 재판을 이룬다는 확고한 민중의 의지를 담고 있다. 오직 하나님이 통치할 때만이 평등 사회가 이루어질 수 있다고 믿으며, 그러한 하나님 나라와 통치를 갈망한다. 특별히 이주노동자 차별 극복은 하나님의 통치 약속에서 조명된다.

(2) 하나님 나라는 역사 속에서 확산되어 가는 것이다.

하나님 나라는 이 땅에 이루어지는 역사적인 것이다. 굶주리고 가난한 사람들의 권리를 옹호하는 것은 하나님 나라의 기본 사상 중 하나이다.302) 불의한 관리인의 비유(눅 16:1-13), 친구를 위해 구걸하는 비유(눅 11:5-8), 어리석은 부자의 비유(눅 11:16-21), 부자와

---

302) 서인석, *성서의 가난한 사람들* (왜관: 분도, 1979), 115.

나사로의 비유(눅 16:19-31) 등은 나누지 못하는 사회현실의 비판이며, 부를 나누는 평등한 세상이 곧 하나님의 나라임을 역설한다. 소위 '불의한' 관리인은 진정한 나눔을 실천했다고 해서 '슬기로운' 관리인으로 칭찬을 받는다(눅 16:8). 하나님 나라는 언제 자라는지 모르게 자라가는 씨앗(막 4:36)이며 지극히 작지만 자라나면서 그 어떤 초목보다 커져서 공중의 새들이 깃들이는 겨자씨와 같으며(막 4:30-32), 얼마 안 되는 누룩이 가루 서 말을 부풀게 하는 것과 같다(마 13:33). 하나님 나라는 삶의 역사 현장에서 이루어진다. 하나님 나라는 하나님 나라 비전의 실현 과정이라는 측면에서 미래적인 성격도 갖는다. 하나님의 종말론적 심판의 대망, 그 심판을 감당할 수 있을 것에 대한 희망이다.

(3) 하나님 나라는 더불어 살아가는 공동체 사회이다.

하나님 나라는 억압적이고 수탈적인 사회체제나 정치권력에 대한 대립 개념이다. 인간이 인간을 억압하고 차별하며 수탈하는 사회체제 아래서는 자유와 평등, 사랑과 평등이 넘치는 사회를 이룰 수 없다. 노예, 하층 농민, 떠돌이 이방인으로서 사회의 밑바닥에서 차별과 배제, 착취와 학대 아래서 고통당하던 히브리인들은 인간에 의한 통치를 거부하고 하나님의 통치 실현을 기대하였다. 이들이 바라는 하나님 나라의 갈망은 자명하다.303) 하나님 나라에서는 인종, 국적, 종교적 차별 등이 허용되지 않는다.

---

303) Gottwald에 의하면 하층 농민들과 히브리인들이 당시의 지배체제를 전복하고 자유롭고 평등한 이스라엘 부족 동맹체를 수립하였다. 야훼신앙은 이 부족 동맹체의 이념에 대한 배타적 신념을 반영한다. N. K. Gottwald, *The Tribes of Yahweh* (New York: Orbis Book, 1979), 493-497.

(4) 하나님 나라는 나눔과 연대이다.

세계와 새 하늘과 새 땅, 예수의 하나님 나라 선포는 개인주의적인 입장에서 개인의 자세에 대한 책임만 문제 삼는 것이 아니며, 공동의 책임이 있다는 점을 간과해서는 안 된다.304) 하나님은 세상을 창조하고 세상의 모든 만물들에 대한 보살핌을 인간에게 위임하였다. 분배의 정의는 하나님 나라의 중요 개념이다. 땅의 주인은 하나님이며 하나님이 땅을 주었으므로 땅과 소출은 공평하게 나누어 가져야 한다.

현대 사회에서는 일자리 전쟁이 벌어지지만, 하나님 나라에서는 고용이 해결된다. 포도원 주인은 다섯 번이나 거듭해서 일꾼들을 찾는다. 하나님 나라는 몇 번이나 거듭해서 일자리가 없는 자에게 일자리를 주고 누구나 노동을 통해 자기를 실현할 수 있도록 고용의 평등한 기회를 보장해 주는 사회이다. 특히 이주노동자들의 국경을 넘는 자유로운 이동과 주거의 자유도 보장되어야 한다. 하나님 나라는 경제적 불평등이 없어지는 현실이다. 누구나 생계를 보장받고, 인간다운 생활을 보장받는다. 땅은 인간의 사유물이 아니라 하나님의 소유이기 때문이다(레 25:23).

(5) 하나님 나라는 사회적 약자들도 주인으로 초대된다.

하나님 나라는 나중 된 자가 먼저 되는(마 20:16), 사회적 약자도 주인으로 대접받는 사회이다. 잃은 양, 잃은 은전, 잃은 아들의 비유는 하나님 나라 잔치의 주인이 곧 잃은 자들임을 보여준

---

304) Wolfgang Huber, Heinz Eduard Tödt, *Menschenrechte* (Kreuz Verlag Stuttgart, 1977), 주재용, 김현구 역, *인권의 사상적 배경* (서울: 대한기독교서회, 1992), 206.

다. 만찬의 비유(눅 14:15-24)는 하나님 나라의 잔치에 기득권자들(밭 사고 소 사고 장가드는 지주들, 농장주들)은 참여하지 않으며, 길거리나 골목에서 배회하는 가난한 자들, 불구자, 맹인(눅 14:21) 즉 민중이 주인임을 보여준다. 하나님 나라는 평등주의에 기초하고 있기 때문이다(레 24:8-13).

하나님 나라는 폐쇄적이고 구조적으로 왜곡된 사회질서를 타파하고 새로운 질서를 세우는 것이다. 하나님 나라의 사상은 이주노동자들의 생존과 차별적 상황에서의 정의의 저항을 통해 주어지는 약속이며, 결코 환상이 되어서는 안 된다. 특히 우리 사회가 이주노동자를 포함하는 사회적 약자를 소외시킬 때 하나님은 그의 사람을 보내어 은혜의 해를 선포하시고, 역사를 올바로 잡아 나가신다(눅 4:18-19, 사 61:1-2).

2. 국경없는마을의 공동체 사상과 대동사상

1) 공동체 사상

'공동체'라는 개념은 일반적으로 시민사회와 대립되는 개념으로 사용된다. 공동체는 때로는 가족, 마을, 민족의 개념으로 사용되기도 한다. 이러한 의미에서 공동체는 모든 인류가 반드시 경험했고 지금도 경험하고 있는 사회생활 양식이다. 인류의 진보의 역사는 공동체성의 회복의 역사라 보겠다. 다만 규모가 국가적이냐, 세계적이냐 아니면 지역적 단위인가 등의 차이만 있을 뿐이다.

(1) 공동체 운동의 유형
공동체는 다양하지만 가장 오래되고 많은 분파가 있는 공동체는 종교 공동체이다. 정통 교단의 수도자 공동체가 대표적이지만 전도, 영성 연구, 사회봉사를 목적으로 하는 다양한 형태의 종교 공동체들이 있다. 특히 계획 공동체(Intentional Community)는 글자 그대로 의도적으로 계획하여 만든 공동체를 뜻한다. 공동체의 형태와 종류는 다양하지만 그 원형은 어디까지나 '마을 공동체'이다. 에코 빌리지(Eco-Village)는 구미에서 주로 쓰이는 말로 계획 공동체 또는 생태 공동체와 별 차이가 없다. 한국의 생태 마을은 기존 마을을 생태적으로 재편하는 것에 비하여 구미의 에코 빌리지는 계획 공동체에 가깝다. 뉴에이지 공동체는 일원론, 신성의 내면화, 모든 존재의 연결성을 추구한다.305) 무정부주의 전통을 따르는 아나키스트 공동체와 도시의 저소득층 사이에 널리 행해지는 공동 주거 운동(Co-Housing) 그리고 특정 영성을 추구하지 않는 생태 공동체(Eco-Community)들이 있다.

지구 공동체(Earth Community)는 지구가 하나의 거대한 유기체라는 가이아 이론과 모든 존재가 연결되어 있다는 사고를 바탕으로 만들어진 개념이다. 내가 살고 있는 공동체가 독립적으로 존재하는 것이 아니라, 지구상에 숨쉬고 있는 모든 생물 종(種)과 지구의 모든 구성 요소들이 함께 공동체를 이루고 있다는 뜻이다. 행성 공동체(Planetary Community)는 지구 공동체를 행성 차원으로까지 확대한 것으로 '나'에 대한 '우주적 자각'을 전제로 한다. '나'는 우주 안에 유일무이한 존재로서 다른 존재들과 함께

---

305) 뉴에이지 운동측 주장에 의하면 지난 2000년 동안은 태양이 12황도 가운데 추분 자리에 머물렀는데 그게 물고기 자리(기독교)이다. 그러나 태양이 물고기 자리를 벗어나 물병 자리로 옮겨감에 따라 이미 새로운 시대가 도래했으며, 교리에 빠진 기성 종교는 몰락하고 뉴 에이지 영성을 따르는 새로운 종교나 의식, 생활양식이 등장한다고 본다.

우주적 공동체를 이룬다고 본다. 여기서는 별자리를 보고 사람의 운명이나 성격을 판단하는 점성술까지 도입한다. 이 밖에도 공동체 현상은 매우 다양하고 부르는 이름과 정의만도 94가지에 이른다.306)

18, 19세기 자본주의적 생활양식에 반감을 가진 이상주의자들에 의해 공동체 운동이 크게 확산되었다. 공동체는 기본적으로 공동 소유, 공동 노동에 기초한 상부상조로서의 증여의 원리가 지배하는 1차적 집단으로 이야기한다.307) 퇴니스는 인간의 상호규정적인 인간관계를, 결합 양식을 중심으로 게마인샤프트(Gemeinschaft)와 게젤샤프트(Gesellschaft)의 두 범주로 나누기도 한다. 퇴니스는 원시 공산사회에서 자본주의 사회까지 게마인샤프트로, 사회주의 이후를 게젤샤프트로 보았다. 현대에 와서 다시 공동체에 관심을 가지게 된 것은 1960년대 반문화 운동에 힘입은 바가 크다. 자본주의 문명이 그 한계를 드러내면서 세계적으로 혁명과 폭동이 빈발하는 가운데 대안적인 문명과 대안적 삶의 양식을 추구하는 경향이 분명해졌다. 그 대표적인 것이 1960~70년대에 서구 사회에 큰 반향을 일으킨 히피 운동이다.308)

---

306) Corinne McLaughlin, Gordon Davidson, *Builders of the Dawn: Community Lifestyle in A Changing World* (Book Publishing Company, 1985), 황대권 역, *새벽의 건설자들*(서울: 한겨레신문사, 2005), 10-20.
307) 박현채, "공동체론, 공동체 운동," *공동체 문화*, 1984. 2집 (서울: 도서출판공동체, 1984), 45.
308) Corinne McLaughlin, Gordon Davidson, *Builders of the Dawn: Community Lifestyle in A Changing World* (Book Publishing Company, 1985), 황대권 역, *새벽의 건설자들*(서울: 한겨레신문사, 2005), 11.

(2) 공동체 형성의 이유와 원인

공동체를 만드는 데에는 많은 이유가 있지만 높아진 경제력, 안전에 대한 욕구, 공동생활의 즐거움, 공동의 이념 등이 주요한 이유이다. 장세비아(Jean Servier)가 <유토피아의 역사>에서 "빈곤을 몸에 걸치고 스스로 부정을 미워한 나머지 일어선 메시아(구세주)들은, 토지 없는 농민, 가축 없는 목동, 일자리 없는 장인, 끝없고 고통에 얽매인 광부들에 의해 신의 비적(秘蹟)의 모든 증거를 가진 사람이 되었다. 새로운 복음을 전한 사람들은 '평등한 인간의 왕국'이라는 지켜지지 않는 약속을 실현하려는 의지를 감추어진 불꽃처럼 간직하고 있다."라고 적고 있다.309) 천년 왕국 운동은 하나의 신앙 행위로, 신이 그 건설 때문에 시간이 걸리는 새로운 질서를 지상에 실현하려고 하는 인간의 의지를 표명한 것이다.

다른 사람들과 공동체에 속해 있다는 것은 그들과 의식적으로 협동한다는 것을 의미한다. 공동체 생활을 하고 있는 잉그리드 코마르는 다음과 같이 적었다.310)

> "서로 협동하면 작은 우리 삶의 편협한 한계를 넘어서게 된다. 협동은 우리로 하여금 주위에 널려있는 풍부한 인적자원에 접근하게 하고, 닫힌 울타리의 문을 열어 그때까지 알지 못했던 널따란 문화의 광장으로 나아가게 한다. 협동한다는 것은 참여하는 것이며, 참여한다는 것은 고독과 단절에서 벗어나는 것이다. 협동을 통하여 우리는 무엇이든 실현할 수 있는 힘을 갖게 된다. 그렇게 충만한 삶을 산다

---

309) 박현채, "공동체론, 공동체 운동," *공동체 문화*, 1984. 2집 (서울: 도서출판공동체, 1984), 47.
310) Ingrid Komar, *Living the Dream*의 내용을 Corinne Mclaughlin, Gordon Davidson, *Ibid.*, 45.에서 재인용.

는 것 즉 꿈을 현실로 산다는 것은 우리가 자녀에게 줄 수 있는 가장 큰 선물이다."

공동체는 일치(Unity)라는 말을 포함한다. 가장 깊은 차원에서 공동체는 사람을 포함하여, 살아가면서 마주치는 모든 것과의 일치 혹은 하나됨의 체험이다. 공동체는 어떤 가능성을 실현하는 실천의 장이며, 타인과 관계를 맺고 그들과 하나됨을 체험하기 위한 맥락이다. 즉, 공동체는 내면의 깊은 곳을 드러내고 자신의 취약한 부분을 주고받으면서, 신뢰를 쌓아가고 마음을 열어 갈등과 차이를 극복해 나가는 과정이다. 새로운 공동체는 인류가 나아가야 할 미래의 여정에 안내 지도를 그리는 것과 같다.

2) 대동사상

(1) 대동사상

대동사상은 공자에서 출발한다. 평등하고 도덕적이며 평화로운 이상사회를 '대동'이라 하고, 그것을 추구하는 정치적 사상을 대동사상이라고 하였다. 중국적 유토피아 사상이라고 할 수 있는 이 사상의 싹은 도가(道家)나 묵가(墨家)에 있었던 것이나, 유가(儒家)에서 수용하였다. 중국의 농민반란을 유도한 종교사상에도 비슷한 사상이 있었는데, 태평천국(太平天國)은 그 전형이다.

만민의 신분적 평등과 재화의 공평한 분배, 인류의 구현으로 특징되는 대동(大同) 사회를 인류의 이상적인 사회 형태로 상정한다. 예기의 예운 편에서 보이는 대동사회의 성격은 다음과 같다. 천하를 사유화하지 않고 공공의 공유물로 한다. 사람들은 모두 전체의 이익을 위해 노동하며 노동의 산물인 재화는 모든 사람이 공동으로 향유한다. 노동 능력이 있는 자에게 노동에 종사할 수 있게 하며 노동 능력이 없는 노인이나 어린이는 일종의 사회보장 제도에 의해 잘 부양한다. 통치자는 어질거나 능력 있는 사람을 선택하여 신의와 화목을 구현하며 자기 부모나 자식에게 뿐만 아니라, 모든 사람에게 널리 사랑을 베푼다. 악의적인 음모나 모략을 배제한다. 도둑질·횡령·착복 등 질서 문란 행위가 발생하지 않으며 전쟁이 일어나지 않는다. 예기 7편에는 다음과 같은 '대동 세상'에 대한 이야기가 있다.

> "대도가 행해지던 때에 천하 세상이 모든 이에게 공평하게 주어졌다. 노인들은 그들의 생애를 잘 마칠 수 있었으며, 장년들은 적절히 일할 수 있었다. 어린이들은 잘 양육되고, 과부와 홀아비와 고아와 병든 자들은 다 적절한 보살핌을 받았다. 남자는 다 각자 할 일을 가졌으며, 여자는 다 그들의 가정을 가졌다. 이것이 대동 세상이었다."[311]

(2) 한국사회의 대동운동

한국에서의 공동체 사상은 대동 세상에 기초하고 있다. 대동 세상에 대한 이 같은 가르침은 한국에서는 지배계층보다는 오히려 민중 계층에 깊은 뿌리를 내렸다. 한국의 민중은 예부터 행해 오던 자신들의 '마을굿' 또는 '동제'에 이러한 대동 희망을 결합시켰다. 그래서 마을마다 매년 행하는 동제를 '대동굿' '대동제'라는 이름으로 불렀다.

---

[311] Julia Ching, *Confucianism and Christianity* (New York: Kodansha International, 1977), 203.

한국의 전통적인 대동제는 '대동제의' '대동회의' '대동놀이'라는 세 마당으로 구성된다. 대동제는 마을을 지켜주는 신에게 소지를 태우며 즉 분향과 잔과 절과 대동의 기도를 드리는 것이다.312) 대동 회의는 음식을 함께 나누며 먹는 음복을 행하면서 마을의 일을 함께 의논하는 것이다.

대동놀이는 풍물놀이, 씨름판, 줄다리기, 탈춤, 지신밟기 등의 놀이마당을 함께 즐기는 것이다. 특히 민중은 마을 대동제를 통하여 대동 세상을 살지 못하게 하는 '잡귀 잡신'을 쫓아내고, 대동 세상을 열게 해주는 '만복수복'을 소원하는 '대동기도의 축제'가 되게 했다.

조선 중기 정여립은 대동계를 조직하였다. 이이(李珥) 문하에 출입하면서 스승의 후원을 받은데다 학식과 뛰어난 웅변으로 명성을 얻었다. 대동계는 반(班)·상(常)·노(奴)의 제한 없이 모두가 계원이 될 수 있었고 조직의 범위도 광역적이었으며, 매달 사회(射會)를 여는 등 세력을 확장하여 갔다. 1587년 왜구들이 전라도에 침범하였을 때 전주 부윤(全州府尹)의 요청에 응하여 대동계원들이 왜구를 물리치기도 하였다.

대동사상은 최제우의 동학에도 잘 나타나 있다. 동학은 서학에 대응할 만한 동토(東土) 즉 한국의 종교라는 뜻으로, 그 사상의 기본은 종래의 풍수사상과 유(儒)·불(佛)·선(仙: 道敎)의 교리를 토대로 한 '인내천(人乃天) 천심 즉 인심(天心卽人心)'의 사상에 두고 있다. '인내천'은 인간의 주체성을 강조하는 지상천국(地上天國)의

---

312) 대동 제의에 대하여는 주강현, 굿의 사회사 (서울: 웅진출판사, 1992), 179-181. 참조

이념과 만민 평등의 이상을 나타내는 것이다. 여기에는 당시의 유교 윤리와 퇴폐한 양반사회의 질서를 부정하는 반봉건적이며 혁명적인 성격이 내포되어 있다. 특히 동학(東學)의 공동체 원리의 이념이자 최고 이상은 온 세상 억조창생이 동귀일체(同歸一體)하는 지상천국의 건설이었다.313) 동학은 적서(嫡庶)제도 등에도 반기를 들어 이를 비판하였다. 대중적이고 현실적인 교리는 당시 사회적 불안과 질병이 크게 유행하던 삼남지방에서 신속히 전파되었다.

공동체를 어떻게 이룰 것인가에 대한 사고는 다양하다. 공동체 사상과 대동사상의 공통점은 '무엇에 대한 부정'과 '인간성에 대한 신뢰'에 있다. 두 사상은 비인간적이며 경쟁적이며, 차별과 수탈, 착취가 일상화된 산업사회에 대한 부정이라는 점에서 동일하다. 사회 문제를 해결하는데 있어서 '저항 운동'만이 유일한 방법은 아니다. 저항 운동과 반대 운동을 넘어서야 한다. 대안 운동, 창조적 운동이 성공하기 위해서는 현실 사회에 대한 비판적 성찰이 전제되어야 하며, 아울러 대중적 참여와 지원이 필요하다고 본다.

---

313) 노태구, "동학의 공동체원리와 통일이념." *한국정치학회보*, 30집 2호 (서울: 한국정치학회, 1996), 84-86

제 2 절
대안 공동체로서 국경없는마을 연구

1. 마을 만들기의 일반적 사례

1) 마을 만들기의 의미

한국에서 사용되고 있는 '마을 만들기'는 '마을 가꾸기'의 개념으로도 불린다. 이러한 개념은 주로 일본에서 전개되어 온 도시가꾸기 운동을 많이 참조한 듯하다. 일본어로 '마을 만들기' 혹은 '마을 가꾸기'의 개념은 '마찌즈쿠리'라는 단어에서 왔다. 마을의 개념인 '마찌'는 한국어로 도회지 혹은 시와 군의 중간조직으로 표현된다. 행정적 개념으로는 농촌의 읍이나 도시의 구와 같은 규모의 행정구역적 개념이다. 영어의 'city'와 비슷하고 한국어로 번역한다면 '소도시적인' '도회지다운' 등의 표현과 비슷하다. 만들기의 개념은 일본어로 '즈쿠리'이다. '즈쿠리'에는 다음 세 가지 의미가 있다.

첫째는 지금까지 없었던 곳에 새로운 사물과 상태를 만들고 가꾸고 형성하는 것이라고 할 수 있다. 새로운 사물과 상태를 만들고 가꾸고 형성한다는 의미는 ① 어떤 일을 시작하고(발의) ② 특정한 어렵고 곤란한 일을 전개하며(발전) ③ 어떤 일을 만드는 것(창조)으로 해석할 수 있다.

둘째는 많은 사람들을 모아 새로운 것을 이룩하고 창조하는 것이라 볼 수 있다.

셋째는 오래되고, 낙후한 어떤 일을 새롭게 발전시킨다는 의미를 가지고 있다.

다시 말해 '즈쿠리'는 지역에서 해결해야 할 난제를 주민들의 합의로 성취하려는 노력의 과정인 것이다.314)

그러나 일본의 경우 대도시에서나 지방에서는 '마을 만들기'가 투기꾼들의 '마을 부수기'와 병행하여 벌어지고 있다.

엔도 야스히로는 사람과 사람 사이, 사람과 환경 사이에 좋은 환경을 창조하는 것이야말로 삶의 참뜻이라 말한다. 그는 '마을 만들기'가 다음과 같은 장점이 있다고 말하였다.315)

첫째, 거시적인 계획과 미시적인 생활의 결합을 가능하게 한다.

둘째, 지역 주민들이 생활에 충실할 수 있다.

셋째, 주민이 참여하는 마을 만들기는 물질, 돈, 제도에 의지하지 않고 사람과 사람의 관계에 의존해서 '살림살이의 비밀이라고 말할 수 있는 즐기는 마음'을 끊임없이 발휘할 수 있다.

<그림 17> 마을 만들기의 마을 개념

---

314) 유상오, "주민참여 활성화를 위한 도시행정방안에 대하여," *마을 만들기 활성화를 위한 워크숍 자료집* (서울: 도시연대, 2001), 36.
315) Yasuhiro Endou, *Machi-Zukuri Tokuhon* (Tokyo:Shobun-sha, 1990), 김찬호 역, *이런 마을에서 살고 싶다* (서울: 황금가지, 1997), 10.

2) 일본에서의 마을 만들기

일본에서 마을 만들기는 도시화와 현대화의 과정 속에서 나타난 주민들의 문제점을 보완하는 방법을 찾으면서 시작된다. 1956년 일본이 고도 산업사회에 진입하게 되고 본격적인 산업화와 공업화가 이루어지면서 농촌지역의 잉여 노동력이 도시로 몰리게 된다. 특히 1962년부터 1964년 사이에는 동경올림픽을 위한 주요 도시 정비가 진행되었다. 그러나 도시 과밀화는 주거, 교통, 소음, 쓰레기, 대기오염 문제를 불러 왔다. 그 결과 1966년 일본각료회의에서 '과밀과 과소의 사회문제'가 지적되면서 고도성장 위주의 경제정책에 경종을 울리고 대안으로 균형과 안정성장의 개발 방법이 마련되었다. 바로 이러한 배경에서 '일본열도의 미래상'에 대한 논의가 진행되면서 마을 만들기가 이루어지게 된 것이다.[316] 일본에서 마을 만들기의 의미와 유형은 다음과 같이 5단계로 발전해 왔다.[317]

---

[316] 유상오, "주민참여 활성화를 위한 도시행정방안에 대하여," *마을 만들기 활성화를 위한 워크숍 자료집* (서울: 도시연대, 2001), 37-40.
[317] Yasuhiro Endou, *Machi-Zukuri Tokuhon* (Tokyo: Shobun-sha, 1990), 김찬호 역, *이런 마을에서 살고 싶다* (서울: 황금가지, 1997), 5-7.

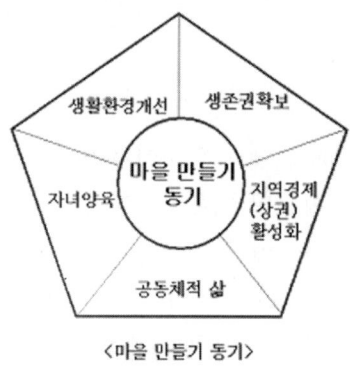

<그림 18> 마을 만들기 동기

(1) 도시 재개발과 마을 만들기 - 1962년

일본에서의 마을 만들기라는 말은 1962년 나고야 시 에이토 지구의 도시 재개발 운동에 주민이 참여하는 길을 열어 놓으면서 처음 쓰기 시작하였다.

(2) 주민 참여형 주거환경 정비와 마을 만들기 - 1970년대 초

마을 만들기라는 말이 일반화된 것은 1970년대 초에 벌어진 도로 확장이나 맨션 건설에 따르는 일조권 침해 등에 대한 반대 운동이 일어나면서부터였다. '마을 만들기'는 당시 반대 운동의 깃발로 쓰였다. 그 후 공회당 등의 시설 만들기, 지구 차원의 재개발계획 세우기 등의 활동이 일본 각지에서 널리 벌어지면서 마을 만들기라는 말의 쓰임새가 바뀌기 시작하였다. 이제는 주민의 다양한 필요를 발굴하고 제기하여 주민들이 계획에 직접 참여하도록 촉구함으로써 일상 거주환경의 정비를 도모하는 폭넓은 활동의 의미로 쓰이고 있다.

(3) 물리적 환경개선과 비 물리적 활동의 마을 만들기
   - 1970년대 후반

1970년 후반 무렵, 대도시에서는 이른바 '내부 시가지'가 점점 퇴락해가고 있었는데, 그에 대응하여 주민 스스로가 환경을 바꿔 재생시키고자 하는 활동이 계획적으로 벌어지게 되었다. 이러한 활동을 진행하면서 하드웨어적인 환경(사물 또는 물리적인 구조물)만 문제 삼을 것이 아니라 주민의 건강, 복지, 교육, 공동체 형성 등 보다 소프트웨어적인 영역(생활)까지도 시야에 들어오게 되었다. 그렇게 해서 마을 만들기라는 말은 이제 눈에 보이는 물리적 환경과 눈에 보이지 않는 생활을 동시에 생각하며 개선해 가는 활동을 의미하게 된 것이다. 말하자면 '마을 만들기'는 사물과 생활, 하드웨어와 소프트웨어 사이에 다리를 놓는 존재로 뿌리내리고 있다.

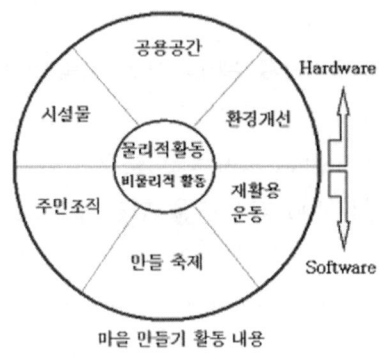

<그림 19> 마을 만들기 활동 내용

(4) 개성 있는 마을 만들기 - 1980년대

마을 만들기에서 개성화가 강조된 것은 1980년대의 특징이다.

요코하마 시에서는 아름다운 경관을 살리면서 개성 있는 도시 만들기를 시작했는데, 그 이론과 실천은 일본 전국의 자치단체에 커다란 영향을 미쳤다. 개성 있는 마을 만들기가 이루어질 수 있었던 것은 그곳에 살고 있던 생활인들이 스스로 깨우치고 나섰기 때문이다. 이로써 각 지역의 독특한 분위기 또는 그 주민들이 지니고 있는 고유한 가치에 착안해 그것을 살려나가는 것이 강조되었다. 즉 그 지역에 산다는 데 대하여 어떤 가치를 매길 것인가 하는 '마을 만들기'가 중심 주제가 된 것이다.

(5) 풍요로운 관계로서의 마을 만들기 - 1990년대

1990년대에는 주민들이 지역에 대한 애착을 높여가면서 사람과 사람, 사람과 물리적 환경 사이의 관계를 풍요롭게 하는 것이 마을 만들기의 개성화라는 측면에서 더욱 중요하게 다뤄지고 있다. 지역의 고유한 가치라는 것은 그것을 공유하는 사람들 사이의 만남을 통해 나타난다. 그런 의미에서 마을 만들기는 그곳에 사는 이웃끼리 서로 관계를 맺는데서 비로소 성립된다고 볼 수 있다. 마을 만들기에서는 사물의 디자인뿐만 아니라, 사람과 사람, 사람과 사물의 관계를 디자인하는 것을 소중히 생각한다.

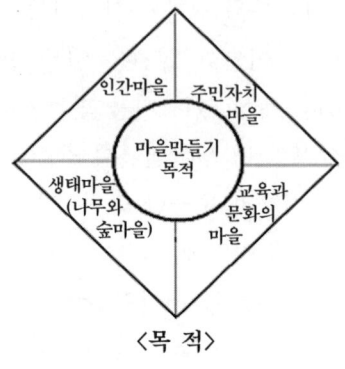

<그림 20> 마을 만들기 목적

2. 국경없는마을의 성격 규정

1) 국경없는마을의 의미

(1) 국경없는마을 시작 동기

'국경없는마을'에 대한 생각은 다문화 가정과의 만남을 통해서 비롯되었다. 1997년 6월에 호적법이 남성 중심에서 양계 혈통주의로 개정논의가 되면서 다문화 가정에도 희망의 싹이 보였다. 그 동안 국제결혼을 한 가정의 자녀들이 마치 사생아인 듯한 취급을 받아 온 터였다.

이들 다문화 가정에 최초로 관심을 가진 것은 1995년 국제결혼을 하고 살아가는 파키스탄 샤미 씨 가정과 이란인으로서 기독교로 개종한 토마스 씨 가정을 만나면서부터였다. 호적법이 개정된 1995년 9월 가을 결혼 이민자 가정 50여 쌍이 모여 축하의 자리를 만들었다. 이때 이들을 위해 붙여진 이름이 코시안(Kosian)이다. 특히 국제결혼을 한 한국 사람들이나 자녀들에게는 부정적인 용어들이 사용되었기 때문에 좀 더 중립적인 개념이 필요해서 아시아인과 한국인의 만남이란 뜻에서 코시안(Kosian)이란 이름을 사용한 것이다.

이들을 만나면서 주민으로서의 권리와 시민권에 대하여 고민하게 되었다. 그 동안 정기적으로 발행하던 소식지 '나눔과 일터'를 '국경없는마을'로 바꾼 것이 바로 이때부터이다. 아울러 외국인 이주노동자들이 자신들의 문화를 가지고 만날 수 있는 만남의 장으로서 '인터내셔널 카페'가 운영되었다. 아시아의 각 나라 사람들이 전통차와 전통춤과 노래가 있는 문화의 마당으로서의 자리를 생각한 것이다. 이러한 마을주민으로서의 만남의 장이 좀더 구체화된 것은 1999년 11월 안산이주민센터 현재의 건물로 이사하고부터이다. 안산이주민센터 건물을 좀 더 주민과 가까운 지역으로 이주하면서 '국경없는마을 계획'을 세운 것이다.

(2) 국경없는마을의 목적과 의미
'국경없는마을'의 목적은 소수자 보호, 다수자 변화, 다문화 공동체 형성에 있다. 즉 국경없는 마을은 소수자 보호를 위한 문화차별 극복, 다수자 변화를 통한 관계회복, 다수자와 소수자가 더불어 살아가는 다문화 공동체 형성을 추구하는 운동이다.

① '국경 없는'이라는 의미는 기본적으로 '국적이 다른 사람들'을 전제한다. 여기서 국경없는마을이란 기본적으로 '국적이 서로 다른 사람들이 지역사회에서 주민으로 더불어 살아가기'를 총체적으로 표현한 말이다. 다문화 추구의 궁극적인 목적은 다문화

주의 자체에 있는 것이 아니라, 소수자와 다수자의 상호 존중과 공생의 문화를 의미한다.

② 마을의 의미는 공동체이다. '동네'란 말은 주로 여러 집이 이웃으로 하여 살아가는 '주거의 물리적 범위'를 지칭한 반면, '마을'은 물리적 범위만을 뜻하지 않고 주로 '이웃하여 사는 사람'에 초점을 두고 있다.318) 최근 들어서는 직업, 종교, 취미를 공유하는 다양한 사회적 관계망 또는 커뮤니케이션 그룹까지를 포괄하는 '공동체'의 개념으로 마을의 의미가 사용되고 있다. 그러므로 동네라는 말보다는 마을이라는 말이 보다 공동체적이다.

③ 국경없는마을은 문화적 사고 운동이다. 국경없는마을은 지역사회의 차별문화 즉, 배타문화, 소외문화, 경쟁문화를 극복하고 더불어 살아가는 공존문화를 형성하고자 한다. 더불어 살아가는 공존문화는 상호성을 인정하는 다문화 사회로의 가치관의 개혁과 소외된 인간 관계회복을 추구하는 공동체 문화의 형성과 경쟁적인 환경과 제도를 개선하여 협동하는 문화로의 전환을 모색하는 문화 실천이다. 존재 방식에서 다문화적이고, 관계 방식에서 공동체적이며, 삶의 방식에서 협동적인 문화의 추구이다.

2) 국경없는마을 운동의 원리와 성격

(1) 국경없는마을의 원리

이주노동자들의 인권 차별적 상황에 대한 개선책은 제도적 측

---

318) 정 석, *마을단위 도시계획 실현 기본방향(1)* (서울:서울시정개발연구원, 1999), 3.

제3장 국경없는마을 형성을 위한 목회전략 개발 283

면, 인식적 측면, 대안적 공동체 형성 등의 과정을 통해서 해결의 실마리를 찾아야 한다. 제도적으로는 이주노동자를 노동자로 인정하지 않는 '산업기술연수제도의 폐지'와 이주노동자의 인권을 개선하는 대체 입법이 속히 이루어져야 한다. 인식적 측면에서는 우리 사회가 '돈' 중심 구조로 이루어져 가난한 사람들과 힘이 없는 자들을 수탈하는 문화를 거부하고 '사람'을 중요시 여기는 사랑과 정의가 있는 인식에로의 전환이 이루어져야 한다. 대안적인 측면에서는 우리가 살아가는 작은 현장에서부터 돈의 많고 적음을 통한 차별 그리고 혈연, 지연, 학연의 편파성, 국경과 피부, 언어 등의 이유로 인한 참여의 제한 등을 극복하는 대안 공동체의 실험이 계속해서 일어나야 한다. 인간 차별을 정당화시키는 사회가 아니라 '인권 존중의 원리'가 적용되는 사회, 돈이 지배하는 사회에서 '나눔의 원리'가 적용되는 사회, 인간 개인을 이윤을 위한 이용 수단으로 전락시키는 사회가 아니라 함께 더불어 살아가는 '공동체 원리'가 적용되는 사회로 되어야 할 것이다. 이주노동자는 우리의 정다운 이웃이다.

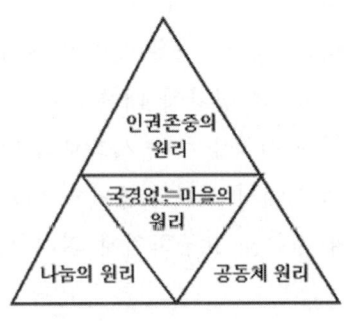

<그림 21> 국경없는마을 원리

(2) 국경없는마을의 사회적 실천운동으로서 성격

'운동'(Movement)이라 함은 기본적으로 권력과 돈으로 소수자를 차별하고 억압하는 사람과 억압당하는 사람들 간에 이루어 놓은 사회구조의 변화(Change)를 추구하는 것이다. 공존하는 다문화 사회와 공동체 사회로의 변화의 방향과 주체 그리고 변화의 대상이 있기에 국경없는마을 운동은 사회적 실천(Praxis)이다.

① 의식개혁(Consciousness)운동이다

국경없는마을 운동이 '의식개혁 운동'이라는 것은 내국인이 소수자를 존중하고, 국제 이주민 319)이 정다운 이웃으로 더불어 살아가는 행복 나누기 운동(Happy Together Movement)이기 때문이다. 문화적 차별은 권력과 돈의 지배의 '도구'이면서 또 한편으로는 지배의 결과이기도 하다. 차별 문화적 상황에서 문화 침해가 이루어지면 침해당한 자들이 본능적인 열등감을 느낀다. 이러한 상황에서 이주노동자들은 문화적 갈등을 겪다가 차별적 상황을 인정하고야 만다. 인권 존중, 차별문화의 해소는 이주노동자 자신들의 차별적 상황에 대한 거부와 자기 주체성 및 정체성의 확립으로 이어져야 한다. 국경없는마을의 의식 개혁 운동이란 공존에로의 의식 개혁과 차별적 상황에 대한 거부로서 의식 개혁이다. 또한 사회 구성원에게 이익을 주는 사회로의 변화를 요구하기 시작하며, 그러한 가운데에서 권력과 정책의 현안 문제를 제기하여 공동체 의식에로의 전향을 요구하기에 의식 개혁 운동이다.

---

319) 이주민이라 함은 국적은 외국 국적이면서 한국사회에서 지역사회의 한 구성원으로서 살아가는 이주노동자와 결혼 이민자, 이주 가정 등을 가리키며 국경없는 시민권을 강조하기 위하여 필자는 이 용어를 사용한다.

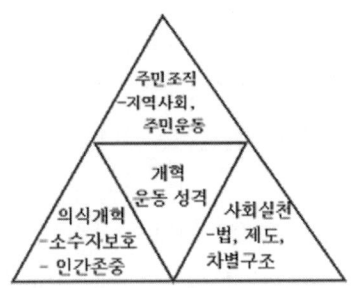

<그림 22> 국경없는마을 개혁운동 성격

② 주민조직(Organization)운동이다

국경없는마을 운동은 지역사회를 기반으로 하는 주민운동이다. 시민사회운동이 시민의 힘으로 사회를 변혁하는데 있다면, 국경없는마을 운동은 주민운동으로서 "지역 내에서 생활 근거지를 갖는 주민들이 주체가 되어 주민으로서의 일상 생활상의 요구와 이의 궁극적 해결을 위하여 전개하는 대중운동"으로 볼 수 있다. 국경없는마을 운동이 주민운동인 것은 첫째 주민의 생활 근거지인 지역사회를 기반으로 하고 있으며, 둘째 운동 주체로서 주민을 설정하고 있고, 셋째 지역사회 문제의 해결을 위해 목적 지향적이라는 점, 넷째 변화와 개혁을 추구하는 사회 운동적 성격을 갖기 때문이다. 사회변화 과정으로서 주민 조직화는 사회 내 권력관계에 대한 계속적인 도전을 창출하고 유지한다.

③ 사회실천(Praxis)운동이다

국경없는마을 운동은 일종의 문화 행동으로서 권력과 돈의 원리에 의해서 형성된 차별적 사회구조를 변혁시키려는 목적을 가지고 있다. 차별적 사회구조에 작용하는 하나의 체계적이고 계획적인 문화행동 형태이다. 즉, 소수자 차별적인 비효율적 제도와 구조, 불공정한 질서를 바꾸는 사회실천 운동이다. 지역사회의 지배적이고 차별적인 문화구조, 권력구조와 경제구조를 가지고 재구성하고 창조하기 위한 실천운동이다.

(3) 대안운동으로서 국경없는마을

국경없는마을은 권력과 돈의 원리에 의한 차별보다는 국적이 다른 이웃들이 연대를 통해 더불어 살아가는 공동체를 지향하기 때문에 대안적이다. 국경없는마을은 단순히 권력과 돈의 원리에 의해서 형성된 외적인 구조만 바꾸어 가는 것이 아니라 인간의 변화도 동시에 추구한다. 이러한 변화는 대립, 저항, 투쟁, 제압이 아닌 조화, 설득, 협력, 상생으로의 패러다임 전환과 삶의 전환으로 이어져야 한다. 이러한 대안적 지역사회 공동체의 지향성은 문화, 정치, 경제적 영역에 분포되어 있다.

<그림 23> 대안 공동체사회

① 문화적 대안이다.

국경없는마을 운동은 일시적 지역 현상이 아니라 '차별문화 극복'이라는 현상의 타개와 공존하는 다문화 공동체의 창출 가능성을 열어 가는 문화운동의 성격이 있다. 자본주의 사회에서 문화는 계급 구성의 양상에 따라 복수의 '문화들'로 존재한다. 복수의 문화들이 존재한다는 것이 곧 문화적 다원주의를 의미하는 것은 아니다. 사회 내에서 권력을 가진 집단이 그들의 지위를 유지하기 위한 노력으로서의 지배문화는 언제나 존재한다. 하위문화는 지배문화에 대한 다양한 하위집단의 의식적 무의식적 대응이며 거기에는 어떤 형태로든 하위집단의 욕구와 원망이 반영되지 않을 수 없다. 한국 사회가 일방의 문화나 문화 침해 혹은 차별문화가 아닌 국경과 피부색을 초월하여 다양함이 공존하는 열린 문화를 지향하는 측면에서 대안적이다.

② 정치적 대안이다.

이주노동자에 대한 차별문화의 문제가 하위문화로서 소수자의 자기 확보의 측면이 있다면, 정치적인 차원에서의 국경없는마을 운동은 권력구조와 사회적 지위 및 권리가 소수자와 다수자 모두에게 열린 참여 민주주의 공동체를 지향한다는 측면에서 대안적이다. 국제 이주민의 한국 사회에서의 주민참여(Participation)는 다문화 사회에서 자신의 삶뿐 아니라 타인의 삶의 질에 영향을 미치는 정책이 되기 위한 개인이나 집단의 자발적이고 능동적인 개입이다. 이러한 이주민의 지역사회 참여는 내국인 주민에게만 주어진 지역사회의 의사결정 구조가 한국 국적이 아닌 국제 이주민에게도 개방되는 것을 의미한다. 국적 수민과 부석 수민이 주민으로서 지역의 제도, 가치관, 문화, 인간관계의 민주화를 이루어내는 경험을 하면서 지역의 생활공간의 인간화를 창출한다는 측면에서 국경없는마을은 지역사회의 정치적 대안이다.

③ 경제적 대안이다.

이주민의 지역 사회 참여는 자신의 환경에 영향을 주고 이해할 수 있는 개인의 능력을 향상시킬 뿐만 아니라 민주주의 사회에서 자원의 공평한 분배를 위해서도 중요하다. 세계화된 시장경제는 대체로 시장(세계적 시장경제, 국민 국가적 시장경제, 지방에서의 시장경제), 네트워크 경제, 협동조합 경제, 공동체 경제이다.320) 네트워크 경제, 협동조합 경제, 공동체 경제, 이 세 가지가 중심이 되어서 지역 수준에서 내포적인 지역 시장경제를 강화시켜 주는 것이 선행되어야 한다. 지역 공동체를 활성화하기 위한 주요 수단으로서 세계 일부 지역에서 성공적으로 운영되고 있는 제도가 지역 내 교환제도와 협동조합 운동이다.321)

이주노동자 창업 협동조합 운동은 모든 가치의 중심이 돈이 아니라 인간 중심, 생명 중심적 경제 공동체를 지향한다는 측면에서 경제적 대안의 요소를 갖는다. 특히 돈을 벌기 위하여 한국을 찾아온 이주노동자들이 스스로 '국경없는마을 은행'과322) '이주노동자 창업 협동조합' 운동 등을 통하여 경제적으로 미래를 준비하고, 자국에서 고용 창출을 통하여 이주노동의 최소화를 꾀한

---

320) 김광식, "21세기 지역운동론," *기독교사회발전협회 세미나 자료집* (서울: 기독교사회발전협회, 1999), 38-39. ◆네트워크 경제: 도농 직거래처럼 얼굴을 알고 있는 사람끼리의 거래의 성격을 가지는 것으로 시장의 거래와는 다르다. ◆협동조합 경제: 생산 공동체나 소비중심의 생활공동체 형태의 협동조합 경제 ◆공동체 경제: 시장경제와의 경쟁력은 가질 수 없지만, 시장에서는 획득할 수 없는 삶의 의미를 누릴 수 있다.
321) 이가옥, 고철기, *공동체 경제를 향하여*(대구: 녹색평론사, 2001), 89-126. 지역 내 통화제도로서는 레츠(LETS) 시스템이 있다.
322) 방글라데시 같은 나라에는 토지가 없는 농민에게 대금을 융자해 주는 '그라민뱅크'가 있다. 국경없는마을 은행은 귀환(Re-Integration)을 준비하는 경제적 대안 프로그램이다.

다는 측면에서 대안적이다. 지역 주민의 입장에서는 과거 슬럼화되고 빠져나가던 지역 경제가 이주노동자들의 대량 유입으로 상권의 회복과 활성화가 이루어지고 있다는 측면에서 국경없는마을은 지역경제 활성화의 대안이 되고 있다.

3. 국경없는마을 원곡동 형성 주체

국경없는마을 원곡동을 형성하는 가장 핵심적인 주체는 '내국인 주민과 국제 이주민으로서 이주노동자'이다. 마을 만들기가 '우리 삶터를 우리 손으로' 가꾸어가는 일이라면, 국경없는마을은 지역사회의 이주노동자에 대한 차별의 문제에 무관심했던 주민들의 자각과 문제 발견에서부터 시작되고 이주노동자를 정다운 이웃으로 받아들이는 공동의 노력과 실천이다. 국경없는마을 원곡동을 형성하기 위해서는 원곡동 주민, 지역상인, 이주노동자, 원곡본동사무소 자치센터, 안산이주민센터의 역할이 무엇보다 중요하다. 지역의 여러 주체들이 서로 힘을 합할 때 환경을 아름다움과 부드러운 관계와 삶의 즐거움으로 가득 채우면서 눈에 보이지 않는 '생활의 질'을 획득해 나갈 수 있기 때문이다.

국경없는마을은 원곡동 지역사회의 통합을 이루기 위한 주민의식과 이주노동자의 문화적 정체성 형성 욕구 및 공동체 마을 형성을 위한 주민과 이주노동자 상호간의 실천의지에 달려있다. 특히 원곡동 지역 주민 지도자들의 적극성과 주민 조직의 활발한 활동이 관건이 된다. 국경없는마을은 주민들의 자발성이 전제되어야 동사무소의 행정 지원과 안산외국인노동자센터의 전문적 협력과 지원이 의미를 가질 수 있다.

1) 주민과 자치행정의 협력

마을 만들기는 지방자치 즉 주민 자치와 깊은 관계가 있다. 국경없는마을은 차별 문화를 극복하고 지역사회의 통합과 다문화 공동체 사회를 형성하려는 주민들의 의식과 자발적 참여가 무엇보다 중요하기 때문이다. 과거 권위주의적 중앙집권 시대의 삶터 만들기를 주도했던 두 주체는 국가 권력과 자본 권력이었다. 이제 자치시대를 맞아 이들을 대신해서 삶터 가꾸기를 주도할 새로운 주체는 다름 아닌 지방자치단체와 주민이다. 특히 지방자치 행정은 보이지 않게 일을 하면서 주민이 마을 만들기의 무대에 등장하도록 정교하게 계획해야 한다.323) 일반 주민들 간의 마을 만들기 경험을 가진 일본의 경우 성공의 제일 요건은 행정이 계획적으로 자리매김하는 것을 꼽고 있다.324) 두 번째의 성공 요건은 목표를 명확하게 하는 것이다. 그것은 마을 발전에 있어서 기본적인 필요에 따르면서 모든 주민이 납득할 수 있는 마을 만들기의 원칙을 갖는 것을 의미하기 때문이다.

---

323) Yasuhiro Endou, *Machi-Zukuri Tokuhon* (Tokyo: Shobun-sha, 1990), 김찬호 역, *이런 마을에서 살고 싶다* (서울: 황금가지, 1997), 125.
324) Ibid.

제3장 국경없는마을 형성을 위한 목회전략 개발 291

<그림 24> 원곡동 마을 만들기 주체

일본 아게오 시 나카초아다고 지구에서 마을 만들기를 하면서 보여주었던 행정의 역할에 대하여 소개하고자 한다.325) 이곳에서는 마을 만들기의 세 가지 원칙을 세웠다. ① 모두 함께 계속 살아갈 것. ② 모두 조금씩 참을 것. ③ 좋은 것을 축적해 갈 것.

또한 네 가지의 지향점을 가지고 있었다. ① 주민의 불안을 제거한다. ② 알기 쉬운 사업을 전개한다. ③ 종합적인 마을 만들기를 전개한다. ④ 새로운 주민을 맞아들이기 위한 주택을 공급하고 새로운 주거를 만든다.

또한 마을 만들기 핸드북을 만들어서 행정직원이 가져야 할 행동지침을 정하였는데 이를 정리하면 다음과 같다.

① 자치단체는 마을 만들기를 종합적으로 다루는 코디네이터이다.
② 현행 법률이나 제도의 한계를 분명히 인식한다.
③ 팀워크를 다해 해나간다.
④ 담당자는 책임감을 갖고 주민의 협력을 얻으며 해나간다.

---

325) Ibid., 128-130.

⑤ 마을 만들기의 단계를 설정한다.
⑥ 마을 만들기는 주민에게 평생 한번뿐인 경험임을 잊지 말 것
⑦ 마을의 소문에 민감할 것
⑧ 자치단체의 형편이나 체제에 걸맞은 마을 만들기를 꾸려갈 것

2) 주민과 전문단체의 협력

·국경없는마을은 지역 주민이 자발적 참여를 통해 지역사회의 변화를 꾀한다는 측면에서 지역 주민 운동이다. 따라서 안산이주민센터는 지역사회에서 지역 주민 운동이 자리 잡을 수 있도록 주민 생존권 확보, 지역사회 정의실현, 다문화공동체 형성, 주민권력 형성의 네 가지 방향에서 지원 및 교육, 정보기술을 제공할 필요가 있다.

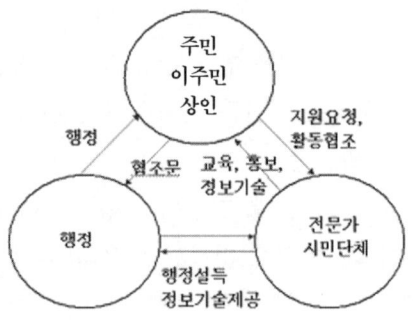

<그림 25> 마을 만들기 협력과 지원

<그림 26> 지역주민 운동의 4방향

4. 국경없는마을 형성의 내용

국경없는마을은 인간과 사회구조 변화를 통한 공동체 마을 만들기이다. 내용은 다음과 같다.

첫째, 삶터 가꾸기. 국경없는마을은 삶터(생활환경)를 주민들(시민, 이용자)이 스스로 나서서 가꾸는 일이다. 생활하는데 고통과 불편을 주는 생활 환경의 문제를 스스로 해결하고 개선하며, 주민의 편의를 높이고 삶의 질을 향상시키는데 필요한 공유 공간이나 시설, 장소를 만들어 간다.

둘째, 공동체(주민조직) 이루기. 공유 공간에서 벌어지는 공동의 문제를 함께 해결하고 개선하며, 새롭게 만들어 가는 과정을 통해 단절된 이웃과의 관계를 회복하고, 의사소통의 경로와 활동 체계를 만들며, 주민공동체를 이루어 간다.

셋째, 공존하는 공동체 인간 형성. 국경없는마을은 책임감 있고 자격 있는 건강한 마을 사람(주민, 시민)을 기르는 일이다. 개인

공간에만 집착하던 개개인들이 공유 공간에 관심을 갖고 이웃과 더불어 공동의 문제를 해결하는 과정을 학습하고 체험함으로써 진정한 주민으로, 민주시민으로 새롭게 태어나는 과정이다.

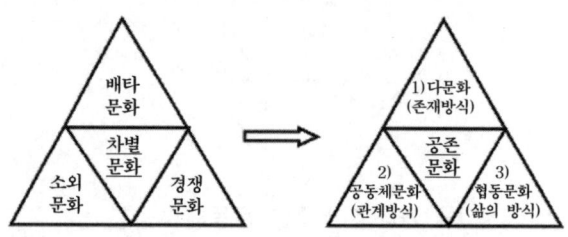

<그림 27> 차별문화 - 공존문화

<그림 28> 공존문화 형성 내용

제 3 절
국경없는마을 형성 연구조사 질문

1. 성서적 질문

국제 인권 단체들의 모임에서 이주노동자들의 시민권에 대한 논의가 자주 이루어지고 있다. 1919년 이후 국제노동기구와 유엔에서는 이주노동자와 내국인의 대우의 평등을 촉진하는 법을 제정하고 발표하여 왔다. 그 결과 2003년 6월에는 유엔에서 '이주노동자와 그 가족 권리보호를 위한 협약안'이 국제법으로서 공식화되었다. 국내에서도 2003년 고용허가제를 통하여 이주노동자들에게도 노동 3권을 허용하고 있으나 이주노동자들이 권리 행사를 하기에는 아직도 장애물이 많다.

성서에서 말하는 노예 보호법(출 21:2-11), 사회적 약자 보호법규(출 21:21-27), 정의로운 재판 행정에 관한 법규(출 23:1-9), 희년법(레 25:10-39) 등의 내용이 소수자 보호와 이주노동자 차별극복을 위한 권리 보호를 법과 제도적으로 현실화할 수 있는 방안은 무엇인가?

2. 신학적 질문

이스라엘 공동체는 당시의 사회적 약자들이 투쟁과 연대를 통해 형성한 공동체였다. 이스라엘 종족은 이집트의 절대 권력으로부터 해방되어 가나안 땅에 들어온 '국외자들'(Outsiders)과 가나안 도시국가의 지배로부터 벗어나기를 원하는 가나안에 살던 '내부인들'(Insiders)이 가나안 땅을 차지한 후에 이들이 이스라엘-야훼의 부족들-백성들로 불리는 '부족간 공동체'로 연합하였다. 새로운 공동체는 어떻게 형성해야 하는가? 제임스 콘은 새로운 신학은 역사와 문화와의 대화에서 우러나와야 한다고 역설하였다. 신학은 눌린 자의 공동체가 구원의 역사 안에서 자기들이 차지하고 있는 자리가 무엇인지 이해하려고 노력하는 과정에서 솟아 나와야 한다.

차별문화를 극복하고 지역주민들과 이주노동자가 더불어 살아가는 공동체를 형성하기 위한 지역사회 주민 조직화 방안으로서 '뿌리공동체' 만들기는 어떻게 가능할까?

3. 정치 경제적 질문

국경을 초월한 이주 노동은 생존권에 관한 문제이며, 이주 노동자는 신자유주의 세계화의 희생자들이다. 시장이란 경쟁과 지배의 메커니즘이며 해체, 파괴, 배제, 지배의 과정이다. 즉 시장 메커니즘은 ① 경쟁을 위해 가격을 결정할 수 있는 행위자를 해체하여 가격 수용자로 만들고, ② 경쟁은 경쟁력이 약한 행위자에 대한 파괴 과정이며, ③ 파괴된 부분을 시장이라는 공간에 재배치하고, ④ 새로운 강자가 추후 이 과정 전체를 지배하는 메커니즘이다.

이주민들이 국경없는 시민권을 형성하기 위하여 지역사회 공동체의 의사결정 구조에 당당하게 참여할 수 있는 방안은 무엇인가?

4. 사회 문화적 질문

인간에게 주어진 무한한 과제와 유한한 능력을 창조적으로 중개하는 것이 축제이다. 몰트만은 "인간은 도구를 사용하는 존재인 동시에 축제하는 존재이다."라고 했다. 축제하는 인간은 없어지고 도구적 인간으로서 책임 의식만 강조하면 인간은 황폐화된다. 순더마이어는 참된 코이노니아의 삶과 교회의 본질은 '잔치'에서 발견되며, 민중은 잔치를 통하여 다른 세계를 건설한다고 보았다. 이 잔치는 일상생활을 초월하지만 인간을 인간답게 만든다. '잔치'는 공동체적이고 '해방된 인류잔치'이다

사람과 사람의 관계를 열어주는 가장 좋은 매개는 문화이고, 축제의 문화는 관계 회복의 전환점을 가져다 준다. 지역사회에서 이주노동자가 문화적 정체성을 유지하면서도 지역주민과 하나가 되는 다수자 변화의 구체적인 방안은 무엇인가?

5. 교육 심리적 질문

차별 문화를 극복하려면 차별자와 피차별자 간의 '만남'을 통하여 갈등을 해결해 나가야 한다. 파울로 프레이리가 "교육은 피억압자를 피억압자 되지 않게 하는 것은 억압자가 억압자이기를

그치게 하는 것이다."라고 하는 것처럼 이주노동자들에 대한 차별 문화의 생산과 문화적 침해를 중단시켜 나가야 한다. 진정한 의미에서의 교육은 '침묵의 문화'를 깨트리는 것이다. '대화의 만남', '이중적인 의식구조의 변형' 즉 '의식화'로서의 해방교육이어야 한다. 따라서 만남은 갈등 원인을 돌아보게 하고 갈등 조정을 모색하게 된다.

이주노동자 집단 주거지역에서 내국인과 이주노동자가 서로를 이해하지 못하여 갈등이 발생한다. 상호 이해를 위한 접촉점 형성, 다문화 교육, 단절된 관계를 다문화적 공동체로 회복할 수 있는 구체적인 방안은 무엇인가?

제4장
사례연구: 다문화 공동체로서 국경없는마을

제 1 절
다문화 공동체 형성 욕구 및 실태

1. 집단 주거지역의 다문화 공동체 형성을 위한 의식조사

이주노동자 집단 주거지역이 활성화 되면서 인권 보호 및 생활 여건의 개선의 욕구도 높아지고 있다. 이주노동자들은 공장에서는 일하는 사람이지만 지역사회로 돌아오면 거주민이 된다. 그렇다면 이주노동자 집단주거지역을 중심으로 지역주민과 이주노동자 상호간의 갈등을 최소화하고 지역사회의 통합을 이루는 현실적 문제를 해결해 나가야 한다.

따라서 이주노동자 집단 주거지역을 중심으로 상호 문화에 대한 이해와 이주노동자 정체성 확보 및 이주노동자 집단화에 대한 주민의 수용여부, 다문화 공동체로의 발전 가능성에 대한 의견 및 정주화에 대한 주민의식 등에 대하여 알아 볼 필요가 있었다. 아울러 차별에 따른 분배의 욕구만이 아니라 사회 복지적 욕구와 필요성도 또한 효과적인 정책 수행을 위한 공무원들의 의식 및 견해도 알아볼 필요가 있었다. 이 과정을 검토하면서 이주노동자 집단거주지역의 이주노동자 정책을 살펴보기로 하자.

1) 한국인과 이주노동자 상호 인식에 관한 질문

본 실태 조사는 이주노동자 110명, 주민 120명을 대상으로 면접 조사하였으며, 관련 공무원 32명에 대하여는 서면 및 전화 확인의 방법으로 조사하였다. 이주노동자의 한국 사람에 대한 인식은 77.3%의 응답자가 대체로 좋게 생각하는 것으로 나타났고, 주민이 이주노동자를 바라보는 견해도 '매우 좋게 생각한다'와 '좋게 생각한다'를 포함하여 주민의 64.2%가 좋다고 생각하는 것으로 나타났다. 공무원의 경우는 50%가 대체로 좋게 생각하는 것으로 나타났다. 전체적으로 67.84%의 응답자가 서로에 대하여 좋은 생각을 가지고 있어 매우 고무적이라 하겠다. 한국 사회에 알려진 것처럼 서로 매우 좋지 않게 생각하는 경우는 거의 없는 것으로 나타났다.

<표 10> 한국인과 이주노동자 상호인식

	매우 좋게 생각한다	좋게 생각한다	보통이다	좋지 않게 생각한다	매우 좋지 않게 생각한다	합계
이주자	21.8(24)	55.5(61)	21.8(24)		0.9(1)	110
주 민	6.7(8)	57.5(69)	29.2(35)	5.8(7)	0.8(1)	120
공무원	12.5(4)	37.5(12)	46.9(15)	3.1(1)		32
합 계	13.7(36)	54.1(142)	28.2(74)	0.3(8)	(2)	262

2) 한국인과 이주노동자 상호 갈등요인

지역사회에서 이주노동자가 주민과의 관계에서의 갈등은 언어(38.5%), 외국인 차별(22.0%), 외국인 편견(13.8%), 욕설과 부당 대우(11.9%) 등의 순이다. 주민의 경우는 문화 관습의 차이(33%), 기초질서 위반(22.9%), 언어 장벽(21.1%), 외국인 차별(18.3%)의 순으로 나타났다. 공무원의 경우 문화 관습의 차이(31.3%), 외국인 차별(31.3%)을 가장 주된 갈등 요인으로 꼽았다. 따라서 지역사회에서 상호 갈등을 줄여 나가려면 이주노동자의 경우 한국어와 문화 배우기, 기초질서 교육 등을 꼽을 수 있고, 주민의 경우는 아시아 문화 이해 교육 및 이주노동자에게 인격적 대우를 해주는 인권교육 등이 필요하다. 특히 공무원의 경우 문화 차이에서 오는 이해 교육의 증진, 차별문화 극복을 위한 방안 등에 대한 관심을 높여 나가야 할 것이다. 따라서 갈등을 극복하려면 문화적 관습의 차이 극복, 언어 교육, 차별문화 극복, 인권 교육, 기초질서 확립 순으로 우선 순위를 두어 구체적 정책을 세워나가야 할 것이다.

<표 11> 지역사회에서 이주노동자 주민 갈등 요인(1순위 중심)

	언어 장벽	문화 관습차	차별	욕설, 부당 대우	편견	기타	합계
이주자	38.5	9.2	22.0	11.9	13.8	4.6	100.
주 민	21.1	33.0	18.3	기초질서 위반 22.9		한국인 부정인식 4.6	
공무원	12.5	31.3	31.3	3.1	15.6	한국인 부정인식 6.3	
합계	24	24.5	23.8	기초질서 13	인권 14.7	5.4	

3) 한국인과 이주노동자 상호 문화적 차이에 대해

이주노동자의 경우 문화적 차이에 대하여 '매우 많이 느낀다'와 '많이 느낀다'를 포함하여 55.4%가 차이를 느낀다고 답한 반면 주민의 경우 같은 질문에 대한 답변이 29.2%에 불과하였다. 한편 공무원의 경우는 71.9%가 문화적 차이를 심하게 느끼는 것으로 나타났다. 주민에 비하여 이주노동자가 문화적 차이를 더 많이 느끼는 것은 주민들의 경우 일상생활을 하면서 외국인을 접하지만, 이주노동자의 경우 전혀 다른 문화에서 생활 그 자체를 하기 때문에 차이점이 높게 나타나는 것으로 보인다. 특히 공무원이 주민과 월등한 차이를 보이는 것은 일선 행정기관이 주민과 이주노동자들 사이에서 발생하는 문제를 자주 접할 뿐 아니라 또 많은 정보를 통해서 예민하게 느끼는 것으로 보인다.

<표 12> 상호간 문화적 차이 정도

	매우 많이 느낀다	많이 느낀다	보통이다	느끼지 못한다	전혀 느끼지 못한다	합계
이주자	12.7(14)	42.7(47)	30.9(34)	9.1(10)	4.5(5)	(100)110
주 민	5.0(6)	24.2(29)	55.8(67)	13.3(16)	1.7(2)	(100)120
공무원	15.6(5)	56.3(18)	21.9(7)		6.3(2)	32
합 계	9(25)	35.8(94)	41.2(108)	9(26)	3(9)	(100)262

4) 한국과 이주노동자 상호의 문화에 대한 이해

전체적으로 54.7%가 보통이라고 답변하였다. 한국에 대하여 '잘 안다'고 답변한 이주노동자는 25.4%에 불과하였다. 이는 이주노동자의 한국 사회 이해가 부족하다는 것을 보여준다. 주민의 경우 이주노동자 나라에 대하여 6.8% 정도만 안다고 답변하였다. 한국 주민의 외국에 대한 이해 교육이 매우 절실하며, 그만큼 한국 사회가 외국에 대하여 정보가 어둡다는 것을 보여준다.

<표 13> 상호 문화에 대한 이해 수준

	매우 잘 안다	잘 안다	보통이다	이해하지 못한다	전혀 이해하지 못한다	무응답	계
이주자	2.7(3)	22.7(25)	47.3(52)	18.2(20)	9.1(10)		110
주 민	2.5(3)	4.2(5)	61.7(74)	25.8(31)	5.0(6)	0.8(1)	120
합 계	2(6)	13(30)	54.7(126)	22.1(51)	6(16)	(1)	230

5) 이주노동자 정체성 확보에 대하여

민족의 정체성은 언어, 종교, 예술 활동을 통해 그 맥을 이어 간다. 따라서 이주노동자가 자신의 정체성을 확보하는데 필요한 자국민 공동체 모임의 필요성과, 언어와 종교를 통한 정체성 접근 여부를 물어 보았다. 주민들에게도 이주노동자들의 집단화에 따른 공동체 모임, 지역사회에서의 이색적인 외국어 사용, 타 종교에 대한 포용성에 관한 질문을 통하여 이주노동자가 정체성을 확보하는 과정에서 나타날 수 있는 마찰의 가능성을 알아보았다.

(1) 공동체 모임

<표 14> 이주노동자 공동체 모임 견해

이주자	꼭 필요 41.8	필요하다 40.0	보통이다 15.5	필요없다 1.8	전혀 필요없다 0.9	100.0
주 민	적극 찬성 6.78	찬성 57.50	보통 25.8	이해못한다 10.0		100.0

전체적으로 보면 72.6%에 해당하는 이주노동자가 정기 모임

개최가 필요하다고 답변하였다. 그러나 외국인은 41.8%의 응답자가 꼭 필요하다고 답한 반면 주민은 6.6%만이 꼭 필요하다고 답하고 있어 외국인 노동자들이 느끼는 필요성의 강도가 주민들이 느끼는 것보다 훨씬 더 큼을 알 수 있다. 정기 모임이 필요하지 않다는 답변에서도 외국인은 응답자의 2.7%만이 필요 없다고 답한데 비해 내국인은 무려 10%가 필요 없다고 답해 상당한 인식의 차이를 보여준다.

(2) 종교생활

<표 15> 이주 노동자 종교 생활 만족도

	매우 만족	만족한다	보통이다	불만족	매우 불만족	합계
합계	24.5	41.8	16.4	12.7	4.5	100.0

<표 16> 주민의 타 종교에 대한 포용성 여부

	아주 좋다	좋다	보통이다	별로 안 좋다	매우 안 좋다	합계
합계	1.7	16.7	39.2	35.0	7.5	100.0

이주노동자의 66.3%가 종교생활에 만족하는 것으로 나타났다. 이는 이주노동자들이 종교 활동을 통해 자기 정체성을 획득해 나가고 있다는 반증이다. 그러나 지역주민의 18.4%만이 이슬람 사원 등이 지역사회에 들어서는 것에 찬성하여 때에 따라서는 지역주민과 종교적 마찰이 빚어질 가능성도 있다는 것을 보여준다.

6) 이주노동자와 주민의 국경없는마을 만들기

이주노동자의 경우 마을 만들기에 대한 찬성이 90%였고 주민의 경우 52.5%의 응답자가 '좋다'고 보고 있다. 70.4%의 응답자들이 찬성했고, 21.7%의 응답자들이 보통으로, 7.9%의 응답자들이 '좋지 않다'라고 응답하였다. 주민과 이주노동자, 행정기관과 시민사회단체 및 전문가들이 상호 협력한다면 다문화 공동체는 얼마든지 만들 수 있다는 것이 확인되었다.

7) 국경없는마을 만들기 이유

<표 17> 지역주민회의에 외국인 노동자 참여

	적극 참여	참여해야	보통	참여 반대	적극 반대	합계
이주자	30.9	30.9	20.9	15.5	1.8	100.0
주 민	10.0	28.3	35.8	23.3	2.5	100.0
합 계	20.4	29.6	28.3		2.1	100.0

마을 만들기에 참여한 이유 중 이주노동자와 지역주민은 '일자리(소득) 안정'을 위해서라고 응답한 비율이 30.0%로 가장 많았으며, 뒤를 이어 '인권 개선'이 25.6%, '외국인과 외국의 문화 이해'가 19.1%, '이웃과 친밀감 증대'가 13.5% 그리고 '생활환경 개선'이 11.7%의 응답비율을 나타내고 있다. 그러나 공무원의 마을 만들기 행정 지원 동기는 '인권 개선'이 46.8%로 가장 많았고 그 다음이 '지역사회 안정'으로 18.8%였다. 이로써 공무원의 경우 살기 좋은 마을이 되려면 인권 개선을 최우선 과제로 꼽고 있음을 알 수 있다.

이주노동자와 지역주민이 상호관계를 맺는 이유는 경제적 동기가 가장 크다는 것을 알 수 있다. 따라서 이주노동자 밀집지역에는 이주노동자를 상대로 장사하는 주민이 늘어나고 있고, 이주노동자 역시 밀집 주거지역에서 생활함으로써 출퇴근의 용이함, 손쉽게 일자리를 찾을 수 있는 이점이 있다. 그러므로 이주노동자 밀집 주거지역의 경제 활성화가 마을의 안정에 관건이 된다고 하겠다.

8) 이주노동자들의 주민회의 참여

지역사회 의사결정 구조에 이주노동자의 경우 61.8%가 참여의사를 보였으나, 주민의 경우 38.8%만 이주노동자의 참여에 긍정적인 의사를 표시하였다. 그러나 참여 반대의사를 밝힌 주민이 25.8%에 불과하므로 전체적으로는 49.5%의 응답자가 참여해야 한다는 의견으로 모아지고 있다. 이주노동자의 지역사회 참여는 사회적 분위기와 여건에 따라 유연성이 있음을 보여주고 있다.

9) 이주노동자의 날 지정 및 축제 개최

이주노동자의 경우 95.5%의 응답자가 '이주노동자의 날' 지정에 찬성을 표시함으로서 절대 다수가 자신들의 존재를 확인받고 싶어 한다. 주민의 경우 56.7%, 공무원의 경우 53.1%가 찬성함으로써 주민과 공무원들도 지역사회에서 이주노동자를 끌어안으려는 의지가 강하다는 것을 보여준다.

<표 18> 이주노동자의 날 지정 및 축제 개최 여부

	꼭 마련	마련해야 한다	보통이다	마련 안 해도	합계
이주자	58.2	37.3	3.6	0.9	100.0
주 민	14.2	42.5	41.7	0.8	100.0
공무원	12.5	40.6	40.6	6.3	100.0
합 계	28.3	40.1	28.6	2.6	100.0

10) 필요 복지 서비스

<표 19> 이주노동자 사회복지 서비스 요구 (1순위 중심)

	한국어 교육	문화 공연	취미 교육	여가 시설	컴퓨터 교육	무료 진료	인권 노동 상담	쉼터	직업 안내	합계
이주자	37.3	0.9	1.8	10.0	3.6	19.1	11.8	2.7	12.7	100
주 민	54.2	3.3	0.8	1.7		6.7	22.5	3.3	7.5	100
공무원	34.4	6.3		3.1		15.6	31.3	9.4		100
합 계	41.9	3.5	1.3	4.9	3.6	13.8	21.8	5.1	10.1	

이주노동자가 요청하는 사회복지 서비스 욕구를 순위별로 보면 다음과 같다. 한국어 교육 37.3%, 무료 진료 19.1%, 직업 안내 12.7%, 인권 및 노동 상담 11.8%, 여가시설 제공 10.0%, 컴퓨터 교육 3.6%, 안식처 제공 2.7%, 취미교육 1.8%, 문화공연 활동 지원 0.9%를 차지했다.

주민들의 경우에는 한국어 교육 54.2%, 인권 및 노동 상담 22.5%, 직업안내 7.5%, 무료진료 6.7%, 문화공연 활동 지원과 쉼터 제공이 각각 3.3%, 여가시설 제공 1.7%, 취미교육이 0.8%를 차지했다. 주민들은 이주노동자와의 관계에서 언어 소통을 제일 큰 문제로 보고 있는 것이다. 한편 공무원들의 경우는 한국어 교육 34.4%, 인권노동 상담 31.3%, 무료 진료 15.6%의 순으로 중요성을 표시하고 있다. 전체적으로는 한국어 교육, 인권 노동 상담, 무료진료, 직업안내, 여가시설 등의 순으로 정책의 우선순위를 삼아야 할 것이다.

11) 정주화 문제

<표 20> 본국에 귀환 후 정착계획

	아주 잘하고	잘하고	보통이다	잘못하고	전혀못하고	합계
이주자	3.6	34.5	31.8	20.9	9.1	100.0

이주노동자의 경우 38.1%만이 국내 체류 후 본국 귀환에 대한 준비를 하고 있으며 나머지 60%는 갈등을 느끼거나 장기 체류의 상황에 직면하고 있다. 이주노동자들은 장기 체류자가 되면서 한국말도 잘하고, 기능공이 되어 한국에서의 대우가 점점 좋아지게 된다. 그리고 또한 본국에 돌아가 보아야 뾰족한 수가 별로 없어 한국에서의 정주화를 꿈꾸게 된다.

<표 21> 이주노동자에 대한 영주권 부여

	적극 찬성	찬성	시기상조	반대	적극 반대	합계
주민	16.7	50.0	18.3	12.5	2.5	100.0

5년 이상 장기 체류자들에게 영주권을 부여하는 문제를 주민들에게 알아보았다. 전체적으로 66.7%가 '찬성한다'에, 18.3%가 '시기상조다'에 그리고 15%가 '반대한다'에 응답하고 있다. 장기

체류 이주노동자에게 영주권을 주는 부분에 대한 주민들의 지지도가 매우 높게 나타나고 있다. 이는 정주화 불가의 정부 정책 원칙과 배치되는 것으로서 매우 놀랄만한 결과이다. 주민들은 오히려 장기 체류자들이 한국사회에 적응을 잘한다고 보고 있으며 숙련공일수록 한국사회에 편입되는 것을 지지한다. 이제 한국사회도 정주화 문제에 대하여 진지하게 고민하게 될 때가 되었다.

2. 다문화 공동체 형성의 정책적 과제

1) 이주노동자 집단 거주지의 증가

한국 사회에서의 이주노동자 문제는 단순 노동자의 문제를 넘어 정주자의 문제로 급속히 이전하고 있다. 이주노동자들이 88년 이후 한국에 일하기 시작한지 20여년이 되었다. 이주노동자의 국내 이주 사유는 단기간 취업을 통해 돈을 벌기 위한 것이었다. 당시 이주노동자들은 그들을 받아들일 준비가 되어 있지 않은 상황에서 기업의 경쟁력 제고 차원에서 '값싼 노동력'으로 들어왔다. 이들 이주노동자는 3D 업종에서 일하면서 열악한 근무 조건과 주거 환경, 심각한 인권 침해의 상황에 항상적으로 노출되어 온 것도 사실이다.

그러나 집단 거주지역의 이주노동자들은 자국민 모임을 갖기 시작하면서 단순 집단 주거를 넘어 목적의식적인 공동체적 경향을 보인다. 다른 한편으로는 국내에 이미 체류한 이주노동자들이 사회적 연결망을 형성하면서 이주노동자 사이에 새로운 이주노동 유입, 일자리 정보, 주택정보, 문화 적응 등에 대하여 매개 역할을 한다. 시간이 지남에 따라 이주노동자들은 대도시 공단 주변 즉 안산시 원곡동, 구로, 가리봉, 난곡, 성수동, 김포 가현리, 남양주 마석 등을 중심으로 집단 거주 형태를 보이기 시작하였다. 초기 이주노동자들은 정주보다는 일시적으로 일하고 돌아가는 형태를 취하였으나 과다한 송출비용, 임금체불, 산재, IMF 실직 등을 거치면서 경제적 욕구가 채워지지 못하자 점차 장기 체류하는 경향이 나타났다. 특히 불법체류 신분을 극복하기 위해서 또 한국 사회에 적응하고 생활의 안정을 꾀하기 위해서 이주노동자들은 가정을 꾸리는 등 정주의 경향을 보이기도 한다. 이주노동자가 들어 온지 15년이 지난 지금, 외국인 노동자의 일정지역에서의 집단 거주 및 공동체 확대 현상은 한 나라의 민족 구성에 영향을 미치면서 국적이 다른 인종 즉 이주노동자 집단(Ethnic)326)의 정주로 자리 잡아 나가고 있다.

2) 집단 거주 지역에서의 문제

민족성이 강조되는 한국 사회는 이주노동자 집단을 '주변화'(Marginalization)시키고 있다. 집단 주거지역은 고사하고 대부분의 지역에서는 이주노동자들이 공휴일 등에는 갈 곳조차 마땅히 없는 것이 현실이다. 이러한 현상은 이주노동자 거주 지역을 내국인과 구별되는 게토(Ghetto)로 만들어 가고 있다. 그러나 한국 사회로의 편입을 인정하든 인정하지 않든, 이주노동자들은 우리의 이웃으로 자리 잡아 가고 있다. 이주노동자의 수는 점차 늘어

---

326) 이주노동자 집단은 에트닉(Ethnic)으로 번역되며, 특정국가에 체류하면서 민족적 자립과 독립을 지향하는 개별 인간집단 혹은 일반적인 인간집단 내지 인종집단으로 번역한다. 반면 인종(Race)은 생물학적 의미를 지닌 종족으로 번역된다.

날 것이며 이주노동자 공동체는 점차 조직화, 체계화될 것이다. 이제 한국사회에서 정주화 문제를 배제할 수만은 없는 것이 현실이 되어버렸다.

　이주노동자의 국내 이주 과정에서의 집단화는 국내 민족주의와 갈등을 일으킨다. 민족주의는 지역 사회에서 문화적 차이와 편견, 차별 등의 이유로 주민과 이주노동자 간 마찰이 일어나기도 한다. 이주노동자의 범죄 증가, 떼거리로 몰려다니기, 쓰레기 방치, 고성방가 등으로 이주노동자 집단 주거지역이 슬럼화 되어가거나 지역주민들의 눈살을 찌푸리게 만드는 성범죄 등으로 갈등이 증폭된다. 한편에서는 다국적 문화 행사를 통한 문화 이해, 지역 주민과의 체육 행사를 통한 화합의 마당, 공동 쓰레기 청소를 통한 지역 공동체성 형성 등의 모습을 취하기도 한다. 이같이 국적이 다른 이주노동자들의 집단화 및 정주화는 한 지역사회에서 내국인과 '지역사회 갈등' 혹은 '지역사회 협동'의 유형으로 나타나기도 한다. 따라서 이주노동자 집단 주거지역에서는 지역사회 통합의 문제, 문화적 적응 문제, 문화적 갈등 문제, 주택문제(주거), 교육문제, 의료문제 등 해결해야 할 과제가 자연스럽게 떠오르고 있다.

3) 집단 거주지에 대한 정책적 고려의 필요성

　단순 기능 인력의 국제적 이동은 국가 간의 경제적 격차, 임금 수준 격차가 있는 한 사라지지 않는다. 그렇다면 한국 사회는 이제 이주노동자의 정주화 경향과 타문화와의 공존을 인정하면서 다인종, 다문화 공동체를 현실로서 받아들일 시점이 되었다. 이주노동자들의 유입의 시작이 단순 노동력이었다 하더라도 이주노동자 집단의 고유한 문화와 관습은 남는다. 이러한 측면에서 국내의 정책은 이주노동자를 단순히 인력의 문제로 접근하는 경제적 측면, 노동자의 지위를 부여하는 법률적 제도적 접근, 세계체제에 따른 노동시장과 사회적 연결망 등의 사회학적 측면과 더불어 이주노동자의 집단화와 정주화에 따른 문화인류학적 정치학적 측면 역시 중요하게 다루어져야 한다. 그러나 지금까지 한국 사회는 민족 이데올로기를 바탕으로 잠재적 시민권자로서 이주노동자의 이주를 거부할 뿐 아니라 정책적 고려 대상에서 제외시켜왔다. 이는 그 동안의 이주노동자 정책이 지나치게 민족주의적으로 운영되어 왔기 때문이다.

외국인 노동자들의 국내 유입은 국내 경제의 필요성에 따라 국가에 의하여 유입 대상 및 규모와 방법이 조절된다.
따라서 한국에서는 원거리 민족주의 양상은 매우 미약한 편이다. 국제적 노동이동이 급격히 발전하면서 국제적으로 원거리 민족주의(Long Distance Nationalism) 현상이 나타난다. 뉴욕의 유대인, 로스앤젤레스의 한국인, 베를린의 터키인들이 이런 경우이다. 이민공동체가 발달한 선진국에서는 이주자 집단이 이주노동자를 보호하기도 한다.
그러나 이주노동자 통제 방식은 국민국가를 유지시키는 이데올로기 중의 하나인 민족주의(Nationalism)에 근거한다. 이러한 민족주의적 배타성은 근로조건, 임금, 사회적 혜택 부여에서 '호혜적'이거나 '비호혜적' 형태를 취한다. 그러나 호혜적 정책의 대상인 중국동포인 조선족(朝鮮族)이라 할지라도 외국계 일본인 2~3세인 '니케이진'(日系人)이 일본 노동시장의 완충기제 역할을 하듯, 한국 경제의 완충 역할을 한다. 민족주의는 때로 철저히 경제적 외피로 활용되고 있다.

한국 사회는 이주노동자의 정주화에 대하여 근본적으로 반대의 입장을 취하고 있어 정주화 문제를 해결하기 위해선 별도의 논의가 필요하다. 한국의 이주노동자 정책은 국가의 이익과 기업의 경쟁력 확보에 기준을 둔다. 따라서 이주노동자는 인력난 해소, 값싼 노동력의 확보, 노동의 유연성 확보라는 경제적 측면에서 다루어지고 있다. 이러한 상황에서 이주노동자 문제를 정치적, 경제적, 사회문화적 차원으로의 시민권 확보의 영역으로 확산해 나아가는 것은 쉬워 보이지 않는다. 국내 이주노동자 관리방식은 배타적이면서도 권위주의적이고 강압적이다. 그러나 군대식 통제방식은 이제 한계에 다다랐다. 왜냐하면 이런 통제방식은 이주노동자에게 인종차별적으로 받아들여져 갈등만 증폭시킬 뿐이기 때문이다. 그 결과 국제 사회에서 국가적 이미지가 추락하고, 한국에 대한 테러집단이 생기기도 하는 지경에 이르렀다.

국내 장기 체류자 문제의 해결 방안이 없는 상태에서 정주화를 원천 봉쇄하는 정책이 최선은 아니다. 오히려 장기 체류자를 합법의 테두리로 끌어안는 정주화 정책으로의 전환을 진지하게 검토할 필요가 있다. 현재 한국에서의 이주노동자의 집단거주 및 공동체화(Ethnic)의 확대 가능성은 중국의 거대한 노동력 이동의 잠재적 변수, 북한 노동력 유출의 가능성도 고려한다. 국내 이주노동자의 영주권 확대에 따라, 또한 노동력의 지역 간 이동을 통해 이주노동자 집단 구성이 다양화, 복잡화될 가능성이 높아지고 있다. 한국 사회가 저 출산 고령화 사회로 급속히 전환되고 있고, 다문화 지역사회 공동체에 대한 현실적 대안이 필요하다.

제 2 절
목표달성을 위한 시행전략

1. 목표 명세

<표 22> 목표달성을 위한 명세표

대안 세우기	가치관	변화목표	변화요소	
			부정요소	긍정요소
존재(뿌리)	생 명	목표 1) 의식 - 차별극복	획일성	다양성
			고 통	행 복
			경 쟁	상 생
생활(줄기)	평 화	목표 2) 행동 - 관계회복	단 절	연 대
			갈 등	환 대
			지 배	나 눔
관계(잎)	공동체	목표 3) 구조 - 공동체형성	일 방	합 의
			대 상	주 체
			배 제	참 여

목표 1 (의식변화) - 차별극복: 가치관 - 생명(Life)

차별문화 극복을 위한 국경없는마을 만들기 운동의 부정적 의식 요소는 획일성, 고통, 경쟁이고, 긍정적 요소는 다양성, 행복, 상생이다. 국경없는마을 형성에 따른 의식의 변화를 동반하는 교육의 핵심 요소는 세계화, 인권, 문화적 사고, 대안공동체, 영성 등이다.

1) 변화목표- 차별극복

문화는 창조된다. 이주노동자에 대한 차별적 문화는 주어진 것이 아니라 만들어지는 것이다. 따라서 이주노동자에 대한 차별문화 극복을 위한 문화적 사고 및 공동체성 형성에 대한 인식이 필요하다.

2) 행정목표
① 세계화와 이주노동자 차별 상황에 대한 인식 공유를 위한 이주노동자 교육
② 이주노동자 문제에 협력적인 주민 규합, 교육을 통한 차별문화 극복 인식의 공유
③ 차별문화에 대한 문화적 사고와 국경없는마을에 대한 인식의 공유
④ 국경없는마을 신문을 만들어 주민의 공감대 형성
⑤ 지역사회 차별 현상에 대한 의식조사를 통한 문제의 심각성 홍보

목표 2(행동의 변화) - 관계회복: 가치관 평화(Peace)
차별문화 극복을 위한 국경없는마을 만들기 운동의 부정적 행동 요소는 단절, 갈등, 지배이고, 긍정적 요소는 연대, 환대, 나눔이다. 국경없는마을 형성에 따른 행동의 변화를 동반하는 교육의 핵심 요소는 평화, 만남, 실천행동, 축제, 다문화 사회, 지역사회 통합교육 등이다.

1) 변화목표- 관계회복
이주노동자 집단 주거지역에서 내국인과 이주노동자가 서로를 이해하지 못하여 갈등이 발생한다. 공존하는 사회의 문화로 자리 잡을 수 있도록 하기 위해서는 상호 비판적 대화를 통한 공동의 노력과 만남이 요청된다. 상호 이해를 위한 관계의 접촉점 형성

과 지역사회의 공동의 문제를 발견하고 해결해 나가는 과정에서 단절된 관계의 회복과 서로를 인정하는 환대의 축제가 필요하다.

2) 행정목표
① 주민과 이주노동자의 정기적인 만남과 행사를 통한 접촉점 형성.
② 지역사회 공동의 문제 발굴, 대처 및 연대의 과정 개발.
③ 서로 다른 문화를 소개하고 이해하는 과정 설치.
④ 마을 축제 행사 기획, 지역사회의 다문화 공동체성 확대.
⑤ 사이버 마을을 통한 주민과 이주노동자들의 만남의 장을 구축.

목표 3(구조변화) - 공동체 형성/가치관: 공동체 Community)
 차별문화 극복을 위한 국경없는마을 만들기 운동의 부정적 구조 요소는 일방, 대상, 배제이고. 긍정적 요소는 합의, 주체, 참여이다. 국경없는마을 형성에 따른 구조 변화를 동반하는 교육의 핵심 요소는 주민조직, 시민사회, 시민단체, 지방자치단체, 지도자 등이다.

1) 변화목표 - 공동체 형성
 국경없는마을 공동체를 형성하려면 이주노동자와 주민 등이 참여 주체가 되어야 한다. 지역주민들과 이주노동자들이 지역사회 구조를 개선하기 위한 참여를 통하여 국경없는마을이 연착륙 하도록 다문화 공동체 형성에 조력해야 한다.

2) 행정목표
① 지역사회문제에 적극적인 이주노동자 지도자 발굴 및 조직화

② 지방자치 행정과 협력할 수 있도록 정책 제안
③ 지역주민과 주민이 참여하는 국경없는마을 추진위원회 설치
④ 주민 조직을 활성화하기 위한 주민 조직가 과정 설치
⑤ 지속 가능한 운동을 위한 정책 기획팀 운영

2. 전략 개발: 안산시 원곡동 '국경없는마을 만들기 운동'

'국경없는마을'은 모든 인간이 존중되는 사회가 되도록 인간과 사회구조의 변화를 추구하는 것을 목적으로 한다. 이러한 마을 만들기는 국경 없는 노동, 국경 없는 인권, 국경 없는 평화, 국경 없는 공동체 형성을 지향한다.

첫째, 국경 없는 노동이란 무엇인가? 모든 인간은 노동을 통하여 생존하며, 이주노동은 더 나은 행복을 위한 생존권리로서 자유로운 이동과 가정을 꾸리고 살아갈 권리가 보장되는 것을 말한다.

둘째, 국경 없는 인권은 무엇인가? 국경과 인종으로 인한 모든 차별을 배격하고 인간으로서 누려야 할 법률적 제도적 시민권을 형성하는 것을 말한다.

셋째, 국경 없는 평화는 무엇인가? 인류의 평화는 자유와 평등, 참여를 기초로 한 사회개혁으로부터 출발하며 사회개혁은 인간혁명과 더불어 이루어짐을 고백하는 '신인간운동'을 뜻한다.

넷째, 국경 없는 공동체는 국적과 인종과 피부색과 빈부의 차이를 넘어 인류의 공존과 상생을 위한 더불어 살아가는 대안공동체를 형성하는 운동이다. 이러한 대안공동체의 지향은 인간과 사회의 변화를 기본 구조로 갖는다.

위에서 제시한 방향에 따라 안산시 원곡동에서의 국경없는마을 만들기 사업은 지역주민과 이주노동자가 지역사회 내에서 국적, 언어, 피부색, 종교, 경제와 문화적 차이를 극복하고 더불어 살아가는 지역공동체 문화를 조성하며, 지역주민과 이주노동자들이 상호 협력하여 지역사회 발전에 이바지하는데 그 목적이 있다.

목표 1 (의식의 개발)
안산시 원곡동 국경없는마을 운동을 통하여 지역주민과 이주노동자가 문화, 인종, 국적, 언어의 차이를 뛰어넘어 더불어 살아가는 지역공동체 형성에 대한 인식을 확대한다.

목표 2(행동/관계의 변화)
안산시 원곡동 국경없는마을 운동을 통하여 지역주민과 이주노동자가 서로를 지역사회 구성원으로 받아들이고, 더불어 살아가는 지역사회를 만들어 간다.

목표 3(참여의 변화, 구조변화)
안산시 원곡동 국경없는마을 운동을 통하여 다문화 공동체 형성을 위한 실험적 모델을 제시하고 지침서를 배포하여 전국의 이주노동자 집단주거 지역에 다문화 공동체 형성을 위한 비전을 제시한다.

3. 목표달성을 위한 시행전략

<표 23> 목표달성을 위한 기본 프로그램

목표 1 (의식변화)	지역조사, 지역설문발표회, 주민학교, 주민지도력훈련, 이주노동자 지도력훈련, 실천 활동 세우기
목표 2 (행동/관계의 변화)	마을가상도 만들기, 원곡동 공동문제 해결하기, 명절축제, 안산시 축제, 주민과 만남의 밤, 실천 활동 세우기
목표 3 (참여/구조변화)	국경없는마을 추진위 구성, 안산시 시민사회 단체와의 간담회, 이주자-주민대표 간의 간담회, 이주노동자위원회 설치, 실천 활동 세우기

<표 24> 목표달성을 위한 세부사업

단계	사업 항목	세부 항목
준비단계	1.예비 기획 회의 (행동의 변화)	(1) 준비그룹의 형성 (2) 관련 자료 및 도서수집 (3) 예비연구모임
	2. 지역조사 (의식변화)	(1) 지역사회 기초조사 (2) 원곡동 설문조사
계획단계	3. 가상도 만들기 (구조의 변화)	(1) 마을 이야기 (2) 사이버 마을 만들기 (3) 지역주민 관계도 (4) 마을실천 프로그램 세우기 (5) 마을규약 만들기 (6) 마을 만들기 지침서 만들기
문제노출 단계	4. 인식의 공유 위한 주민학교 (의식변화)	(1) 지역설문발표회 (2) 주민학교 (3) 주민지도력훈련 (4) 이주노동자지도력훈련
문제접근 단계	5. 주민간 친밀도, 협동성 공동사업(행동변화)	(1) 원곡동 공동문제해결 (2) 설날주민잔치 (3) 주민체육대회 (4) 성호문화제 (5) 추석잔치 (6) 별망성 축제

		(7) 외국인문화한마당 (8) 주민과 외국인 만남의 날 (9) 송년 화랑축제
조직화 단계	6. 주민조직의 확장 (구조의 변화)	(1) 국경없는마을 원곡동 추진위 (2) 원곡동 제 단체와의 관계형성 (3) 이주노동자공동체와 주민의 만남 (4) 이주노동자위원회설치
문제해결 단계	7. 실천활동 세우기(종합)	(1) 지역 공동체 형성 하기 (2) 상호이해, 교류 협력 (3) 다문화 공동체 형성
평가단계	8. 마을발전 토론회(종합) 9.국경없는마을이야기(종합)	(1) 국경없는마을 평가 및 발전토론회 (2) 국경없는마을 가이드북 제작
전수단계	10.전수 교육 (종합)	(3) 이주노동자단체 활동가교육

4. 국경없는마을 원곡동 만들기 사업개요(2004년)

1) 사업개요

4만여 명의 이주노동자가 거주하는 안산의 대안문화로서 '국경없는마을 만들기'의 실천과 협력이 강력히 요청된다. 벌써 안산에서 외국인 노동자들이 살게 된지 15여 년이 흘러가고 있다. 애초에 안산이라는 도시가 조성될 당시 대부분의 한국 사람들이 먹고 사는 문제로 낯선 땅에 찾아 왔듯이 이주노동자들도 국경을 넘어 같은 문제로 안산을 찾아와 우리와 같은 모습으로 살아가고 있다. 원곡동 일대만 하더라도 2만여 명에 이르는 이주노동자들이 국제결혼도 하고 아이도 낳으며 우리의 친척이자 주민으로 성큼 다가오고 있다.

이제 새로운 사고의 전환이 필요하다. 지금까지 우리는 이주노동자를 말도 다르고 피부색도 다른 우리와는 다른 사람들, 임금

체불과 산재와 인권 문제에 언제나 노출되어 있는 불쌍한 사람들, 모두가 퇴근한 저녁이나 명절이면 빈 공단을 지키는 갈 곳 없는 사람들로만 보아왔던 것이 사실이다. '차별과 경쟁의 문화'를 넘어서서 우리는 국적의 구별이 없는 함께 사는 주민으로서 국경없는마을 형성에 안산 시민의 관심과 참여를 권장하며 그리고 그들과 연대함으로 나아가야 할 것이다.

함께 살아가는 대안문화로서 국경없는마을의 형성을 통해 우리는 더불어 살아가는 공동체 문화 형성, 이주노동자의 사회적 권익 형성, 이주노동자를 위한 사회 안전망 구축, 상생적 지역문화 형성, 차별 없는 이주노동자 인권 보장, 사랑과 평화, 공동체로 이루어지는 삶의 질 향상, 이주노동자의 자치, 자활. 귀환 외국인 노동자의 재통합 능력 향상 등을 이뤄내야 할 것이다.

2) 국경없는마을 원곡동 지역소개

<표 25> 국경없는마을 거주민 통계

	추진지역	대상 (주민과 이주자 포함)	비 고
중심지역	원곡본동 (신길동 삼익아파트)	한국주민 원곡본동 11,822 신길동 2,885 삼익아파트 3,605 이주노동자 20,000 (자진신고 15,279)	* 시화공단, 반월공단에서 일을 하는 외국인 노동자의 수는 미등록 외국인까지 포함하면 4만여 명이 훨씬 넘을 것으로 추정된다.
주변지역	원곡1동, 원곡2동, 초지동, 공단동	44,056	
총		82,371	이주노동자 4만명이상

<그림 29> 원곡동 전체 지도

3) 국경없는마을 원곡동 형성 주체

국경없는마을 원곡동 형성의 가장 핵심적인 주체는 '주민과 이주노동자'이다. 마을 만들기가 '우리 삶터를 우리 손으로' 가꾸어 가는 일이라면, 마을 만들기는 삶터의 문제에 무관심했던 사람들의 자각과 발견에서부터 시작되고 삶터를 공유하는 이웃들과의 공동 노력과 실천을 통해 지속되고 완성될 수 있다.

따라서 마을 만들기의 성패는 원곡동 지역의 사회적 통합을 이루기 위한 주민의식과 이주노동자의 문화적 정체성 형성 및 공동체 마을 형성을 위한 욕구와 실천에 달려 있다. 아울러 원곡동 동사무소와 지역운동 단체, 전문가 등의 협력과 지원이 중요하다고 보겠다.

4) 국경없는마을 원곡동 형성의 내용

국경없는마을은 인간과 사회구조 변화를 통한 공동체 마을 만들기를 전제로 한다. 국경없는마을 원곡동은 다음의 내용을 포함한다.

첫째, 삶터 가꾸기.
삶터(생활환경)를 주민들(시민, 이용자)이 스스로 나서서 가꾸는 일이다. 생활하는데 고통과 불편을 주는 환경의 문제를 스스로 해결하고 개선하며, 주민의 편의를 높이고 삶의 질을 향상시키는데 필요한 공유 공간이나 시설, 장소를 만들어간다.

둘째, 공동체(주민조직) 이루기.
공유 공간에서 벌어지는 공동의 문제를 함께 해결하고, 개선하며, 새롭게 만들어 가는 과정을 통해 단절된 이웃과의 관계를 회복하고, 의사소통의 경로와 활동 체계를 만들며, 주민공동체를 이루어간다.

셋째, 공존하는 공동체 인간 형성.
책임감 있고 자격 있는 건강한 마을사람을 기르는 일이다. 개인 공간에만 집착하던 개개인들이 공유 공간에 관심을 갖고 이웃과 더불어 공동의 문제를 해결하는 과정을 학습하고 체험함으로써 진정한 주민으로, 민주시민으로 새롭게 태어나는 과정이다.

제 3 절
국경없는마을의 실제 및 평가

1. 국경없는마을 원곡동 발전 협의회

국경없는마을 원곡동 추진위원

원곡본동사무소(박강호)/ 원곡본동주민자치위원회(황대성)/ 원곡본동통장협의회(정태승)/ 원곡본동새마을부녀회(박귀순)/ 원곡본동바르게살기협의회(김정호)/ 안산이주민센터(박천응)/ 안산공과대학(이문국)/ 한벗노동자회(정현철)/ 안산청년회(홍상민)/ 사람세상(김서연)/ 원곡본동상우회(안성환)/ 중국동포상조회(김권철)/ 역전상가번영회(박경순)/ 코스모유통(정혜실)/ 꿈자람태권도(박성환)/ 황금정육점(김종설)/ 명코디미용실(하명수)/ 외국인공동체 대표 후세인, 로니, 조명기, 기리띠 등

국경없는마을 원곡동 발전협의회 공동대표

공동대표 : 김봉주, 김종태, 김호중, 김효구, 박민형, 박천응, 오경숙, 유양선, 이열희, 이태화, 정경태, 채민균, 최성근

제4장 사례연구: 다문화 공동체로서 국경없는마을 327

<그림 30> 국경없는마을 원곡동 발전협의회

2. 국경없는마을 주민학교

1) 사업 목표

원곡동 주민들에게 주민학교를 통해 국경없는마을에 대해 설명하고 이해시키며 이주노동자들과 더불어 살아가는 마을의 주인의식을 갖도록 한다.

2) 사업목적

① 마을 만들기에 대한 안산 지역사회 내에서의 공유
② 안산지역 마을 만들기 시범동 활동을 위한 준비 워크샾
③ 안산지역 마을 만들기 지도자 양성을 위한 기본 틀 마련

3) 사업개요

다른 지역의 시범 마을의 사례, 공동체 마을에 대한 강의와 답사를 통해 이주노동자와 주민이 함께 행복한 마을을 만들기 위해 공부하고 고민하는 미래지향적인 행사라고 할 수 있겠다.

① 제1차 주민학교

강의를 통하여, 우리나라와 일본에서 만들어진 모범 마을에 대한 강의와 사례를 듣는 시간을 통해 공동체 마을에 대해 배우는 기회를 갖는다.

② 제2차 주민학교

강의를 통해 공동체적인 마을에 대해 듣고, 모범마을을 답사함으로 원곡동 국경없는마을의 미래지향적인 발전 방향에 대해 모색하는 시간을 갖는다.

③ 사업실시기간
2004년 3월 18(목) 오전 11시~오후 13시
2004년 5월 15일(토)/21일/22일 오전 10~12시
견학 5월 24~25일

④ 사업 대상
원곡동 주민 50명

4) 사업추진내용

<표 26> 주민학교 사업추진 내용

추진시기(월)	사업내용	사업세부내용
2004. 3. 18	주민학교 1	1. 행사장소: 원곡본동 동사무소 2. 주최: 원곡본동 국경없는마을 추진위 3. 행사 참여단체: 국경없는마을 만들기 추진위원회 원곡본동 동사무소, 안산YMCA, 한벗노동자회, 안산청년회 등 안산시 10여개 시민단체 참여 4. 강의 내용: 주민 참여형 공동체 마을 만들기의 이론과 전국의 모범 사례 소개 5. 참가자: 국경없는마을 추진위 공동대표 박성완, 원곡본동 동장, 원곡본동 주민자치위원장 및 50명 6. 진행평가: 주민 참여형 공동체 마을 만들기에 대한 많은 도전을 받게 되었고 국경없는마을 원곡동 만들기 사업에 대한 많은 자신감을 가지게 되었다.
2004. 5월 18일(토) /21일/22일 오전 10-12시 5월 24-25일 견학	주민학교 2	1. 행사장소: 안산인력개발센터 2. 주최: 시민화합추진위원회 3. 행사 참여단체: 국경없는마을 만들기 추진 위원회, 안산외국인노동자센터 4. 참가자: 안산외국인노동자센터 직원들, 원곡본동 동장, 원곡본동 주민자치위원장 및 안산시 여러 시민단체간사, 직원 100여명. 5. 견학 내용:대구 삼덕동 담장허무는 마을, 부산 금샘마을, 남해 생태, 친 환경적 시설 6. 진행평가: 주민참여형 공동체 마을 만들기 사업을 모범적으로 하는 지역을 방문하고 나서 공동체 마을 만들기에 대한 구체적이고 실제적 도움을 받게 되었고 현재 진행 중인 원곡본동 국경없는마을 만들기 사업에 대한 자부심을 가지게 되었다.

5) 사업 추진성과

① 두 차례에 걸친 주민학교와 견학을 통해 국경없는마을 원곡동 주민으로서 자부심과 자신감을 가지게 되었다. 국경없는마을

사업이 아주 의미 있는 사업이라고 여겨지며 두 번의 주민학교를 통해 들은 강의를 통해서 국경없는마을 사업이 주민들과 이주노동자들이 함께 잘 사는 지속 가능한 공동체 마을을 만드는데 결코 부족하지 않다는 것을 알게 되었다. 또한 다른 지역과는 달리 이주노동자들과 주민이 함께 어울려 잘 사는 마을을 만드는 이 사업이 독창성에 있어서 한국 다른 지역의 마을사업에 크게 뒤질 것이 없는 사업이라는 확신을 가지게 되었다.
② 주민들과 이주노동자들에게 국경없는마을 원곡동의 주인의식을 심화시키는 기회가 되었다. 그 동안 주민들과 이주노동자들은 행복한 마을을 만드는데 서로 주인임을 회피하고 있었다. 그러나 이 두 번의 주민학교를 통해 주민들이 자신들과 외국인 노동자들을 공동 주인으로 인정하게 되었다.
③ 주민들이 외국인 노동자들에 대해 친밀한 공감대를 가지고 더욱 이웃으로, 주민으로 인정하는 사고를 가지게 되었다.

6) 문제점 및 건의사항
① 강의나 답사에 있어서 많은 주민들이 생업으로 인해 참석하지 못한 아쉬움이 많다.
② 더 많은 주민들이 참석하도록 하기 위해 더 긴 시간 더 적극적으로 홍보활동을 펼쳐야 할 것 같다.
③ 외국인 문제뿐만 아니라 주민들 자체의 문제를 해결할 수 있는 주민학교도 함께 열려야 더 많은 주민들의 참여가 가능할 것 같다.

7) 전체 평가
① 주민학교를 통해 주민들에게 지속적으로 발전 가능한 공동체

마을을 만드는데 많은 도전을 주었고 또한 자신감을 심어주었다.
② 그러나 몇 번의 주민학교만으로 끝나는 행사가 아니라 운동이 지속적이고 미래지향적으로 발전하기 위해서 주민학교를 계속할 필요성이 있다.
③ 또한 안산이주민센터 단독으로 운영하는 학교가 아닌 행정 주민이 함께 연계되는 지속적인 주민학교가 되어 마을의 리더들이 보고 느끼며 결단하여 행동하고 참여하는 분위기가 되도록 만들어 가야 할 것이다.

3. 마을 가상도 만들기(사이버 마을 만들기)

1) 목적
① 국경없는마을 원곡동의 문화적이고 상업적인 장소가 표시된 독특하고 특이한 가상지도를 만든다.
② 이를 통해 다문화가 존재하는 국경없는마을의 다양한 모습을 드러내고 긍정적인 방향으로 만들어 나간다.
③ 외부에서도 국경없는마을의 다문화를 경험하게 한다.

2) 사업내용
① 이주노동자들의 상점, 가게 등 특색 있고 이국적인 모습을 지도와 사진을 통해 소개한다.
② 행정기구, 사회복지 시설, 상가, 문화적으로 특색 있는 장소들을 표시한다.
③ 이주노동자들의 문화가 담긴 특성화된 거리를 표시한 가상도를 만든다.

3) 사업성과

① 마을 가상도를 통해 주민들이나 이주노동자들 그리고 외부 사람들에게 서울의 인사동이나 이태원과 같은 독특한 문화 지역이란 인식을 줄 수 있게 되었다.

② 주민들과 이주노동자들에게 특색 있는 지역에 사는 주민이라는 자부심과 자신감을 가질 수 있도록 해 주었다.

③ 외부 사람들에게 국경없는마을 원곡동이란 지역에 대해 긍정적으로 생각하고 방문하고 싶은 마음이 들도록 영향을 주었다.

④ 주민들과 이주노동자들이 다양한 문화 속에서도 행복하게 살아가는 공동체 마을을 형성하는데 큰 도움을 주었다.

4) 문제점 및 건의사항

① 기술적인 지원이 필요한 부분이라서 높은 수준의 가상도를 만들 수는 없었다. 이를 보완하기 위해 지속적으로 보완하여 업그레이드 해나갈 것이다.

② 모든 상가를 사진과 함께 지도상에 담을 수는 없기에 정말 원하시는 분만 한정적으로 담을 수밖에 없었다.

③ 좀더 완벽한 가상도를 만들기 위해서 정부를 통해 인적으로 기술적으로 도움을 받을 수 있다면 더 빠른 시간에 더 좋은 작품을 만들 수 있을 것 같다.

④ 좀더 많은 사람들이 볼 수 있도록 하기 위해서도 행정적인 홍보가 필요할 것 같다.

5) 자체종합평가

가상도 초안을 만드는 일 자체가 고도의 기술을 요하는 일이었다. 컴퓨터를 전공하는 대학생들이 많은 수고를 하였다. 그럼에도 한계가 있는 작업인 것 같다. 정말 이런 가상도 만드는 작업에 고도의 기술을 가진 인력의 지원이 필요할 것 같다. 아무튼, 국경없는마을 원곡동 가상도를 통해 국경없는마을의 특색 있는 여러 문화적이고 상업적인 요소를 잘 표현하였고 이를 통해 외부에도 자랑할 만한 마을로 발전해 가고 있음을 인식시켰다. 나아가 주민들이나 이주노동자들이나 같이 행복하게 살아가는 공동체가 될 수 있다는 자신감을 주었다.

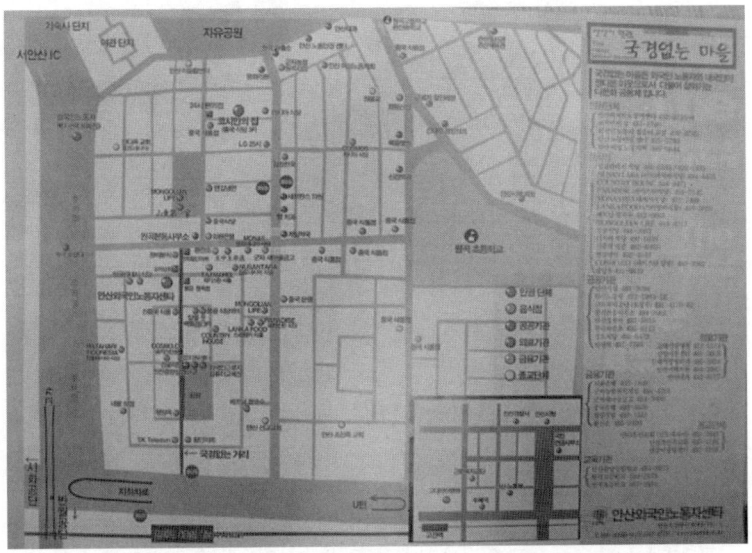

<그림 31> 안산 국경없는마을 원곡동 안내 지도

<그림 32> 사이버 국경없는마을 원곡동 http://www.migrant.or.kr/ville

4. 국경없는마을 원곡동 신문

1) 목적

국경없는마을 원곡동 신문을 통해 마을 행사, 마을의 특별한 이야기, 주민들과 이주노동자들이 각각 살아가는 또는 어울려 사는 이야기, 글과 사진 등을 담음으로 서로 간의 벽을 허물고 이해하며 서로를 한 주민으로 이웃으로 인정하는데 도움을 주기 위하여 신문을 발간한다.

2) 사업추진 내용

<표 27> 국경없는마을 신문 추진 내용

시기	사업내용	사업세부내용
격월간	지역신문 국경없는마을 신문 원곡동	1. 행사장소: 안산시 원곡동 2. 발행 주최: 안산외국인노동자센터 3. 발행일시 :2월, 4월, 6월, 8월, 10월 4. 평 가: 6회에 걸친 국경없는마을 원곡동 신문을 통해 원곡동 주민들에게 외국인 노동자들에 대하여 더욱 깊은 관심을 갖게 만들었고 주민들의 공동체 마을 형성에 대한 이해를 높이는 계기가 되었다.

3) 사업추진 평가

① 이번 국경없는마을 신문을 통해 주민들에게 원곡동에 사는 주민으로서 주인의식을 갖게 하였다. 주민들의 97% 이상이 타지에서 온 사람으로서 원곡동에 대해 잘 알지 못하는 사람들에게 원곡동이 얼마나 특별한 마을이고 잠재적인 가능성을 가진 마을인지 알게 하였다.

② 마을에 사는 사람의 절반이 이주노동자임을 알게 되었고 그들을 이웃으로 인정하고 받아들이는 역할을 하게 하였다.

③ 주민이나 이주노동자들이나 국경없는마을 원곡동에서 하는 일, 행사, 역사 등에 대해 잘 알지 못했는데 신문의 여러 글, 사진, 정보 등을 통해 마을에 대해 더욱 알고 마을을 더욱 사랑하게 되며 마을에 대한 관심을 높이는데 큰 도움이 되었다.

4) 문제점 및 개선 방향

① 마을에 사는 이주노동자들이나 일부 주민들이 신문에 자신

들의 모습이나 글이 나는 것을 꺼려하기도 하였다.

② 신문 협찬 광고를 싣는 부분에 있어서 경찰 등의 전화를 이유로 많은 상가들이 적극적이지 않는 부분이 있었다.

③ 글보다는 그림이 많은 신문을 주민이나 이주노동자들이 더 선호하는 경향이 있었다.

④ 신문을 통해 마을 소식이나 주민들의 이야기가 더 많이 나오기를 기대하는 것 같다.

5) 자체 종합평가

① 이번 신문을 통해 주민들과 이주노동자들에게 주민으로서의 주인의식과 마을을 사랑하는 마음을 심는데 도움을 주었다.

② 마을에 대한 관심을 높임으로써 마을 행사 참여에 대한 분위기를 고조시키며, 주민이나 이주노동자들이 함께 어울리는 공동체 형성에 도움을 주었다.

③ 또한 행정단체와 주민 그리고 시민기구인 이주민센터가 함께 마을을 위해 노력하는 모습을 통해 마을 발전의 가능성을 높이는데 도움을 주었다.

④ 문화적으로 상업적으로 발전하는 특별한 마을 만들기에 도움을 주었다.

제4장 사례연구: 다문화 공동체로서 국경없는마을 337

<그림 33> 국경없는마을 신문

5. 국경없는마을 원곡동 주민과 함께 하는 마을 청소.

1) 사업목적

주민들과 이주노동자들 사이에 편견과 오해(이를테면 쓰레기 문제 : 쓰레기 봉투를 사용하지 않고 검은 봉투에 버리는 사람들은 모두 이주노동자들이다!는 식의 오해)를 불식시키고 서로를 이해하고 친목을 도모하여 국경없는마을 공동체 형성에 이바지하는데 있다. 또한 이주노동자도 마을 행사에 같이 동참함으로 주민들과의 친근감을 증대시키며 마을의 행사에 대한 관심을 증가시켜서 주민의식을 갖게 하는 데 목적이 있다.

2) 행사개요
① 행사 제목
국경없는마을 주민과 함께 하는 마을 청소

② 행사 일시
매월 첫째 주 토요일 오전 6:30- 7:30/ 청소 후 아침식사

③ 행사 대상
원곡본동 주민 및 외국인 노동자

④ 행사 내용 및 진행 평가
아침 일찍 주민 50여 명과 이주노동자 20여 명이 함께 원곡본동 국경 없는 거리와 안산역 주변을 청소하면서 마을에 대한 사랑과 관심을 증대시키고 주민들과 이주노동자들과의 대화를 통해 주민들의 삶과 이주노동자들의 타국 생활에 대한 고충을 서로 듣고 이해하는 기회가 되었다.

3) 사업 추진 성과
① 주민들이 이주노동자들에 대한 이해를 높이는 기회가 되었다. 이주노동자들도 주민으로 인정받고 싶어 하며 원곡동 마을이 잘 되길 바란다는 점 그리고 그들이 쓰레기 종량제에 대해 몰라서 그렇지, 모든 이주노동자들이 깨끗한 마을을 바라기에 무조건 쓰레기를 버리지 않는다는 점 그리고 인권 차별을 받으며 힘든 고향의 가족을 생각하며 타국 생활을 한다는 점을 이해하게 되었다.

② 한국 주민들은 이주노동자들이 피부색으로, 문화 차이로 차별 받는 것이 아니라 같은 마을에 사는 이웃사촌으로, 친구로 인

정받기를 원한다는 것을 청소하면서 그리고 청소 후 같이 아침식사를 하면서 대화를 통해 알게 되었다.

4) 문제점 및 건의사항

① 아침 일찍부터 일하는 이주노동자들과 야간작업을 하고 온 이주노동자들이 많기에 아침 일찍 청소하러 나오는 외국인들을 모으는 게 쉽지 않았다.

② 이주노동자들의 관심이 돈벌이 하는 것이라서 마을 청소에 많은 관심을 보이지 않는 것이 아쉬웠다.

③ 토요일에 비가 오는 날이 많아서 자주 실행하지 못했다.

④ 마을에 사는 다양한 나라의 이주노동자들이 참석하기보다는 한정된 나라의 외국인들이 고정적으로 참가한 것이 아쉬웠다.

⑤ 토요일 아침이 주민들과 동사무소를 위해서는 적절한 시간일지는 몰라도 이주노동자들을 위해서는 적절한 시간은 아닌 것 같다. 시간에서도 이주노동자를 위한 배려가 필요할 것 같다.

5) 자체 종합평가

① 마을 공동체 형성에 큰 디딤돌이 되었다. 주민과 이주노동자들이 같이 청소를 하면서 서로 다른 주체들이 함께 어울려 살아가는 독특한 공동체 마을을 형성하는데 도움이 되었다.

② 함께하는 마을청소를 통해 친근감을 고취시키고 이주노동자들은 주민으로 인정받으며 주인의식을 가지는데 기여를 하였다.

③ 주민들과 이주노동자들이 함께 움직이며 대화하는 작은 행사들이 더욱 많아져서 공동체 형성에 도움이 되기를 바라는 마음이었다.

6. 설맞이 국경없는마을 축제

1) 사업내용
2004년 설맞이 국경없는마을 축제

2) 목적
① 민족 고유의 명절을 맞이하여 주민들과 이주노동자들이 한 자리에 모여 축제의 장이 되게 한다.
② 각 나라의 음식과 놀이를 맛봄으로써 서로의 문화를 이해할 수 있는 장을 마련한다.
③ 가족과 고향을 그리워하는 이주노동자들을 위로하며 한국생활에 재적응할 수 있도록 하는데 목적이 있다.

3) 추진 방침
① 주민들과 이주노동자들이 한국의 전통놀이를 체험하고 바자회를 통해 축제의 장이 되게 한다.
② 각국의 설날 음식과 설날 민속놀이, 민속공연을 공유함으로써 다문화공동체로서 국경없는마을을 형성한다.
③ 설날 전야제를 통해 각 나라별 공동체의 정체성을 유지하고, 자기 나라의 축제 문화를 의미 있게 진행할 수 있도록 지원한다.
④ 특별기획 롯데월드 나들이를 통해 한국 전통문화와 의상, 놀이를 체험하게 함으로써 이주노동자들이 한국을 이해하고 한국생활에 재적응할 수 있도록 한다.

4) 개 요
① 명 칭: 2004년 설맞이 국경없는마을 축제

② 일 시: 2004. 1. 21(수)~22(목)
③ 장 소: 국경없는마을(원곡동)
④ 주 최: 안산이주민센터

5) 사업 추진 성과

① 이주노동자들과 주민들이 서로의 음식과 문화, 놀이문화를 공유하면서 정다운 이웃으로 살아가는 기초를 다지는 행사가 되었다.
② 각 나라별 공동체 모임을 통해 이주노동자 정체성 형성에 도움이 되었고, 한국생활에 적응하는 쉼과 충전의 시간이 되었다.
③ 바자회와 떡국 나누기 등을 통해 민속 고유의 나누는 정신을 실천하는 장이 되었다.

6) 자체 종합 평가

① 2003년 10월 미등록 이주노동자 일제 단속과 함께 많은 이주노동자 공동체가 와해되었다. 각 공동체별 대표를 선별하는 과정과 함께 행사가 진행됨으로써 인원 동원 문제에 있어 큰 차질을 빚었다.
② 지역 주민이나 지역 학생들, 지역 시민단체와 협력하고 연계하는 활동이 없었다. 지역주민과 더불어 주변 중고등학생, 대학생들을 초청하여 다문화 체험과 인권 교육이 병행되도록 하는 것이 바람직하다.
③ 각 나라 공동체별 자원 활동가 역할 분담이 행사 3주 전부터 체계적으로 준비되었으나, 행사 당일 오지 못하는 자원 활동가가 생겨 역할 분담에서 혼선이 생겼다.
④ 본 행사의 하이라이트라고 할 수 있는 '문화축제공연'이 날씨 관계로 원래 계획되었던 실외에서 실내로 옮겨짐으로써 이주노동자의 참여가 줄어들었고, 인도네시아와 방글라데시 공연 팀

이 불참하여 행사 진행에 차질이 있었다. 설날 겨울행사는 야외보다는 실내가 적당하다. 커다란 강당을 대여하거나, 실외 행사를 축소하여 이주노동자들과 지역주민들이 부담 없이 축제를 즐길 수 있도록 해야 한다.

<그림 34> 설날 국경없는마을 축제 1.

<그림 35> 설날 국경없는마을 축제 2.

7. 안산 월드컵 대회

1) 사업개요

<표 28> 안산 월드컵 사업개요

사업명	국경없는마을 배 안산월드컵
기 간	2004년 5월 30일(일요일)
대 상	시민(200명), 이주노동자(2,000명)
목 적	안산시민과 이주노동자 각국별 공동체가 스포츠를 통한 상호간의 문화이해의 회합을 도모한다.
목 표	1) 아시아 각국별 다양한 스포츠를 통하여 다른 나라의 문화를 이해하는 장을 넓힌다. 2) 시민과 이주노동자가 더불어 살아가는 '국경없는마을'을 형성한다. 3) 시민과 이주노동자가 함께 지역의 주인임을 인식하며 주인의식을 고취한다.

2) 사업추진행사

<표 29> 안산월드컵 사업추진행사

일 시	2004년 5월 30일(sunday) 10:00 ~ 19:00
장 소	한양대학교(안산 캠퍼스) 대 운동장
참가인원	1000여명 이상
참가대상 국 가	인도네시아, 스리랑카, 방글라데시, 베트남, 러시아, 이란, 우즈베키스탄, 중국, 조선족, 나이지리아, 파키스탄, 몽골, 모로코, 한국, 연예인 축구팀(김수로, 조인성 외)
주 최	안산이주민센터(031-492-8785)
후 원	안산시, 한양대학교, 연예인축구팀
자원봉사	안산이주민센터 버팀목, 안산제일교회 갈렙, 한우리팀, 한양대 사회봉사단
문화행사 협력단체	찾아가는 문화활동 모세혈관
참가종목	축구, 배구, 크리켓, 배드민턴, 줄다리기
부대행사	퓨전 콘서트, 무료진료, 물풍선 터뜨리기, 피구, 페이스페인팅, 줄넘기 등

3) 사업추진내용

<표 30> 안산월드컵 사업추진내용

추진시기	사업내용	사업세부내용
2004년 5월 30일	국경없는마을배 안산월드컵 Borderless Village MIGRANTS World Cup	1.행사장소:한양대 대운동장 2.행사내용: ⅰ. 안산월드컵 축구대회(Soccer) 　출전팀수:총 14개팀, 출전선수:총 210명 　참가팀:한국(한양대 직원팀, 한양대 축구 동아리팀, 연예인팀), 인니A팀, 인니B팀, 인니C팀, 방글라A팀, 방글라B팀, 베트남, 우즈벡A팀, 이란, 중국(한족), 중국동포, 나이지리아, ⅱ. 안산월드컵 배구대회(ValleyBall) 　출전팀수:총 5개팀, 출전선수:총 50명 　참가팀:인니A, 인니B, 몽골, 우즈베키스탄, 방글라데시 ⅲ. 안산월드컵 크리켓대회(Cricket) 　출전팀수:총 4개팀, 출전선수:총 60명 　참가팀:스리랑카A, 스리랑카B, 인도, 파키스탄, ⅳ. 부대행사(찾아가는 문화활동 모세혈관, 줄다리기 노래자랑, 경품추첨, 줄넘기, 물풍선 터뜨리기, 피구, 수박 깨뜨리기, 음료수 판매) ⅴ. 응원전 　각국 공동체별(노래, 응원가, 북)

4) 사업추진성과

① 시민과 이주노동자 사이의 화합을 도모하였다. 시민과 이주노동자가 축구를 통해 얼굴을 익히고 서로를 이해하며 친분을 깊게 하여 함께 사는 주민으로서 화합을 도모하는 기회가 되었다.
② 이주노동자들이 노동 이외에 특별한 놀이 문화가 없고 여가 생활을 할 여건이 부족한 가운데 안산 월드컵을 통하여 미리부터 모이고 연습함으로써 적절하고 건전한 여가 생활을 지속적으로 할 수 있는 계기가 되었다.
③ 총 50여 명의 자원봉사자들이 이 행사에 직접 간접으로 참여하여 이주노동자들의 삶을 공감하고 이해하는 '체험 삶의 현장'이 되었다.
④ 더불어 살아가는 국경없는마을 형성에 기여하였다. 안산이주민센터는 주도적인 역할을 하였다.

8. 이주노동자 길거리 문화 카페

1) 개 요

길거리 문화카페를 열어 지역주민, 청소년, 청년들과 외국인 노동자들 간의 만남의 장을 마련한다. 또한 주말 공연을 통하여 지역주민, 특히 청소년들과 청년들에게 타문화 이해의 기회를 제공한다.

2) 사업 추진 일자 및 장소

① 날짜
2004년 7월 25일, 8월 1일, 8월 8일, 8월 22일, 매주 일요일 오후 6시부터

② 장소
안산시 원곡동 어린이 놀이터

③ 행사 내용
각 나라 전통 음식, 문화 소개, 민속공연, 전통차 마시기, 방청객 초청 노래자랑

3) 사업추진 방법 및 기대 효과

각 나라별로 전통차와 음식을 준비하고 나라별, 개인별, 단체별 문화공연 팀을 구성한다. 각 나라를 이해할 수 있도록 공연, 음식, 의상, 놀이문화를 소개하고, 슬라이드 상영을 통하여 각 나라의 이해도를 높인다. 한국 주민과 청소년들의 적극적인 참여를 위하여 사전에 충분한 홍보와 함께 이들이 각 나라별 문화 체험을 할 수 있는 프로그램을 편성하여 한국 주민과 학생들도 함께 할 수 있는 문화 페스티벌을 개최한다. 이는 지역주민과 청소년 및 청년에게 참여 나라에 대한 문화적 흥미를 유발하여 좀 더 광범위하게 추진되는 9월의 '추석맞이 문화행사'에도 참여 가능하도록 유도한다.

4) 사업 추진현황

세부사업현황	추진일정	추진성과
길거리문화카페 운영위원회 구성 및 진행논의	2004. 7. 4.	이주노동자공동체 대표 및 임원들과 회의 개최 길거리문화카페의 장점을 논의하며 참여자들의 적극적인 참여를 결의
길거리문화카페 기초자료 세미나 개최 및 홍보	2004. 7. 18.	운영위원회와 이주노동자공동체 대표 및 임원들이 출신국의 문화를 소개하는 세미나 개최 홍보현수막을 설치하고 길거리문화카페 자료집을 발간 및 배포하여 각 나라 이주노동자들에게 홍보활동 나라별 문화공연팀 구성
길거리문화카페 개장	2004. 7. 25.	참 가 국: 나이지리아, 중국 공동체 참가인원: 악천후에도 불구하고 약 100여명 가량의 주민, 청소년, 이주노동자들이 참가하여 흥겨운 분위기가 되었다. 다수의 대중매체 기자들도 참석하여 열띤 취재경쟁을 벌였다. 나라소개: 길거리문화카페 자료집에 기초한 참가국 소개와 함께 문화공연이 이루어졌다. 문화공연 및 먹거리: 공연 후 전통 음식, 간식, 차 등이 마련되어 먹거리 풍성한 공연으로 마감하였다.
지속적인 길거리문화카페 운영	2004. 8. 1.	참 가 국: 방글라데시, 베트남, 인도네시아 나라소개:자연스런 한국말을 구사하는 외국인근로자들이 자국문화에 대하여 직접 소개하는 자리가 만들어져 주민, 청소년들에게 더욱 뜨거운 호응을 얻었다. 문화공연: 같은 이슬람문화권에 있는 방글라데시와 인도네시아에서는 합동공연을 하여 더욱 흐뭇한 자리를 마련하였다. 문화체험활동: 참가국 전통음식을 시식하고 전통의상을 입어보는 코너가 마련되어 청소년들의 호기심을 자극하였다.
	2004.	참 가 국: 스리랑카

제4장 사례연구: 다문화 공동체로서 국경없는마을 349

	8. 8.	문화공연: 전문가가 스리랑카 전통 의상을 입고 전통춤과 불쇼를 공연하여 화려한 여름밤을 장식하였다. 먹거리:참가국이 스리랑카 1국이었음에도 불구하고 풍성한 먹거리와 차, 후식 등을 준비하여 그네들의 넉넉한 인심을 맛볼 수 있었고 이에 감동한 주민들은 스리랑카어로 "고맙습니다"를 연발하여 문화적인 친목의 시간이 되었다.
	2004. 8. 22.	참 가 국: 몽골, 우즈베키스탄, 파키스탄 나라소개: 사전 세미나를 통하여 습득한 체계화된 지식과 자신감으로 참가국 근로자와 청소년으로부터 자국 문화 소개가 이루어졌다. 특히 파키스탄 사람들과 결혼한 한국인 커플 모임에서 적극적으로 참석하여 국경을 초월한 화합의 모습을 보였다. 노래자랑: 참가국 전통음식 시식 후 즉석에서 노래자랑이 이루어져 길거리 문화카페를 축제의 분위기에서 마칠 수 있었다.

5) 자체평가

① 기상 변화로 개최 장소가 실내로 변경되었는데 많은 인원을 포용할 공간이 없어 행사 규모가 많이 축소되었다. 따라서 기상 조건과 관계없이 기획대로 행사를 개최할 수 있는 외국인 전용 복지관 건립이 절실히 요구된다.

② 이주노동자 공동체를 중심으로 이루어진 사전 회의 및 세미나가 이주노동자들이 적극적으로 행사에 참여하는데 많은 도움이 되었다.

③ 행사를 진행하면서 가진 잦은 이주노동자 공동체 모임을 통하여 이주노동자들 간에 친목을 도모하는 좋은 기회가 되었다.

④ 회를 거듭할수록 지역 주민과 청소년들의 관심이 높아져 참가 인원이 계속 증가하였으며 이주노동자를 지역사회 구성원으로 인식하는 계기가 되었다. 특히 참가국 문화의 우수성을 소개하여 차별의식을 없애는데 좋은 기회가 되었다.
⑤ 다양한 문화 소개로 호기심을 자극하여 차후에 개최될 추석 행사의 홍보 역할을 하였다.
⑥ 지역적 특성상 특별한 놀이문화를 즐길만한 기회와 장소가 없던 원곡동에 흔히 접할 수 없는 참가국의 문화를 소개하여 지역사회 고급화에 기여하였다.

9. 인권-문화교육

1) 사업 대상
이주노동자, 상담원, 청소년

2) 사업 내용
노동 관련법, 인권-문화 교육

3) 사업 목적(기대 효과)
① 이주 노동자들의 인권 및 노동권 침해의 최소화와 구제의 극대화
② 안산지역 청소년의 이주 노동자에 대한 차별인식을 개혁
③ 다른 문화에 대한 정보 교류와 교육을 통해 내국인과 이주민 사이 또 타문화 민족 사이의 상호 이해 증진

4) 개 요

① 일 시
ㄱ. 1차 2004. 8. 21. (토)
이주노동자 상담원 대상 근로기준법 (80분)
이주노동자 상담원 대상 민/형사관련법 (80분)
이주노동자 상담원 대상 산재법 (80분)
이주노동자 대상 인권법 (80분)
이주노동자 대상 고용허가제 교육 (80분)

ㄴ. 2차 2004. 8. 28. (토)
청소년 대상 인권법 (80분)
청소년 대상 문화교육 (80분)
이주노동자 대상 노동관련법 (80분)
이주노동자 대상 고용허가제 교육 (80분)

ㄷ. 3차 2004. 9. 4. (토)
청소년 대상 인권법 (80분)
청소년 대상 문화교육 (80분)
이주노동자 대상 노동관련법 (80분)
이주노동자 대상 고용허가제 교육 (80분)

② 장소
1차 2004. 8. 21. (토) 안산이주민센터 3층
2차 2004. 8. 28. (토) 안산이주민센터 3층
3차 2004. 9. 4. (토) 안산이주민센터 3층

③ 참가자 수
250명

5) 평가

① 이주노동자 대상 카툰교육
 이주노동자 대상의 노동법 및 고용허가제에 대한 교육은 글 없는 카툰의 제작으로 이주노동자 교육시 항상 문제가 되어왔던 언어의 장벽을 넘어 시각적이고 이해를 촉진하는 비주얼 교재의 제작과 최초의 비언어 카툰교육이었다.

 한국에 이주하여 노동력을 제공하는 나라는 중국, 인도네시아, 스리랑카, 필리핀, 방글라데시, 태국, 캄보디아, 나이지리아, 러시아, 카자흐스탄, 우즈베키스탄 등으로 언어가 무척 다양하다.
 우선 파워 포인트로 제작된 카툰을 영상으로 보여주며 카툰에 대한 설명은 최소하도록 하고, 주로 한 컷 한 컷이 의미하는 것이 무엇인지 거꾸로 교육자가 피교육자인 이주노동자에게 질문하는 형식을 취했다.
 부연 설명을 간단하게 끝낸 후, 피교육자들의 역할극을 통해 그들이 비주얼 교재로 이해한 내용을 현실에 적응할 수 있는 살아있는 지식이 될 수 있도록 참여를 유도했다. 참가한 이주노동자들의 집중도와 이해도는 상대적으로 높았다. 또한 그들이 이 카툰 교육을 교육이라기보다는 놀이로서 접근할 수 있어 즐기는 학습의 요소도 무시할 수 없는 부분이었다.
 단, 아쉬운 점은 이러한 교수법을 전수하는 인력의 양성 문제이며, 이 교육의 실제 검증은 안산지역에서 밖에 되지 않는 상황에서 교육 효과를 일반화하기는 어려울 것 같다.

② 청소년 대상 인권/다문화 교육

이주 노동자 인구가 굉장히 많은 안산의 청소년을 대상으로 인권 교육을 수행함으로써, 청소년의 차별 인식을 개혁하고 인종 갈등을 해소함을 목적으로 하였다.

이번 교육은 청소년 자원 봉사센터와 협력하여 경수중학교 1, 2학년, 중앙중학교 1, 2학년들에게 3회에 걸쳐 인권교육과 다문화 교육을 실시하여 청소년들의 시야를 넓히고, 이주노동자들에 대한 인식의 변화를 도모하는 계기가 되었다.

10. 추석 맞이 국경없는마을 콩꽃 축제

1) 목적

민족 고유의 명절인 추석을 맞이하여 지역주민들과 이주노동자들이 한자리에 모여 화합과 나눔이 있는 축제의 장이 되게 하고, 각 나라의 전통음식과 전통의상을 경험함으로써 서로의 문화를 이해하고 수용할 수 있는 기회를 마련한다. 또한 '나눔의 장'을 열어 콩꽃의 의미인 '행복은 반드시 온다'와 '콩 한 조각의 나눔'의 상징성을 살려 지역주민과 이주노동자 간의 벽을 허물고 하나로 어우러지는 계기가 되도록 하는데 그 목적이 있다.

2) 추진방법

① 주민들과 이주노동자들이 서로의 음식과 의상을 나누는 장

을 마련하여 서로의 문화를 공유할 수 있도록 한다.

② '나눔의 장'을 열어 음식 나누기와 의류 나누기, 생필품 나누기 등을 통해 지역주민과 이주노동자 간의 공동체 의식을 높인다.

③ 다양한 부대행사(차 마시기, 전통의상 입기, 행복 나눔 손바닥 찍기, 희망의 끈 달기, 의상퍼레이드 등)를 통해 지역주민과 이주노동자의 참여를 높이며, 흥겨운 축제가 되도록 한다.

④ 축제에 참여하는 구성원들의 자발성을 높이기 위해 축제 진행위원회를 만들고, 지역주민과 이주노동자에게 자원봉사의 기회를 제공한다.

3) 개요
① 명 칭 : 2004 제1회 국경없는마을 콩꽃 축제
② 일 시 : 2004. 9. 26(일)~9. 27(월)
③ 장 소 : 안산시 원곡본동(국경없는마을, 안산역)
④ 주 최 : 안산이주민센터
⑤ 예상 참여 인원 : 5,000명

4) 자체 평가

① 5,000 명이 넘는 이주노동자들과 지역주민 그리고 외부에서도 많은 사람들이 참석하여 다양한 나라의 전통음식 시식, 전통의상 입어보기, 의상 패션쇼 등 여러 가지 체험 활동을 통하여 각 나라의 문화를 이해할 수 있는 축제의 장이 되었다.

② 뿐만 아니라 이번 행사의 두드러진 점은 이주노동자들이 자국 문화 소개 및 홍보에 적극적인 자세를 보여 행사 주체자로서의 역할을 다 하였다는 것이다. 이는 타국에서 고향을 그리며 성실히

근로하고 있는 외국인 근로자들에게는 자국 문화를 되돌아볼 수 있는 의미 있는 축제의 장이 되었고 지역주민들에게는 이주노동자들에 대한 긍정적인 관심을 가질 수 있는 계기가 되었다.

③ 또한 행사에 많은 지역주민뿐 아니라 개·폐회식에는 지역 국회의원, 안산 시장, 주민 대표들이 적극적으로 참가하는 등 높은 관심을 보였다. 이는 이주노동자를 지역사회의 이방인이 아닌 지역사회 공동체 구성원으로 인식하고 있다는 점을 시사한다.

④ 이주 역사가 길어짐에 따라서 이주노동자들도 자국민들만의 축제를 스스로 개최하고 있다. 타국에서 느끼는 고향의 그리움을 채워줄 수 있는 자국 밴드의 특별 공연이 이루어져 흥겨운 시간이 되었다.

⑤ 다만 이번 행사에서는 콩꽃 축제의 의의를 이주노동자나 지역 주민, 방송매체에 기획하였던 만큼 전달하지 못하였다는 아쉬움이 남았다. 그 결과 많은 사람들로부터 행사 후에도 콩꽃 축제에 대한 문의가 왔다. 다만 스리랑카 공동체와 방글라데시 공동체에서는 콩꽃 축제의 의의를 살려 도움을 필요로 하는 자국의 동료 근로자들에게 물질적 도움을 주어 타의 모범이 되었다. 따라서 회를 거듭할수록 좋은 결과를 맺을 것이라는 긍정적인 기대를 한다.

이번 콩꽃 축제를 통하여 다음과 같은 효과를 가져왔다고 생각된다. 첫째, 각 나라별 문화 활동을 통하여 서로의 문화를 이해할 수 있는 장이 되었다. 둘째, 한국 전통음식 시식과 의상 입어보기 등을 체험함으로써 한국 문화에 대한 인식이 확대되었다. 셋째, 바자회, 콩꽃 배지 판매 등을 통하여 나눔의 정신을 실천하는 계기가 되었다.

<그림 36> 추석사진

11. 이주노동자와 주민 만남의 밤

1) 목적
① 연말을 맞이하여 원곡동(국경없는마을) 주민들과 이주노동자들이 함께 모여 친목과 단합을 가지며 즐거운 축제의 시간이 되게 한다.
② 지역 주민과 이주노동자들이 직접 만날 수 있는 기회의 장을 마련한다.

2) 기대 효과
① 지역 구성원 간의 활발한 만남을 통한 상호 이해
② 지역주민과 이주노동자들이 직접적인 접촉을 통한 친목 도모

3) 개요
① 일   시 : 2004. 12. 24(금)
② 장   소 : 안산역사 웨딩홀 뷔페
③ 참여인원 : 430명

4) 자체 평가
430명의 지역 인사, 지역주민, 이주노동자, 이주노동자 가족 등이 참석하여 다채로운 행사와 흥겨운 이벤트로 즐거운 성탄절 밤이 되었다. 축하공연에는 YMCA 청소년합창단, 원곡동 스포츠댄스 팀, 코시안의 집 어린이들, 스리랑카 근로자 등이 자발적으로 또 적극적으로 참가하여 아름다운 화합이 이루어진 만남의 밤이 되었다.

또한 행사에 지역 주민뿐만 아니라 개회식에는 안산시장, 안산시 기업지원과 소장, 안산 광덕 로터리 클럽 전 회장, 원곡본동 동장 등이 적극적으로 참가하는 등 이번 행사에 높은 관심을 보였다. 이는 이주노동자를 지역사회의 이방인이 아닌 지역사회 공동체 구성원으로 인식하고 있다는 증거이다. 뿐만 아니라 이번 행사의 두드러진 점은 이주노동자와 지역 주민이 한 팀이 되어 게임을 벌였는데 이는 지역 주민들과 이주노동자가 직접적으로 소통하는 계기가 되었다.

또한 후원받은 쌀을 경제적으로 어려운 처지에 있는 이주노동자에게 나누어줌으로써 나누어주는 자와 나눔을 받는 자 모두에게 따뜻한 연말이 되었다. 회를 거듭할수록 많은 인원이 참석하는 점을 미루어보아 지역주민과 이주노동자들이 함께 사는 마을 만들기에 긍정적으로 접근하고 있다고 평가된다. 이번 만남의 밤을 통하여 다음과 같은 효과를 가져왔다고 생각된다. 첫째, 지역 구성원 간의 활발한 만남을 통하여 서로를 이해하는 데 도움이 되었다. 둘째, 지역주민과 이주노동자들이 직접 접촉을 통하여 친목을 도모하였다.

12. 국경없는마을 운동 사업의 평가

이주노동자를 대하는 원곡동 주민들의 의식의 변화는 이주노동자를 이방인이 아니라 정다운 이웃으로 맞아들이고 원곡동의 지역사회 참여구조를 변화시켜 나감으로써 지속적인 국경없는마을 만들기 운동이 되고 있다.

목표 1(의식변화) - 차별 극복

이주노동자에 대한 차별과 편견이 점차 사라지고 있다. 다만 고성방가, 쓰레기, 싸움 등으로 인해 동네가 시끄러워지는 것을 최소화하기 위하여 자율방범 활동을 강화하고 있다. 주민들도 원곡동에 먼저 이사 와서 자리를 잡은 주민이라는 주인의식에서 잘못된 이주노동자들에게 야단을 치는 경우는 있어도 이들에게 드러내놓고 차별하는 일은 점차 줄어들고 있다. 주민들의 의식이 변화하고 있다. 아직 주민들은 이주노동자가 집단으로 많이 거주하고 있는 현실은 인정하지만 한국 사람과 똑같이 부담 없는 마음으로 대하는 것은 아니다.

목표 2(관계/행동의 변화) - 관계 회복

원곡동에서의 이주노동자는 차별의 대상이 아니라 정다운 이웃으로, 고객으로 변하고 있다. 원곡동에서 주민과 이주노동자들의 관계가 처음부터 좋은 것은 아니었다. 그러나 외국인 주거자가 늘어나고 점차 주민과 접촉빈도수가 높아지면서 서로를 필요로 하는 이웃의 관계로 변하는 양상이 나타나기 시작하였다.

목표 3(참여의 변화, 구조 변화) - 공동체 형성

원곡동 주민자치위원의 리더들은 이주노동자들이 주민자치위원회에 참여하는 것에 대하여 방어적이다. 그러나 실제 리더들이 원곡동에 거주하기보다는 신길동에 거주한다는 것을 감안하면 실제 원곡동 주민들의 의식은 상당히 개방적이라고 평가할 수 있다. 주민들도 이주노동자들도 같이 주인의식을 가질 필요가 있고 한쪽으로 치우친 발전이 아니라 모두가 행복한 마을 만들기가 필요하다.

제 4 절
국경없는마을 운동을 통한 목회의 유능성 개발

1. 목회능력에 대한 고찰

수많은 목회자들이 스트레스를 받으며 살아가고 있다. 일반인들도 그렇지만 특히 목회자 스트레스가 많은 것은 욕구 불만(Frustration)에서 나온다. 목회자들의 욕구 불만의 가장 전형적인 형태는 '목회 성공'과 '목회자 상'에 따른 자신과의 갈등(Conflict)이다. 메슬로의 분석의 틀을 이용하면 목회자 자신의 욕구는 주로 사회적 욕구에서 발생한다. 사회적 욕구는 '타인과 동료에게 인정받고자 하는 소속의 욕구', '능력과 가치 있는 특성을 지닌 훌륭한 인물이다.'라는 평가를 받고 싶은 욕구 등이다. 목회자들이 사회적 욕구를 강하게 갖는 것은 자기 자신의 내적인 원인보다는 주로 환경에 의한 외적인 원인 때문이다. 목회자 자신에 대한 성격(Personality)과 능력(Ability)에 대한 분석으로 목회자들을 평가한다면 아주 좋겠지만, 문제는 과학적이고 객관적인 평가에 따른 분석보다는 일반인들이 기대하고 선험적으로 요구하는 '기준'이 있다는 것이다. 이 요구 기준이 목회 활동으로 투영될 때 목회자들은 스트레스와 갈등을 느끼게 된다.

목회 능력은 목회자 개인의 성격과 타고난 능력, 자아성취 욕구에 따라 결정되어야 한다. 목회자는 자기 소명에 따라 살아야 한다. 행복하게 살아가는 사람들의 특징은 '자기가 하고 싶은 일'을 하는 것이다. 자기가 하고 싶은 일을 다른 말로 표현하면 소명(Calling)이다. 소명이란 자기가 잘할 수 있는 것, 하면 잘할 수 있는 것, 하면 잘되는 것 속에서 발견된다는 말이 있다. 자신이 하는 일 속에서 자신의 소명에 따라 일을 해야 행복한 목회자가 될 수 있다. 곧 자기가 하고 싶은 일을 하며 살아가는 목회자가 행복한 목회자이다.

나는 자연 친화적인 삶을 살고 싶은 욕구가 강하다. MBTI 성격분석에 따르면 INTP형이고, 에니어그램 분석에 따르면 1번 유형인 개혁가이다. 현재하고 있는 목회에 대하여는 만족하고 있으며 교육, 조직, 기획, 분석하는 일에 능력을 보인다. 사람들 앞에 나서는 것을 주저하지 않으며, 단체나 조직에서 상당한 지도력(Leadership)을 발휘하고 있다. 불의나 부정을 보고 참지 못하는 성격 때문에 허용과 관용에는 부족한 점이 많다.

2. 연구반 조직의 특징

연구반(Site Team)은 자주 접촉하면서 조언과 평가를 해 줄 수 있는 사람들로 구성되어야 한다고 본다. 연구반은 30대 이상의 성인들로서 안산이주민센터 관계자와 지역 주민, 동료 목회자, 기독교 에큐메니칼 활동가, 시민사회단체 활동가 및 교계 지도자들로 구성되었다.

1) 연구반 운영

연구반은 1달에 2회 안산이주민센터에서 모임을 가졌다. 최초 다방면에서 검토할 수 있는 연구반원들의 구성과는 다르게 지역사회를 이해할 수 있는 사람들로 축소하였다. 연구반에서는 주로, 목회의 유능성 개발을 위하여 국경없는마을 사업 진행에 대한 방향을 토론하고 조언을 들었다.

2) 연구반의 조언

본 연구반원들을 대상으로 목회의 유능성을 위한 설문 조사를 한 결과, 기관목회자 역할 가운데 우선적으로 고려되어야 할 사항은 다음과 같다.
1. 행정가 2. 조직가 3. 교육자

안산센터 자원봉사자

번호	이름	성별	나이	결혼상태	학력(직업)	역할
1	김영임	여	41	기혼	대학원(사회사업)	코시안의집 원장
2	최은미	여	38	기혼	대학원(사회심리)	이주여성상담소장
3	이해령	여	35	미혼	대학원(국제인권)	이주여성상담 팀장
4	이상수	남	31	미혼	대학원(경영학)	안산센터 자원봉사자
5	양영철	남	37	기혼	대학원(연구원)	안산센터 자원봉사자
6	박은신	여	35	기혼	대학원(학생)	코시안 전도사
7	최영일	남	36	기혼	대학원(목사)	안산센터 사무국장
8	김재근	남	36	기혼	대학원(목사)	안산센터 다문화교회
9	정요섭	남	36	기혼	대학원(목사)	안산센터 다문화교회
10	김용태	남	36	기혼	대학원(목사)	안산센터 정책실장
11	김영준	남	31	기혼	대학원(전도사)	안산센터 정보팀장
12	오현선	여	42	기혼	대학원(교수)	안산센터 다문화교회
13	이원철	남	34	기혼	회사원	안산센터 자원봉사자
14	벨린다	여	34	기혼	영어교사	안산센터 자원봉사자

3. 목회 유능성 개발

1) 변화목표
① 행정가 유능성 개발을 위해 행정교육훈련 과정 마련
② 조직가 유능성 개발을 위해 리더십 훈련 및 인자 분석, 조직 분석, 조직화 훈련
③ 교육자 유능성 개발을 위해 성서, 신학, 사회학, 정치, 경제 등 실천 활동 강화를 위한 이론 연구와 현장 방문을 통한 현실 인식과 상황 조사

2) 시행전략
① 행정가 유능성 개발을 위해 경영학 수업 수강
② 조직가 유능성 개발을 위해 주민조직화를 위한 단체 구성 및 이주 노동자 공장 기숙사 방문 및 공동체 지도자 훈련.
③ 교육자 유능성 개발을 위해 1주일 2권 이상 독서, 1주 1회 현장 방문

3) 평가

(1) 행정가 유능성 개발을 위한 부분
전문적 행정 교육훈련을 받기 위하여 한양대 산업경영디자인대학원에서 전문 과목을 수강하였다. 기관 실무자가 아니라 운영자이며 경영자로서 대학원 교육을 통하여 행정의 전문적 식견과 훈련을 받을 수 있었다. 행정의 체계화와 전문화가 이루어졌다는 평가가 있었다.

(2) 조직가 유능성을 개발을 위한 부분
① 조직전문 교육 수강과목: 조직행동
② 이주노동자 공동체 지도자 교육 : 이주노동자 지도자 교육을 통하여 이주노동자 공동체의 모임이 재정비되고 활성화되었다는 평가를 내렸다.
③ 매주 수요일 주민들이 경영하는 상점 등을 돌아보았다.
④ 지역 시민사회단체 지도자들과 지역 주민으로 구성된 '국경없는마을 발전협의회'를 지속적으로 운영해 오고 있다.

(3) 교육자 유능성 개발을 위한 부분
① 이주노동자 조직 활성화 과정에서 현장을 돌아 볼 기회가 있었다.
② 시민사회단체 지도자로 활동하는 관계로 시민사회단체 현장은 정기 회의가 있을 때마다 돌아볼 수 있었다.
③ 독서 부분에서는 1주 2권에서 1달에 3권 정도로 낮추어졌다.
④ 현장 방문이 교육자로서의 유능성 개발을 높이는데 더 큰 역할을 하고 있다는 평가를 받았다.

(4) 사이트 팀 역할 분담과 총 평가
참 가 자 : 최은미, 이해령, 김재근, 김영임, 정요섭, 최영일,
         김영준, 박천웅
관련교수 : 레스터 루이스, 문희석, 임성신, 백창건
평가일시 : 2005년 4월 1일 오후 3시,
장   소 : 안산이주민센터 3층 영상교육실

사이트 팀의 평가를 위해 모였다. 평가를 시작하기 전에 국경없

는마을 프로젝트의 수행과정이 시청각 자료를 통해 프레젠테이션 되었다. 프로젝트 수행기간 동안 각각의 국경없는마을 프로젝트를 구성하는 부분의 프로젝트 사진 자료들이 분야별로 소개되었다. 사이트 팀 평가 작업이 있었다. 각각의 사이트 팀 구성원의 소개, 사이트 팀 멤버들에게 각각 자신들이 수행했던 구성 프로젝트에 대한 역할과 그 프로젝트가 전체 국경없는마을 프로젝트에 어떠한 방식으로 기여하였는가에 대한 평가가 있었다.

사이트 팀에 대한 평가는 사이트 팀이 실제 이 국경없는마을 프로젝트를 수행함에 각각의 팀 구성원들이 개인의 파트에서 수행해왔던 프로젝트 부분에 대한 실행 프로세스와 그 부분이 전체 국경없는마을 프로젝트의 목적에 기여한 부분 및 효과와 결과에 대해 구체적으로 이루어졌다.

최은미 : 사이트 팀 전체의 역할과 국경없는마을 프로젝트에 사이트 팀이 어떠한 기여로서 일을 수행해 왔는가에 대하여 말하였다. 사이트 팀은 2주에 한 번씩 아이디어 회의 및 프로젝트 수행 및 평가 회의를 가지고 진행되어 왔다. 전체 국경없는마을 프로젝트가 대안 공동체라는 목표 하에 수행됨에 따라 서로 자유롭게 의견과 아이디어를 내고 이 의견이 총 구성원의 합의에 의해 통과되면 국경없는마을 프로젝트 목적 및 목표에 부합하는 한, 구성원이 자유롭게 수행하였다.

이해령 : 자신이 담당했던 문화행사들이 어떠한 방식으로 수행되어 왔는지 설명했다. 사이트 팀으로 참가하여 다양한 아시아 문화를 접할 수 있어서 개인적으로 아주 좋은 경험을 했고, 한국

사회와 안산지역 주민들에게 다양한 이주노동자들의 문화를 소개하고 함께 나눌 수 있는 자리가 되어 의미가 있었다. 이를 통하여 함께 사는 주민들에게 외국인 노동자들이 함께하는 이웃이고 친구라는 메시지를 강하게 전달하려고 하였다. 길거리 문화 카페를 진행했을 때 주민들이 직접 찾아와 이주민의 음식 등, 타문화에 깊은 관심을 보였을 때, 이러한 작은 변화들이 이주민들에 대한 전체적 시각을 바꿀 수 있다고 생각했다.

김재근 : 자신이 수행해왔던 국경 없는 신문과 이주민을 위한 영화 마을 그리고 각 나라 말로 구성된 홈페이지를 구축하는 일을 진행하였다. 정보 나눔 및 이주민의 향수를 달래주고 이주민들의 구심점으로 안산센터가 자리 잡아 국경없는마을에 정착할 수 있는 기저를 마련하고자 했다.

김영임 : 센터의 부설기관인 코시안 하우스의 책임자로서 코시안의 집에 대한 연혁 설명과 함께 주 업무인 영유아 보육, 청소년 공부방, 국제결혼 및 이주민 가정 지원 사업(상담, 한국어 교실, 의료지원, 기타 물품지원) 등등의 실질적인 업무를 진행하였다.

정요섭 : 지역주민 운영, 지역주민과 이주민들이 함께 하였던 체육행사에 대하여 발표하였다. 업무의 주요 내용은 주민과 이주민의 생활과 스포츠의 접점을 만들어 서로 이해의 폭을 증가시키고 차별과 편견을 줄이는 것으로서, 마을 청소를 이주민과 주민과 함께 하고 주민들의 지속적 모임에 인식의 변화를 가져오고자 노력하였다.

문희석 교수 : 자신이 지금까지 가르쳐온 학생 중 아주 훌륭한 논문을 쓴 학생이며, 이 프로젝트를 통해 한국 사회에서 이주노동자에 대한 인식이 많이 바뀌었다고 본다.

최은미 : 국경없는마을 사업은 공동 토론을 통하여 실제 사업의 기획, 진행 평가를 각 분야의 담당자들이 직접 작성하였다. 사이트 팀을 통해 많은 부분을 배우고, 논문 평가의 성패를 떠나 이 국경없는마을 프로젝트의 업적에 존경을 표한다고 하였다.

국경없는마을 운동의 실천 사업은 상당한 정도로 한국 사회에 알려지게 되었다. 국경없는마을 운동을 통한 목회의 유능성 개발이 일반인들에게도 인정받고 있는 셈이다. 특히 안산시 원곡동은 일반 언론에서도 '국경없는마을'로 지칭하여 부르며 다양하게 소개하고 있다. 인터넷 뉴스 검색 창에서 국경없는마을을 치면, 수많은 기사로 소개 되고 있다. 다문화 공동체의 운동은 대학원 석사논문[327] 및 연구도서와 이야기책으로도 소개되고 있다.[328]

---

[327] 이태정은 2004년 한양대 석사학위 논문에서, '외국인 이주노동자에 대한 사회적 배제 연구'의 대안으로서 안산시 원곡동 국경없는마을을 소개하고 있다.
[328] 정건화 외, 근대 안산의 형성과 발전(서울: 한울아카데미, 2005), 박채란, 국경없는마을 (서울: 서해문집, 2004),

제5장
요약 및 결론

제 1 절
요 약

　이 책은 이주노동자 차별문화를 극복하기 위하여 소수자 보호, 다수자 변화를 통한 대안공동체로서 '국경없는마을' 형성에 있다. '국경없는마을' 만들기는 다문화 사회의 새로운 실천목회 영역의 개발이다. 세계화의 영향으로 국경을 넘는 이주노동이 급속히 늘면서 이주노동자들에 대한 차별 타파와 공동체 문화 형성이 시급히 요청되고 있다. 차별문화는 처음부터 주어진 것이 아니라 창조되는 것이며, 그 사회의 지배집단이 형성해낸 결과이다. 차별문화를 극복하기 위하여 다문화 공동체를 통한 대안 문화 공동체의 가능성, 지구화 시대의 지역사회 목회의 가능성을 새롭게 제시하고자 하였다.

　이 책의 연구 내용은 네 부분으로 나누어 전개하였다. 첫째, 대안공동체로서의 국경없는마을의 가능성에 대한 이론적 검토 작업을 벌였다. 둘째, 지역사회 조사를 통한 다문화 공동체 형성 욕구 및 의식을 조사하여 국경없는마을 형성의 목표 달성을 위한 시행전략을 수립하였다. 셋째, 다문화 공동체로서 국경없는마을 형성 사례를 연구하고 사례에 따른 평가 및 과제를 도출하였다. 넷째, 부록으로 국경없는마을 운동을 통해 나타난 리더십의 문제를 살펴보았다.

　먼저, 제2장에서는 대안공동체로서의 국경없는마을의 가능성에 대한 이론을 검토하였다. 차별, 관계회복, 공동체 형성을 주제로 성서, 신학, 정치, 경제, 사회, 문화, 교육, 심리적인 측면에서 살펴보았다.

첫째, 성서적 측면에서는 하비루-게르-디아스포라-신약시대 이방인 선교로 이어지는 이방인에 대한 태도와 차별적 요소를 조사하고 성서의 약자 보호법, 예언자 전통, 예수의 갈릴리 운동에서 나타난 차별극복, 관계 회복의 노력들을 살폈다. 가나안 평등공동체, 초대교회 공동체, 하나님 나라 운동에서 드러난 대안공동체 형성의 흔적들도 보았다.

둘째, 신학적인 측면에서는 차별과 차별극복을 위한 신학운동을 주제로 한 제3세계 신학의 흐름을 보았다. 남미 해방신학, 북미 흑인신학, 아프리카 신학, 아시아 신학 등에서 민중적 시각에 입각하여 서구 중심의 차별적 신학을 극복하고자 한 연구 노력을 살펴보았다. 관계회복을 위한 신학적 노력으로서 코이노니아, 콘비벤츠, 공동체 신학을 살폈다. 대안 형성의 실험으로는 남미의 기초 교회 공동체에 대하여 집중 연구함으로 그 가능성을 살폈다.

셋째, 정치 경제적으로는 이주노동의 원인을 '세계화'의 관점에서 보았다. 특히 국경을 넘어 이주한 노동자들에 대한 지구시민사회에서의 정치적 배제와 차별적 구조를 살폈다. 대안으로서 지구시민사회의 시민권에 대한 문제 제기를 하고, 지구시민사회의 시민권의 재구성을 제안하였다. 차별 없는 국경, 차별 없는 사회, 아래로부터의 지구시민사회 공동체를 주장하였다.

넷째 사회 문화적 측면에 대한 연구이다. 사회적으로는 국제노동의 이주를 세계체제이론(World System Theory)에서 원인을 찾고, 자본, 노동의 재구조화에 따른 노동시장의 분절 또는 서비스산업의 양극화라는 노동 유입국 노동시장의 변화에 따른 구조적 현상으로 파악하였다. 문화적 측면에서 차별문화는 지배문화의 결과로서 주어진 것이 아니라고 보았다. 문화는 창조된다는 문화적 사고에서 출발했다. 따라서 차별문화를 극복하기 위한 다문화 공동체 문화 창조는 얼마든지 가능하다고 보았다. 다문화 사회에 대한 문화적 사고를 마르크스, 프랑크푸르트 학파, 구조주의 관점, 문화주의 관점에서 살펴보고, 하위문화로서 국경없는마을의 가능성을 기능주의나, 갈등주의가 아닌 통합적 이론의 관점에서 보았다.

다섯째, 교육 심리적 분석이다. 심리적 집단 간의 갈등이론, 알더퍼의 ERG 이론, 갈등관리, '마음의 창문'을 통한 관계 회복, 행동 변화를 통한 갈등 극복을 모색하였다. 특히 스키너의 문화설계이론을 통하여 국경없는마을 설계를 이론적으로 지원하였다. 나아가, 프락시스 이론을 중심으로 한 해방적 접근 방법과 해석학적 접근 방법을 살폈다. 토마스 그룹의 기독교 프락시스를 통하여 해방적, 프락시스적 하나님 나라 공동체의 교육의 가능성을 살펴보았다.

제3장에서는 국경없는마을 만들기의 사상적 기초를 살펴보았다. 마을 만들기의 일반 사례를 살펴보고, 국경없는마을의 성격 규정, 주체 형성, 형성 내용 등에 대하여 살펴보았다.

제4장에서는 지역사회 조사를 통한 다문화 공동체 형성 욕구 및 의식을 조사하여 국경없는마을 형성의 목표 달성을 위한 시행 전략을 제시하였다. 주민과 이주노동자의 공동체 마을 형성의 설

문을 조사하여 욕구를 분석하였다. 이주노동자 집단(Ethnic)이 민족성이 강조되는 한국 사회에서 어떻게 주변화(Marginalization) 되고 있는지를 살펴보았다. 집단 주거지역에서의 내국인과 외국인간의 갈등의 문제와, 관계회복을 위한 욕구, 공동체 형성에 대한 의지 등을 살펴보면서 집단주거지역에 대한 정책적 과제를 분석하였다. 이 분석을 통하여 이주노동자 집단주거지역에서의 차별 극복을 위한 전략, 전술의 수립 및 과정의 설정, 프로그램 개발의 가능성 등을 제시하였다. 2004년의 차별문화 극복을 위한 사업을 중심으로 국경없는마을 운동의 사례를 살펴보았다. 사례를 통하여, 주민과 이주노동자 간의 갈등 및 차별 극복을 위한 상호의 노력과 그에 따른 사업의 성과 및 평가, 다문화 공동체로서 국경없는마을의 향후 전망 및 한국사회의 정책적 과제를 도출해 내고자 하였다.

제 2 절
결 론

1. 국경없는마을 형성에 따른 정책 과제

 이주노동자의 유입이 늘어나고 장기화 되면서 우리 사회에서 필요한 부분은 다양성과 사회적 통합성이다. 다양성이란 다문화 공동체 사회를 의미한다. 사회적 통합성이란 이주노동자와 주민 상호간의 문화적 차이 등으로 인한 갈등 구조를 상호협력 구조로 전환하는 일이다. 다문화 공동체 사회는 열린 지역사회를 지향하며, 다양성과 평등성 그리고 민주적 참여를 허용한다. 지역사회 주민이 다양성과 사회적 통합성을 통하여 상호의 이익과 필요를 채워주는 공존의 길을 모색해 나가야 한다.

1) 민족 중심주의적 편견을 버려야 한다.
 한국 사회는 노동인력의 이민화를 금지한다. 따라서 현행 고용허가제는 이주노동자의 집단화를 지극히 제한하는 정책을 취하고 있다. 첫째, 이주노동자의 국내 체류기간은 단기 3년으로 한정하고 귀국을 전제로 한다. 둘째, 직업 선택의 자유를 제한한다. 셋째, 영주권 신청 자격이 폐쇄적이고 가족을 초청하여 동거하는 것은 거의 불가능하다. 넷째, 국내 부족 인력의 보완 원칙을 지키면서 이주노동자의 장기 체류를 허용하지 않는다. 외국인 혐오주의적 민족주의, 인종차별주의, 자민족 중심주의(Ethnocentrism), 다문화주의 부재 등이 정책 결정에도 영향을 끼쳐 정부 정책이 경직성 및 편견을 드러내고 있다고 본다.

2) 다문화 공동체 문화 체험 교육이 필요하다.

다문화에 대한 편견을 버려야 한다. 다른 문화와 종족집단이 집단으로 주거하는 사회가 되면 사회문제를 야기하고, 사회경제적 성장능력을 약화시킨다는 논리가 고위 정책결정자들의 사고를 지배하고 있다. 동북아시아에서는 종족과 문화를 하나로 보는 사고방식이 역사적으로 지배하였기 때문에 이민족 정주자를 지역사회의 구성원으로 흡수하는 정책을 시행하지 않고 있다. 따라서 국내에서는 서로 다른 민족 집단 간의 갈등문제를 해결하는 방법을 놓고 '민족'이라는 관점보다 개인의 '인권'이라는 접근이 이루어진 것도 사실이다. 물론 중국이나 러시아처럼 소수 민족정책을 구사할 수는 없겠으나 단일 민족 중심의 국가 정책에서 다민족 문화 개방 및 공존으로의 정책 전환의 다양한 모색이 필요하다. 이미 세계는 다문화 공동체 사회가 되었다.

3) 장기 체류자에 대한 발상의 전환이 필요하다.

강제추방 정책만으로는 불법체류자 문제를 해결할 수 없다. 따라서 장기 체류자에 대한 발상의 전환이 필요하다. 한국사회는 저 출산 고령화 사회로 급격히 변하고 있다. 따라서 장기 체류자에게는 영주권을 허용하는 방안으로 전환하여야 한다. 현재 국내 정책은 이주노동자 집단의 정착화를 배척하고 있으며, 외국인 혐오증(Xenophobia)은 사회 갈등만 일으킬 뿐이다. 현재 국내 이주노동자는 정주화 이전 단계인 공동체 형성 단계에 있다. 혈통 주의적 국적 부여 원칙에도 방향 전환이 필요하다. 해마다 일정한 수의 이주노동자를 들어오게 하고 기간이 지나면 내보내는 정책만이 최선이라는 편견도 버려야 한다. 신규 이주노동자 유입에 초점을 둘 것이 아니라, 신규 이주노동자의 수는 국내 노동시장에 맞게 조절하면서 장기체류자를 우선적으로 끌어안고 나가는 정책도 좋을 수 있다는 발상의 전환이 필요하다.

4) 이주노동자 집단 거주지를 양성화해야 한다.

이주노동자 집단 거주지역의 양성화와 그들의 지역사회 참여의 기회를 확대하는 것은 매우 중요하다. 독일의 경우, 지역 외국인의 목소리를 담아내는 몇 가지 방식을 취하고 있다. 첫째, 외국인 거주자들만이 참여하는 특별선거를 통해 외국인 의회를 구성하고 둘째, 정책 입안 때 외국인 의회의 자문을 구하며 셋째, 외국인 대표자들에게 직접 자문을 구하고 넷째, 외국인과 내국인이 함께 참여하는 자문위원회를 구성하며 다섯째, 독일인으로만 구성된 위원회를 만들되 귀화 독일인이 다수 참여하는 방식 등이다. 이주노동자들이 불안정 체류자이긴 하지만 이주노동자가 지역사회에 참여할 수 있는 기회를 부여하여 지역사회의 안정과 통합을 이루어낼 필요가 있다. 참정권 등 이주노동자의 지역사회 참여를 위한 면밀한 정책 검토가 필요하다.

5) 이주노동자 지원프로그램 공동 개발 및 시범 운영이 필요하다.

갈등을 최소화하고 이주노동자와 주민이 서로 필요로 하는 프로그램 개발이 요구된다. 이주노동자와 주민 간에는 서로 다른 언어, 문화적 차이, 심리적 거리감 등으로 갈등이 나타난다. 설문조사에 의하면 이주노동자 필요 복지 분야에 대하여 이주노동사는 한국어 교육 37.3%, 무료진료 19.1%, 직업안내 12.7%, 인권 및 노동 상담 11.8%, 직업안내 12.7%, 여가시설 제공 10.0%, 컴퓨터 교육 3.6%, 안식처 제공 2.7%, 취미교육 1.8%, 문화/공연활동 지원 0.9% 순으로 지원을 요청하였다. 주민들의 경우에는 한국어교육 54.2%, 인권 및 노동 상담 22.5%, 직업안내 7.5%, 무료진료 6.7%, 문화/공연활동 지원과 쉼터 제공이 각각 3.3%, 여가시설 제공 1.7%, 취미교육 0.8%이었다. 공무원들의 경우는 한국어 교육 34.4%, 인권 노동 상담 31.3%, 무료진료 15.6%의 순으로 중요성을 표시하고 있다. 이주노동자 지원 프로그램은 한국어 교육, 인권 노동 상담, 무료진료, 직업안내, 여가시설 등의 순으로 정책의 우선순위를 삼아 개발해 나가야 한다. 상호 이해교육은 상호 갈등을 줄여 나가는 기회가 될 것이다.

6) 지역사회갈등을 해소하고 사회통합을 이뤄낼 프로그램 개발이 필요하다.

서로 다른 나무가 모여 숲을 이루듯이, 차이와 갈등을 넘어 다문화 사회로의 통합성을 배양해내야 한다. 설문조사에서 드러났듯이 지역사회에서 이주노동자가 주민과의 관계에서의 갈등은 언어(38.5%), 외국인 차별(22.0%), 외국인 편견(13.8%), 욕설과 부당대우(11.9%) 등의 순이다. 그러나 주민의 경우는 문화관습의 차이(33%), 기초질서 위반(22.9%), 언어장벽(21.1%), 외국인 차별(18.3%)의 순으로 나타났다. 공무원의 경우 문화관습의 차이(31.3%), 외국인 차별(31.3%)을 가장 주된 요인으로 꼽았다. 따라서 지역사회에서 상호 갈등을 줄여 나가려면 이주노동자의 경우 한국어 배우기, 기초질서 교육 등을 꼽을 수 있고, 주민의 경우는 아시아 문화 이해 교육 및 이주노동자에게 인격적 대우를 해 주는 인권교육 등이 필요하다. 특히 문화 차이에서 오는 이해 교육의 증진, 차별문화 극복을 위한 방안 등에 대한 관심을 높여 나가야 할 것이다. 갈등 극복을 위한 정책으로는 문화적 관습의 차이 극복, 언어교육, 차별문화 극복, 인권교육, 기초질서 확립에 순차적 순위를 두어 대안을 세워나가야 할 것이다.

2. 국경없는마을 운동의 발전 과제

국경없는마을 운동은 단기간에 이루어질 수 있는 것이 아니다. 그리고 실험 공동체 운동이 성공하는 것이 쉽지도 않다. 국경없는마을 운동이 본 논문에서는 주로 문화적인 측면에서 실험적으로 전개되었다. 국경없는마을 운동은 기록된 문자의 내용을 넘어 구체적으로 원곡동의 주민들의 마음에 남아 있다. 그러나 추상성을 넘어 정치, 경제 사회, 등의 차원에서 차별 극복을 위한 전문적 프로그램으로 구체화 시켜나가야 한다. 따라서 국경없는마을 운동은 중장기적 실천 과제를 가지고 접근해야 한다.

첫째, 차별문화를 극복하는 지속적인 문화 활동이 요청된다. 축제의 문화는 서로 다른 문화를 한데 어울리게 하고 공동체 형성의 촉매제가 되게 한다. 차별문화는 만들어진 것이다. 차별 극복을 위한 공존의 문화, 공동체 문화가 주류가 되도록 실천하는 일에 보다 적극적으로 나서야 한다.

둘째는, 국경없는마을 운동의 주체에 대한 강화가 필요하다. 국경없는마을 운동이 여러 지역에서 하나의 운동으로 자리 잡아 갈 수 있도록, 모델화할 필요가 있다. 그러기 위해서는 주체 즉, 국경없는마을 발전협의회 참여자들의 관심 및 사고의 전환 등, 참여 주체자들의 의식 전환을 위한 지속적인 교육 훈련이 필요하다.

셋째, 프로그램의 전문화가 필요하다. 국경없는마을은 일종의 기획이며, 설계이자 운동이다. 이주노동자들의 집단주거지역에 대한 연구, 축제와 공동체 문화 연구, 주민과의 관계 변화 및 지역사회 참여구조의 변화 등을 추동해 낼 수 있는 프로그램 개발이 시급하다. 여기에는 전문화된 집단의 지원이 필요하다.

넷째, 다문화 공동체 사회를 형성해 나가는 운동으로 발전시켜 나가야 한다. 국경없는마을 운동을 통하여 차이를 인정하여 다문화 사회의 다양한 집단을 지역 사회의 참여의 주체로 내세우는 정치적 흐름을 형성해 나가야 한다.

다섯째, 국경없는마을 운동은 이주노동자의 지구시민사회의 시민적 권리 형성과 이주노동자의 지구적 참여 구조로 발전시켜 나아가야 한다.

여섯째, 국경없는마을 운동은 교회의 지역사회 목회이며, 지구적이며 지역적인 목회의 새로운 영역으로 자리잡아 나가야 한다. 국경없는마을 운동은 지역사회 목회 영역이다. 지역사회 목회는 주민조직 운동, 의식개혁 운동, 법적 제도적 차별구조의 개선, 정치, 경제, 사회적 참여를 통한 구조의 개혁에도 관여한다. 교회는 지역사회에서 이러한 변화를 위하여 교인들의 관심과 물적, 인적 차원 등에서 연대 및 역할을 담당해 나가야 한다. 교인들 자신만이 아니라 지역주민들이 다문화 공동체 사회 형성을 위한 의식의 변화가 일어나도록 해야 한다. 교회는 지역사회의 변화를 위하여 지속적인 노력과 지구적 연대와 전략전술 개발을 연구해 나가야 한다.

일곱째, '이주노동자학'으로의 학문 연구가 전개되어야 한다. 이주노동자와 이주민에 대한 모든 문제는 전문적 분야의 연구로서 정치, 경제, 사회, 문화, 심리적 연구가 좀 더 발전되어야 한다.

3. 국경없는마을 문화사업 제안

1) 국경없는마을의 특화 사업

(1) 국경없는마을 시범 사업
- 안산시 단원구 원곡동 "국경없는마을"의 특화 사업을 전개한다.
- 안산역사 명을 "안산역(국경없는마을역)"으로 병기 추진한다.
- '국경없는 거리'를 "국경없는 인권거리"로 선정한다.
- 국경없는마을 상징물 설치작업을 통해 다문화 이미지를 높인다.
- 안산시 '이주노동자의 날'을 지정하여 차이와 다름을 받아들이도록 한다.
- 8·15 광복절을 아시아 화합의 날로 운영하여 동반자 의식을 높인다.
- 국경없는마을에 볼거리, 놀 거리, 먹을거리, 체험거리를 마련하여 축제문화를 활성화한다.

(2) "(가칭) 안산시 이주노동자위원회" 구성
- 한국인과 이주노동자, 전문시민단체가 참여하는 "(가칭) 안산시 이주민위원회"를 설치 운영한다.
- 위원회를 통하여 안산시의 다양한 이주민들의 의견을 수렴한다.

(3) 이주노동자 문화 복지 시스템 및 기관 설치
- 다문화 가정의 영유아 코시안의 집의 시설을 전문화시켜 나간다.
- 이주노동자 및 난민 쉼터를 통해 긴급 보호 범위를 넓혀 나간다.
- 다국어 지원 콜 센터 운영을 통해 언어상의 문제를 극복해 나간다.
- 이주노동자 가정 및 자녀 교육기관을 설치하여 문화 정체성 교육을 전문화한다.

2) 아시아 문화원

(1) 아시아 문화원의 기능
- 아시아의 문화를 심층적으로 이해할 수 있는 자료를 제공한다.
- 문화간 갈등의 해결과 이해를 위한 다양한 교육 프로그램을 제공한다.
- 문화 차이로 인한 차별해소를 위해 다양한 공동체를 조직한다.
- 국경없는마을의 축제 문화를 체계적으로 정리하고 발전시켜 나간다.

(2) 다문화 교육원에 필요한 시설
- 아시아 각 문화의 전통 무용과 요가를 배울 수 있는 마루교실
- 실내체육관을 겸한 강당
- 시청각자료를 열람할 수 있는 미디어실
- 도서 비치 및 대여를 위한 도서자료실
- 전통의상 및 생활도구를 볼 수 있는 전시실
- 일상적인 쉼과 상담을 위한 카페

- 실무자를 위한 업무 및 회의 공간
- 아시아 여러 음식을 만들고 체험할 수 있는 취사 및 식당시설

3) 다문화 축제 광장

(1) 다문화 광장의 기능
- 아시아의 공동 번영과 평화를 향한 한국인의 의지를 알린다.
- 아시아의 다양한 문화들이 축제를 통하여 주민과 공유되도록 한다.
- 아시아인들의 스포츠와 놀이 문화를 활성화 한다.
- 한국인들에게 아시아 문화를 이해시키고 경험하는 기회를 확대한다.

(2) 다문화 축제 광장에 필요한 시설내용
- 남아시아, 서남아시아, 동남아시아, 동북아시아 권역 별 테마 공원
- 아시아 놀이문화, 스포츠, 예술 체험 마당
- 주말 아시아 장터거리 공간 및 간이부스 시설
- 아시아 과일 농장

4) 다문화 미디어 방송

(1) 이주노동자 FM라디오 방송, 인테넷 방송의 기능
- 이주노동자들을 위한 소리를 확보한다.
- 지역에 거주하는 한국인들에게 다양한 언어를 접할 수 있는 기회를 제공한다.

- 다문화 가정의 자녀들에게 모국어를 접할 수 있는 기회를 제공한다.
- 아시아권 소리문화의 지역 정착을 통하여 지역적인 특색을 넓혀나간다.
- 이주노동자들의 여가 문화를 창출해 나간다.

(2) 다문화 미디어 방송의 필요시설
- 기초 방송장비
- 방송회의실
- 미니스튜디오
- 전파송출장비
- 서버운영실
- 자료보관실 등

참고문헌

1. 단행본

1) 국내 서적

고영민 편저. (1973) 성서원어대사전 서울: 기독교교문사.
고용수 외. (1984) 기독교교육론 서울: 대한기독교교육협회.
고재식. (1986) 해방신학의 재조명 서울: 사계절.
권진관. (1993) 성령과 민중-실천적 신학과 신학적 실천 서울: 한국신학연구소.
김광웅. (1985) 교육심리학 서울: 창지사.
김동규. (1981) 발달 단계론의 제 학설 서울: 형설출판사.
김성태. (1982) 성숙 인격론 서울: 고려대학출판사.
김용복. (1988) 한국 민중과 기독교 서울: 형성사.
_____. (1998) 지구화시대 민중의 사회전기 서울: 한국신학연구소.
김이곤. (1989) 출애굽기의 신학 서울 : 한국신학연구소.
김정택, 심혜숙. (1999) 16가지 성격 유형의 특성 서울: 한국심리검사연구소.
김창남. (2000) 대중문화의 이해 서울: 한울아카데미.
노태구. (1996) "동학의 공동체원리와 통일이념," 한국정치학회보. 30집 2. 서울: 한국정치학회.
민중신학연구소 편. (1995) 민중신학 입문. 서울: 한울.
민영진. (1992) "하나님 백성의 인간화," 크리스챤 아카데미 신학연구회편. 공동체 신학 모색 서울: 전망사.

문익환. (1990) 히브리 민중사 서울: 삼민사.

문희석. (1980) 오늘의 예언서 연구 서울: 대한기독교서회.

_____. (1981). 모세와 출애굽 서울: 대한기독교출판사.

_____. (1982) 구약성서 배경사 서울: 대한기독교출판사.

박상증. (1995) 제네바에서 서울까지 서울: 새누리신문사.

박재순. (1988) 예수 운동과 밥상 공동체 서울: 천지출판사.

백기복. (2004) 조직 행동 연구 서울: 창민사.

박현채. (1984) "공동체론, 공동체 운동,"공동체 문화. 1984. 2집. 서울: 도서출판공동체.

불안정노동연구 모임. (2000) 신자유주의와 노동의 위기: 불안정 노동 연구 서울: 문화과학사.

서남동. (1976) 전환시대의 신학 서울: 한국신학연구소.

_____. (1983) 민중신학의 탐구 서울: 한길사.

서인석. (1981) 성서의 가난한 사람들 왜관: 분도출판사.

_____. (1984) 오늘의 구약성서 연구 서울: 성바오로출판사.

서정교. (2003) 문화 경제학 서울: 한올출판사.

설동훈. (1992) "국제노동력 이동과 한국 내 이주노동자." 한국의 지역문제와 노동계급 서울: 한국사회사연구회.

안병무. (1982) 역사와 해석 서울: 대한기독교출판사.

_____. (1983) 사회학적 성서해석 서울: 한국신학연구소.

_____. (1989) 민중사건 속의 그리스도 서울: 한국신학연구소.

_____. (1990). 갈릴리의 예수 서울: 한국신학연구소.

오현철. (2001) 시민불복종-저항과 자유의 길 서울: 책 세상.

이광규. (1997) 재외한인의 인류학적 연구 서울: 집문당.

이가옥. 고철기. (2001) 공동체경제를 향하여 대구: 녹색평론사.

이광규. (1997) 재외한인의 인류학적 연구 서울: 집문당.
이남석. (2001) 차이의 정치: 이제 소수를 위하여 서울: 책세상.
이원구. (1997) 인간화를 위한 체험학습 프로그램 서울: 교학사.
이정록. 김송미. 이상석. (1997) 20세기 지구촌의 분쟁과 갈등 서울: 푸른길.
이형원. (1993) "하나님의 백성의 코이노니아를 위한 구약 성서적 제안," 교회와 코이노니아 서울: 대한기독교서회.
장인협 외. (1999) 사회복지학 서울: 서울대학교출판부.
정인홍 외. (1984)"리더십," 정치학 대사전 서울: 박영사.
조용훈. (1999) 지구화 시대의 기독교 서울: 대한기독교서회.
조정남. (2002) 현대정치와 민족문제 서울: 교양사회.
주강현. (1992) 굿의 사회사 서울: 웅진출판사.
차정식. (2004) 신약성서의 사회 경제 사상 서울: 한들 출판사.
최옥채. (2001) 지역사회 실천론 서울: 아시아미디어리서치.
최연구. (2000) 세계화와 현대사회 읽기 서울: 한울.
최일섭. 류진석. (2000) 지역사회복지론 서울: 서울대학교출판부.
한국기독교학회. (1993) 교회와 코이노니아 서울: 대한기독교서회.
한주성. (1999) 인구 지리학 서울: 한울 아카데미.
황태연.(2003) 사상체질과 리더십 서울: 들녘.
황홍렬. (2004) 한국 민중교회 선교역사와 민중선교론 서울: 한들 출판사.
황성규. (1995) 예수운동과 갈릴리 서울: 한국신학연구소.
허 훈. (2003) 사상체질로 본 성공 리더의 조건 서울: 거름.

2) 번역 서적

Anheier, Helmut. Kaldor, Mary. Glasius, Marlies. eds. (2002) *Global Civil Society Yearbook* Oxford: Oxford University Press. 조효제, 진영종 역. (2004). *지구시민사회: 개념과 현실* 서울: 아르케.

Barreiro, Alvaro. (1990) *Basic Ecclesial Communities: The Evangelization of the Poor.* 이기우 역. *기초교회 공동체.* 서울: 성바오로 출판사.

Bornkamm, G. (1969) *Jesus of Nazareth* New York, Harper&Row. 강한표 역. (1980) *나사렛예수* 서울: 기독교서회.

Bonino, Jose M. (1975) *Doing Theology in a Revolutionary Setting* Philadelphia: Fortress Press. 주재용 역. (1982) *오늘의 행동신학* 서울: 한국기독교교회협의회.

Bonhoeffer, Dietrich. (1993*) Life Together* Trans. by John W. Doberstein. New York, Haprt & Row. 문익환 역. *신도의 공동생활* 서울: 대한기독교서회.

Bonhoeffer, Dietrich. (1967) *Widerstand und Ergebung.* 고범서 역. *옥중서간* 서울: 대한기독교서회.

Boff, Leonardo. (1985) *Church, Charisma and Power: Liberation Theology and the Institutional Church* New York: Crossroad Publishing Co. 성염 역. (1990) *교회의 권력과 은총* 서울: 성요셉 출판사.

Boff, Leonardo. (1988) *Liberating Grace* 김정수 역. *해방하는 은총* 서울: 한국신학연구소.

Cone, James. H. (1994) *God of the Oppressed*. 현영학 역. 눌린 자의 하나님 서울: 이화여자대학출판부.

Covey, Stephen R. (2001) *Principle Centered Leadership* New York: Franklin Covey Co. 김경섭, 박창규 역. (2001) *원칙중심의 리더십* 서울: 김영사.

Carson, Claybome. ed. (2000) *I Have a Dream: The Autobiography of Martin Luter King, Jr.* 이순희 역. *나에게는 꿈이 있습니다* 서울: 바다출판사.

Chossudovsky. Michel. (1997) *The Globalization of Poverty: Impact of IMF and World Bank Reforms* Third World Network. 이대훈 역. (1998) *빈곤의 세계화* 서울: 당대.

Clinebell, Howard J. (1981) *Pastor and Parish: The Pastoral Counselor in Social Action* Fortress Press. 오성춘 역. (1985) *교회와 지역사회* 서울: 대한기독교서회.

Crossan, John Domonic. (1991) *The Historical Jesus* New York: Harper, Sanfrancisco. 김준우 역. (2000) *역사적 예수* 서울: 한국기독교연구소.

Dennis, E. Poplin. (1993) *Community* 홍동식. 박대식 편역. *지역사회학 -이론과 연구방법* 서울: 경문사.

Dorothee Solle S. (1988) *Lieben und Arbeiten* 박재순 역. *사랑과 노동* 서울: 한국신학연구소.

Duchrow, Ulrich. (1992) *Alternatives to Global Capitalism* Trans. by E. Hicks. K. Archer. K. Schorah and E. Griffiths. Heidelberg: Kairos Europia. 손규태 역. (1998) *자본주의 세계경제의 대안* 서울: 한울.

Dussel, Enrique. (1986) *Etica Communitaria* Madrid: Paulinas. 김수복 역. (1990) 공동체 윤리 왜관: 분도출판사.

Endou, Yasuhiro. (1990) *Machi-Zukuri Tokuhon.* Tokyo: Shobun-sha 김찬호 역. (1997) 이런 마을에서 살고 싶다 서울: 황금가지.

Errihi, Ernst. L. (1983) *An Outline of Old Testament History* 배제민 역. 그러나 요점 이스라엘 역사 서울: 기독교교문사.

Freire, Paulo. (1997) *Pedagogy of the oppressed.* 성찬성 역. 페다고지 서울: 한마당.

Gutierrez, Gustavo. (1973) *A Theology of Liberation* Trans. by Maryknoll. New York: Orbis Books. 성 염 역. (1977) 해방신학 왜관: 분도출판사.

Grant, Robert M. (1978) *Early Christianity and Society* Collins. 김쾌상 역. (1988) 초기 기독교와 사회 서울: 대한기독교서회.

Harvey, D. (1991) *"Flexibility: Threat or Opportunity?" in Socialist Review*, vol. 21, no.1. 권혜자. (1996) 비정규노동자의 실태와 노동운동 서울: 한국노총 중앙연구원.

Hirsh, S. & J. Kummerow. (1997) *Life Types* 심혜숙, 임승환 역. 성격과 삶의 양식 서울: 한국심리검사연구소.

Huber, Wolfgang & Tdt, Heinz Eduard. (1977) *Menschenrechte. Kreuz Verlag Stuttgart.* 주재용. 김현구 역. (1992) 인권의 사상적 배경 서울: 대한기독교서회.

Hoppe, Leslie J. (1987) *Being Poor* Michael Glazier, Inc. 나요셉 역. (1988) 성서에 나타난 가난 서울: 나눔사.

Jie, Guanshi. (1995) *Intercultural Communication* Beijing University Press. 한인희 역. (2004) 이문화 교류학 서울: 건국대학교 출판부.

Jeremias, Joachhim. (1972) *Jerusalem in the Time of Jesus* Trans. by S. H. Hook. London: SCM Press Ltd. 한국신학연구소 편. (1992) *예수시대의 예루살렘* 서울: 한국신학연구소.

Johnson. Luke T. (1992) *Sharing Possessions* 최태영 역. (1992) *소유와 분배* 서울: 대장간.

King, Martin Luther, Jr. (1958) *Stride Toward Freedom* San Francisco: Harper & Row. 채규철 역. (1991) *자유를 위한 대행진* 서울: 예찬사.

Landmann, Michael. (1969) *Philosophische Anthropologie* Berlin: Walter de Gruyter & Co. Berlin. 태교훈 역. (1984) *철학적 인간학* 서울: 경문사.

Lernoux, Penny. (1980) *Cry of The People* Penguin Books. 이부영 역. (1984) *민중의 외침* 왜관: 분도출판사..

McLaughlin, Corinne and Davidson, Gordon. (1985) *Builders of the Dawn: Community Lifestyle in A Changing World* Book Publishing Company. 황대권 역. (2005) *새벽의 건설자들* 서울: 한겨레신문사.

Minami, Hiroshi. (1994) *Shinrigaku Ga Wakaru Jiten* Nipon: Jitsugyo. 류한평 감수. (1997) *마음을 여는 심리학 이야기* 서울: 갑진출판사.

Molman, Jurgen. (1980) *The church in the Power of the Spirit* 박봉랑 역. *성령의 능력 안에 있는 교회.* 서울: 한국신학연구소.

Moltmann, Jurgen. (1972) *The Crucified God* New York: Harper&Row. 김균진 역. (1974) *십자가에 달리신 하나님* 서울: 한국신학연구소.

Niebuhr, H. Richard. (1983) *Christ and Culture*. 김재준 역. (1983) 그리스도와 문화 서울: 대한기독교서회.

Oden, Tomas C. (1998) *Pastoral Theology: Essentials of Ministry*. 오성춘 역. (1998) 목회신학 서울: 한국장로교출판사.

Rapp. E. L. (1993) "*Diaspora. 1. Judae Diaspora*" in *RGG* 2. 임태수 역. 구약성서와 민중 천안: 한국신학연구소.

Payares, Hosse Cartenas. (1987) *Un pobre llamade Jesus* 이 종렬 역. (1987) 민중의 예수 서울: 성요셉출판사.

Phillips, Donald T. (1999) *Martin Luther King, Jr. on Leadership* New York: Warner Book, 김광수 역. (2001) 마틴 루터 킹의 리더십 서울: 시아출판.

Pixley, Georg V. (1989) *Reano de Dios*. 정호진 역. (1989) 하나님 나라 서울: 한국신학연구소

Russell, Letty M. (1981) *Christian Education in Mission*. 정웅섭 역. (1981) 기독교교육의 새 전망 서울: 대한기독교서회.

Ricardo Antoncich, Jos Migul Munarriz. (1987) *La Doctrin A Social De La Iglesia.* So Paulo. 김수복 역. (1990) 그리스도교와 공동체사회 광주: 일과 놀이.

Sundermerier, Theo. (1995) *Konvivenz und Differenz: Studien zu einer Missionswissenschaft: anl Lich seines 60 Geburtstages* Erlangen. Verlag der Ev.-Luth. Mission. 채수일 편역. (1999) 선교신학의 유형과 과제 서울: 대한기독교서회.

Skinner, B. F. (1953) *Science and Human behavior* New York: The Free Press. 차재호 역. (1999) 문화설계의 심리학 서울: 서울대학교출판부.

Skinner, B. F. (1971) *Beyond freedom and dignity* 차재호 역. (1971) *자유와 존엄을 넘어서* 서울: 탐구당.

Saunders, Peter. (1984) *Social Theory and the Urban Question* London: Hutchinson. 김찬호 외 역. (1998) *도시와 사회이론* 서울: 한울아카데미.

Takashi, Nakajima. (2001) *Business Power 43 Technic* Tokyo: Kou Shobo. 이승아 역. (2004) *좋은 인맥을 만드는 43가지 테크닉* 서울: 지오북스.

Turner, Bryan S. (1986) *Citizenship and Capitalism*. 서용석, 박철현 역. 그러나 (1997) *시민권과 자본주의* 서울: 일신사.

Warnier, Jean-Pierre. (1999) *La mondialisation de la culture* Paris: La Dcouvette et Syros. 주형일 역. (2000) *문화의 세계화* 서울: 한울.

Warren, Roland L. (1963) *The Community in America* Chicago: Rand McNally & Co.

Wright, G. Ernest. (1979) *God Who Acts*. 문희석 역. (1979) *구약성서 신학입문* 서울: 대한기독교서회.

3) 외국 서적

Bello, W. (2003) *Brave New Third World: Strategies for Survival in the Global Economy* London: Earthscan publications Ltd.

Bevans, Stepen B. (1992) *Models of Contextual Theology* New York: Orbis Books.

Boesak, Allan. (1977) *Farewell to Innocence* New York: Orbis Books.

Boff, Leonardo. Eccesiogenesis. (1986) *The Base Communities Reinvent the Church* Trans. by R. Barr. Maryknoll. New York: Orbis Books.

Boff, Leonardo & Clodovis. (1985) *Salvation and Liberation: In Search of a Balance between Faith and Politics* Trans. by Robert R. Barr. New York: Orbis Books.

Byrne, D. (1999) *Social Exclusion* Buckingham: Open University Press.

Caster, Stephen and Mark J. Miller. (1988) *The Age of Migration: International Population Movements in the Modern World* New York: Guilford Press.

CCA-URM & ACPO.eds. (1987) *People's Power, People's Church* Hongkong: CCA-URM & ACPO.

Chan, Raymond K. H. and Moha Asri Abdullah. (1999) *Foreign Labor in Asia: Issues and Challenge, Commack* New York: Nova Science Publishers.

Ching, Julia. (1977) *Confucianism and Christianity* New York: Kodansha International.

Cone, James H. (1995) *A Black Theology of Liberation: Twentieth Anniversary Edition* New York: Orbis Books.

Costas, Orlando E. (1982) *Christ Outside the Gate: Mission Beyond Christendom* New York. Orbis Books.

Cornbleth, Catherine. (1990) *Curriculum in context* New York: The Palmer Press.

Doeringer, Peter B. & Piore, Michael J. (1971) *International Labor Markets and Manpower Analysis* Lexington D.C.: Health

Company.

Fanon, F. (1990) *The Wretched of the Earth* London: Penguin Books.

Fellin, Phillip. (1995) *Understanding American Communities in trategic of Community Intervention* ed. by Jack Rothman et al. Illinois: F. E. Peacock Publishers.

Fox, Mattew. (1991) *Creation Spirituality: Liberating Gifts For The Peoples of The Earth* New York: Haper, San Francisco.

Fox, Mattew. (1983) *Original Blessing* Santa Fe, NM: Bear Co.

Gibson, Katheine. (1986) *"Julie Graham, Situating Migrants in theory: The Case of Filipino Migrant Contract Construction Workers" in Capital and Class.* 29.

Gottlieb, Benjamin. (1983) *Social Support Strategies: Guideline for Mental Health Practice* Beverly Hills: Sage.

Gottwald, Norman K. (1985) *The Hebrew Bible: A Socio-Literary Introduction* Philadelphia: Fortress Press.

Gottwald, Norman K. (1979) *The Tribes of Yahweh: A Sociology of the Religion of Liberated Israel 1250~1050 B. C. E.* New York: Orbis Books.

Gordon, Milton M. (1964) *Assimilation it American Life* New York: Oxford University.

Greenleaf, Robert K. (1996) *On Becoming a Servant-Leader* Jossey-Bass.

Gutierrez, Gustavo. (1978) "Two Theological Perspective: Liberation Theology and Progressive Theology" in *The Emergent Gospel: Theology from the Underside of History.* Maryknoll.

New York: Orbis Books.

Gutierrez, Gustavo. (1973) "Liberation and Development" in *A Theology 그러나 of Liberation.* New York: Orbis Books.

Groome, Thomas H. (1991) *Sharing Faith: A Comprehensive Approach to Religious Education and Pastoral Ministry* New York: Harper Collins.

Groome, Thomas H. (1980) *Christian Religious Education* San Francisco: Harper & Row.

Gruchy, De. (1979) *The Church Struggle in South Africa* New York: Orbis Books.

Grundy, Shirley. (1987) *Curriculum: Product or Praxis?* London. New York and Philadelphia: The Falmer Press.

Henderson, Paul. Tomas, David. (1987) *Skill in Neighbourhood Work* London: Allen & Unwin.

Hurh, W. M. Kim, H. C. Kim, K. C. (1976) "*Comparative Study of Korean Immigrants in the U. S.: A Typological Approach*" in *10th Annual Meeting Korean Christian Scholars in North America* Chicago.

Kerbo, Horold R. (1983) *Social stratification and inequality* New York: Mcgraw-Hill.

Lorde, Audre. (1984) *Sister Outsider: Essays and Speeches* New York: Crossing Press.

Marshall, T. H. (1964) *Citizenship and Social Development* Chicago London: Chicago University Press.

Mattessich, Paul. Monsey, Barbara. (1997) *Community Building: What*

Makes It work Minesota: Amherst H. Wilder Foundation.

Miles, Robert, (1987) *Capitalism and Unfree Labour: Anomaly or Necessity?* London: Tavistock Publications.

Mendoza, Everett. (1999) *Radical and Evangelical: Portrait of a Filipino Christian* Quezon City: New Day Publishers.

Muzorewa, Gwinyai H. (1985) *The Origins and Development of African Theology* Maryknoll, New York: Orbis Books.

Moltman, J. (1999) *God For a Secular Society: The Public Relevance of Theology* Trans. by Magaret Kohl. London: SCM.

Norton, Dolores. (1978) *The Dual Perspective: Inclusion of Ethnic Minority Content in the socialwork Curriculum.* New York: CSWE.

Pobee, John S. (1977) *Toward an African Theology* New York: Orbis Books.

Potter, Lydia, (1990) *The World Labor Market: A History of Migration* London: Zed Books.

Smith, Anthony D. (1991) *National Identity* New York: Penguin Books.

Shorter, Aylward. (1977) *African Theology* New York: Orbis Books.

Segundo, Juan L. (1976) *The Liberation of Theology* Trans. by Maryknoll. New York: Orbis Books.

Sorensen, Jens Magleby. (1996) *The Exclusive European Citizenship* England: Avebury.

Stroup, Herbert Hewitt. (1952) *Community Welfare Organization* New York: Haper & Brothers.

Stanley, William B. (1992) *Curriculum for Utopia: Social*

Reconstructionism and Critical Pedagogy on the Postmodern Era New York: SUNY Press.

Stalker, Peter. (2000) *Workers without Frontiers: The Impact of Globalization on International Migration* Colorado: Linne Rienner.

Seongja Yoo-Crowe & Colville Crowe. eds. (2002) *Multicultural Ministry* Pattaya: The Second International Network Forum..

Tillich, Paul. (1963) *Christianity and the Encounter of the World Religions* New York: Columbia University Press.

Turner, Brayan S. and Hamilton, Peter. ed. (1994) *Citizenship: Critical Concepts* vol. 1. London: Routledge.

Yates, Timothy. (1994) *Christian Mission in the Twentieth Century* Cambridge: Cambridge University Press.

2. 논문, 학술지

김성윤. (1998) 이주노동자 집단의 공간적 분포와 특성에 관한 연구 서울: 성신여자대학교 석사논문.

김용미. (1998) 유럽통합과 유럽시민권 제도 서울: 한국외국어대학교 대학원석사논문.

김창남. (1994) 하위문화집단의 대중문화실천에 대한 일 연구 서울: 서울대학교 대학원 문학 박사논문.

최영수. (1995) 이주노동자 유입이 수도권지역 노동시장에 미치는 영향에 관한 연구 서울: 서울대학교환경대학원 석사논문.

Aoki, T. Tetsuo. (1990) *Themes of Teaching Curriculum, Teaching and*

Thinking about Curriculum: Critical Inquiries ed. by J. T. Sear & J. D. marshall. New York: Teachers College Press.

3. 보고서 및 세미나 자료집

김광식. (1999) "*21세기 지역운동론*," 기독교사회발전협회 세미나 자료집. 서울: 기독교사회발전협회.

유상오. (2001) "주민참여 활성화를 위한 도시행정방안에 대하여," 마을 만들기 활성화를 위한 워크숍 자료집. 서울: 도시연대.

정 석. (1999) *마을단위 도시계획 실현 기본방향(1)*. 서울: 서울시정개발연구원.

최일섭. (1999) "민간사회안전망과 지역사회복지" 민간망 운동지도자 워크샾. 서울: 민간사회안전망운동범국민협의회.

황성철. (1977) "지역사회복지와 전문적 사회복지실천," *추계학술대회 자료집*. 서울: 한국사회복지학회.

Huntington, Samuel. (1999) *Globalization and Culture*. 유민기념강연자료. 서울: 유민문화재단.

Jae Shik, Oh ed. (1977) *Towards a Theology of People*. 1. Tokyo: CCA/URM.

John. Mbiti S. ed. (1976) *African and Asian Contributions to Contemporary Theology: Report* Geneva: Bossey.

Kim, Yong Bock, Messiah and Minjung. (1992) *Christ's Solidarity with the People for New Life* URM Series 4. CCA.

Kim, Young Bock. Pharise J. Harvery. eds. (1976) *People Toiling Under Pharaoh: Report of the Action-Research Process on*

Economic Justice in Asia. Tokyo: CCA/URM. Sjollema, Baldwin. (1982). *Isolating Apartheid* Geneva: WCC.

4. 신문, 잡지

김기대. (1999) "발칸사태의 종교적 포용배경과 포용의 신학," 기독교사상. 1988년. 7월호. 서울: 대한기독교서회.

김영호. (1985) "교육선교와 크리스천 기초공동체 운동," 기독교사상. 1985.1. 서울: 대한기독교서회.

김용복. (1979) "제3세계 민중과 종교의 새 역할," 창작과 비평. 제14권. 2호.

_____. (1987) "민중신학과 아시아 신학," 신학사상. 56. 서울: 대한기독교서회.

_____. (1990) "민중과 연대하는 교회-새로운 교회론에 관한 한 연구," 신학사상. 68. 서울: 대한기독교서회.

박원우. (2003) "집단의사 결정상의 문제점과 그 개선책에 관련된 용어," 인재개발. 12호. 서울: 인화원.

이정희. (1988) "성서의 해방문화와 민중문화의 합체," 신학사상. 60. 서울: 한국신학연구소.

임태수. (2002) "이주노동자를 본국인처럼 사랑하라," 민중과 신학. 2월호. 천안: 민중 신학연구소.

이혜경. (1997) "아시아 태평양 지역의 이주노동자 고용에 관한 연구," 한국 사회학. 제31집. 서울: 한국사회학회.

정현경. (1993) "민중신학과 생명 안에서의 코이노니아," 신학사상. 83. 서울: 대한기독교서회

Gern, Wolfgang. (1990) *"Entwrfe interkultureller Theologie. berneue Literatur am Beispiel Asiens"* in *Pastrol Theologie.* 79 Jrg. 한국신학연구소 역. (1991) *"문화간 신학의 구상들,"* 신학사상. 72. 서울: 한국신학연구소,

Anderson, Benedict. (1992) *"The New World Disorder"* in *New Life Review.* 193. May/Jun.

Aoki, T. Tetsuo. (1996) *"Interests, Knowledge, and Evaluation: Alternative Approaches to Curriculum Evaluation"* in *Journal of Curriculum Thoerizing.* vol. 6. No. 4.

Bonacich, Edna. (1976) *"Advanced Capitalism and Black/White Race Relation in the Unite Status"* in *A Split Labor Market Interpretation. American Sociological Review.* 41.

Douglass, Mike. (1999) *"Unbundling National Identity: Global Migration and the Advent of Multicultural Societies in East Asia"* in *Asian Perspective.* 23.

Freire, Paulo. (1970) *"Cultural Action for Freedom"* in *Harvard Educational Review.*

Luft, J. (1961) *"The Johari Window"* in *Human Relation Training News.* Vol.5. No.1.

Marine, Jose. (1979) *"Basic Ecclesiastical Communities in Latin America"* in *IRM.* vol. 68. Jul.

Marine, Jose. (1975) *"BCCs in Latin America"* in *LADOC.* Latin America Documentation. Keyhole Series.

Pugliese, E. (1993) *"Restructuring of labor market and The role of Third World migration in Europe"* in *EPD.* vol. 11.

5. 통계, 사전 및 홈페이지

경기도. (2001) *경기도통계연보.*
경기도. (2003) *경기도 통계연보.*
성갑식. (1981) *그리스도교 대사전* 서울: 대한기독교서회.
안산시. (2003) *안산통계연보*
Kittel, Gerhard. ed. (1976) *Theological Dictionary of the New Testament* 10 vols. Trans. and ed. Geoffrey W. Bromiley. Grand Rapids, Mich. London: Eerdmans. 요단출판사 역. (1986) *신약성서 신학사전* 서울: 요단출판사.
Brown-Driver-Briggs. (1979) The New Brown-Driver-Briggs-Gesenius *Hebrew-English Lexicon* U.S.A.: Hendricsion.
Microsoft 백과사전.(2004) "Globalization" in *Encarta 2000*.
Naver Cyber 백과사전. (2005) "시민권" in *Naver.com.*
Wall, Robert W. (1992) "Community: New Testment Koinonia" in *The Anchor Bible Dictionary*. vol.1. ed. David N. Freeman. New York: Doubleday.

http://www.image2.pe.kr/qsasang.htm
http://www.cafe.naver.cafe/intp
http://cafe.naver.com/mindcare
http://www.migrant.or.kr
http://100.naver.com/100.php?id=100451